中国社会学
经典文库

陆学艺文萃

陆学艺 著
北京市陆学艺社会学发展基金会 编

生活·讀書·新知 三联书店 生活書店出版有限公司

图书在版编目（CIP）数据

陆学艺文萃 / 陆学艺著 ; 北京市陆学艺社会学发展
基金会编 . -- 北京 : 生活书店出版有限公司 , 2019.8
ISBN 978-7-80768-281-3

Ⅰ . ①陆… Ⅱ . ①陆 ②北 Ⅲ . ①三农问题—中
国—文集 Ⅳ . ① F32-53

中国版本图书馆 CIP 数据核字 (2018) 第 301866 号

丛书策划 杨震林
责任编辑 刘 笛
装帧设计 罗 洪
责任印制 常宁强
出版发行 生活书店出版有限公司
（北京市东城区美术馆东街 22 号）
邮 编 100010
经 销 新华书店
印 刷 北京隆昌伟业印刷有限公司
版 次 2019 年 8 月北京第 1 版
2019 年 8 月北京第 1 次印刷
开 本 635 毫米 × 965 毫米 1/16 印张 23.5
字 数 313 千字
印 数 0,001-6,000 册
定 价 49.00 元
（印装查询：010-64052612； 邮购查询：010-84010542）

1958 年 8 月，北大在芦城公社开门办学（第一排中间是陆学艺）

1992 年 4 月，浙江东田村村长赵志忠在向陆学艺介绍工作

1996 年 3 月，陆学艺在全国人大代表会上

2007 年 7 月，陆学艺在长沙第 17 届中国社会学年会上

2010 年 4 月，陆学艺社会学发展基金会首届“社会学优秀成果奖”颁奖仪式

2010 年 7 月，陆学艺在贵州省安顺市关岭县顶云乡调研当年参与土地改革的老人们

2009 年 4 月，陆学艺创立的“社会学发展基金会”成立大会

2010 年 10 月，陆学艺正在指导博士生

2011 年 5 月，陆学艺出访英国诺丁汉大学做“社会建设就是建设社会现代化”主题报告

2013 年 5 月，陆学艺在《吴敬琏文集》发布会上

勤能補慧

陸学藝

序

我与陆学艺同志在20世纪80年代初就认识了，学艺同志离开我们也有6年了，感叹时间过得好快，但我与老陆的情谊是长存的。前不久，受陆学艺社会学发展基金会的邀请，为即将由三联生活书店出版的《陆学艺文萃》这本书写序，我欣然接受了！因为，在学艺去世不久（2013年5月13日），就连续出版了两本他的文集，一本是由重庆出版社出版的《"三农"续论：当代中国农业、农村、农民问题研究》（2013年5月），另一本是由中国社会科学出版社出版的《中国社会结构与社会建设》（2013年8月），三联生活书店出版的这本是他去世后正式出版的第三本文集了。虽然前两本文集也是在他去世后出版的，但是，前两本文集里的文章都是他自己选定的，尤其是《"三农"续论：当代中国农业、农村、农民问题研究》，他事先自己还写了导言和后记。《陆学艺文萃》中选定的文章虽是未经他亲自选定的，但是，文章的分量都是很重的，我看过编辑稿后使我印象十分深刻。

印象深刻之一，这部文集分为三个部分，第一部分上篇是"'三农'问题"、第二部分中篇是"社会结构问题"、第三部分下篇是"社会建设问题"。上、中、下篇的内容正是他一生学术生涯著述的"书胆"。他是学哲学的，有较好的理论功底，起家是从事"三农"问题研究的，后来转向了社会学研究领域，关注社会学研究的核心问题社会结构，关注增进民生福祉的社会建设等问题的重大理论和实践问题。

印象深刻之二，上篇"'三农'问题"选篇最多，涉及13篇。"三农"问题，自始至终贯穿老陆的学术生涯，是学艺从事学术研究的起点，也是从事学术研究的终点，在他的学术著述中所占据的地位最重。这本文集选定的"'三农'问题"的文章，都具有重要的理论价值、实践价值。例如，第一篇《我做"三农"研究，是从芦城开始的》，文中论述了他研究"三农"问题的实践起点、思想起点、问题起点、需求起点，芦城是老陆研究"三农"问题解剖的第一只麻雀。这篇文章对于后人研究陆学艺"三农"思想具有重要的学术价值。第二篇《关于加速农业发展的若干政策问题》，这篇是在党的十一届三中全会召开前夕，根据多年的农村实践调查所积累的资料写就的，文章当中提出的不少观点被十一届三中全会后出台的农业文件采纳，是重要的改革史文献。后面选定的文章也都具有鲜明的代表性，代表不同历史时期关注"三农"领域的突出问题，并提出切实可行的良方。最后一篇《把东北平原建成中国未来的大粮仓》，是他在2012年夏考察黑吉辽等地产粮区后，向中央建议要把东北平原建成中国的大粮仓，确保中国粮食安全。这也是他一生中最后一篇"三农"力作，他提出的观点已变成了现实。从文集第一部分选篇的文章内容可以看出，他始终把"三农"问题作为研究重点，这是他最大的特点。怀着对中国农民的深厚感情，以社会学前辈费孝通先生为楷模，不遗余力地深入农村调查研究，几乎跑遍了祖国各地，在占有大量而真实鲜活的材料的基础上，将其上升为理论观点和政策建议，为中央决策提供了依据，很多意见被采纳。他是农民的儿子，励志当一名"农业经济学家"，他深切了解农民疾苦，写"三农"的文章最多，贡献也最大，无愧是中国著名的"三农"问题专家。

印象深刻之三，第二部分中篇"社会结构问题"与第三部分下篇"社会建设问题"，篇数不多。不过，如前述说，"三农"问题、"社会结构""社会建设"是他一生学术生涯著述的"书胆"。也就是说，在他的学术生涯中，这三块缺少哪一个都不能完整地构成陆学艺学术思想。他从中国社会科学院农村发展所副所长到中国社会科学院社会学所任所长，掌握了调查研究这个社会学的看家本领，顺利地走上了社会学研究这个新岗位，而且，像研究“三农”问题一样，不久就崭露头角。例如，中篇“社会结构问题”选定了《转型时期农民的阶层分化——对大寨、刘庄、华西等13个村庄的实证研究》《当代中国社会十大阶层分析》等文章，这些关于中国阶级阶层文章的分析，正是他敏锐地洞察到由计划经济向市场经济转型中社会阶层的变化，经过深入调查研究，做出客观判断，取得了社会阶层研究的重要成果，为研究和制定符合不同阶层利益的方针政策起到了积极作用，无愧“陆阶层”的称号。第三部分下篇“社会建设问题”，是党的十六届四中全会提出“和谐社会”以及“社会建设”概念后，他开始关注的议题，也是他辞世前近10年时间（2004—2013年）研究的重要问题。他通过长期调查研究，观察到中国只顾经济的快速发展，忽视社会发展而导致社会建设严重滞后的问题，已经造成了经济与社会建设严重不平衡、不协调。因此，他主张亟须调整社会结构，加强社会建设，弥补社会建设滞后的短板，促进经济、社会均衡发展。他提出社会建设就是建设社会现代化的重要论断，为中国特色社会主义“五位一体”布局中的“社会建设”指明了实践方向，为中国社会建设的理论研究指明了学术方向。

《陆学艺文萃》选定的这些文章，抒写了新中国70年社会发展的光辉历程，反映了改革开放40年社会之变迁，凝聚着陆学艺学术思想的结晶，他必将为中国“三农”问题以及中国特色社会主义社会学学科体系的创造性发展提供重要理论支撑，必将在建设中国特色社会主义伟大事业中发挥更大作用。在这里，我有一个倡议，要向学艺同志学习，自觉运用马克思主义中国化最新理论成果武装头脑，立时代之潮头、通古今之变化、发思想之先声，在百年未有之大变局中、在广泛而深刻的社会大变革中，勇做新时代哲学社会科学繁荣发展的贡献者，勇做新时代党和政府资政决策的建言者，勇做新时代造福人民福祉的实践者。

学艺的这部文集所选定的文章，无不与时代脉搏相通，无不与人民根本利益相符，无不与党和国家需要相容，是中国“三农”问题研究领域、社会学界、经济学界的重要的文化遗产，请让我们共享这些遗产！

郭书田（原农业部政策法规司司长）

2019年7月1日

目 录

上篇 “三农”问题

中篇 社会结构问题

下篇 社会建设问题

上篇

『三农』问题

我做“三农”研究，是从芦城开始的*

1958年8月，北京大学哲学系响应党中央号召，全体师生到北京郊区大兴县开门办学。我们二年级被安排在芦城，全体同学和冯友兰、张岱年、周辅臣、李曰华、李世繁、颜品忠等老师，都住到老乡家里。张秀亭、李发起、陈瑞生、牟忠鉴、冯增铨等在西芦城；李德顺、贾信德、李志平、林鸿复、张德才、包纪耀等和我住在东芦城。我和黄福同、陈文伟住在盛洪奎家里。盛家有个小院，三间朝南的瓦房，用篱笆和老盛家隔着，是典型的北方农舍，中间是门厅，东西两房，靠窗户是土炕。我们去后，盛家夫妇和三个孩子都住到东房去了，腾出西房给我们三个人住。在盛家，我们一直住到第二年5月回校，前后8个多月。

1958年是“大跃进”的年代。我们到了芦城，不上课了，就跟着社员下地干活，与农民同吃同住同劳动。到了8月下旬，县里响应毛主席办人民公社的号召，决定成立黄村人民公社，把黄村镇周围的几个小乡的农业合作社合并成一个数万人的大公社。8月下旬的一天，黄村公社在黄村镇举行了隆重的有万人参加的黄村公社成立大会。我们跟着社员一起参加了大会。与此同时，各村办起了公共食堂，我们也和社员一起同吃大锅饭。东芦城大队的第一生产队，办

---

* 此文是陆学艺先生回顾从事“三农”问题研究的54个年头，于2012年5月写就的。芦城是陆学艺先生从事“三农”问题研究的第一个起点、解剖农村的第一只麻雀。陆学艺先生在文中详尽论述了其从事“三农”问题研究后与芦城发生的紧密关系，以及后者经历的深刻变化。在芦城的体验对于陆学艺先生成为著名的中国“三农”问题专家具有重要的历史意义。（*为编者注，后同）

了一个食堂，设在一家较大的四合院里，搭起了芦席棚作食堂，每日三餐，100多人就在这个食堂里用餐，一般是一家一个炕桌。我们几个同学另放了几个小桌和他们一起吃。社员大锅饭是不交粮钱的，真的实行着“鼓足干劲生产，放开肚皮吃饭”。我们把助学金中12.5元的饭费都交给食堂了，还派了戴凤岐等几个同学进食堂做饭。芦城这里出产京西稻，中午主食是大米饭，菜肴并不好，但大米饭香喷喷的，我们可以放开吃。早晚是棒糙粥和窝头。食堂开办时，粮食是充足的，副食有些困难，要队干部和食堂人员操心筹措。最伤脑筋的是燃料，做大锅饭菜，靠原来一家一户时烧的秸秆柴草是不行的，也不够，要烧煤，就会有一大笔开支。以后经费供不上了，就砍树烧。芦城是平原，没有树林。实行了公社制，一切归公了。开始砍的是各家门前屋后的大树，以后连中等的树也砍来当柴烧了。为什么20世纪60年代以后，各地、各村的大树都没了，办公共食堂是一个重要原因。

办了人民公社，实行政社合一。芦城分为东芦城、西芦城两个大队。东芦城下设三个生产队，大队长是杨国维，支书是刘洪彬，我的房东盛洪奎是副大队长，第一生产队队长是杨凤海。开始时，会还不多，我们常常就随杨凤海队长下地干活。1958年是个风调雨顺的好年头，全国各地都大力宣传“鼓足干劲、力争上游”，贯彻总路线的精神，干部和群众的积极性都很高，庄稼长得很好。但是，自从办了人民公社，吃了食堂，特别是到了收秋时，收获的稻子都往生产队集体的场上堆放，碾出来的大量稻谷都往公社粮库里交，稻米都往公共食堂里送。年初合作社定的劳动工分分配方案没人提了。社员问干部：“年终怎么分配？”队长和会计也不知道，只说要等上面来的指示。这时，报刊上、广播里都在宣传要实行供给制，有的说要实行供给制加工资。有人算过，这点生产，除了吃喝，每个工作日（10个工分）只能分4角钱。眼看着自己的辛勤劳动没有了指望，而且也不知道今后的“政策”会怎么样，社员们的生产积极性就像泄了气的皮球，渐渐地降了下来。只有盛洪奎、杨凤海这些大、小队干部，他们是党的积极分子，坚信党的路线和政策，所以还是每天早出晚归，领着社员在田里干，但是，社员们已经无心干活，消极怠工的人越来越多。芦城的田多，庄稼长得又好，1958年秋收拖得很长，到霜降了还有不少稻子在田里。公社、大队的干部都急了，下令要各个生产队挑灯夜战，抓紧秋收。我们这些大学生，是大队、生产队里的积极分子，干部指到哪里，我们也跟着干到哪里。那些日子里的连夜收割稻子，我们也都参加了。但因为多数社员消极了，割稻的进度还是很慢。只要主要的干部不在场，干部前脚走，就有人喊“歇着了”，大伙坐的坐，躺的躺，不干了。夜战时，干部们开会去了，大伙干脆就在地里睡觉，估摸着干部开会快散了，再起来装模作样地割几刀，等着干部来喊收工。1958年是个丰产年，但没有丰收到家。为什么1959年春天以后，不少地方的公共食堂吃不上饭了，就是因为1958年秋后大“政策”变了，社员消极怠工了，丰产没有丰收，很多粮食被糟蹋在地里，这是一个很重要的原因。当然，这些关于政策方面的因果关系，是后来才弄明白的。当时，我们并不懂。我们亲历了农村轰轰烈烈成立人民公社前后的全过程，许多经历至今记忆犹新。

1959年5月，根据学校的安排，我们回学校了。在芦城我们住了8个月，同房东、干部、社员朝夕相处，混得很熟了，临走时，大家依依不舍。头天晚上，在一队的公共食堂里，干部和一部分社员设宴欢送我们，相互有说不完的话，喝的是白薯干酒。我是一队学生组的组长，代表“北大学”的和他们干杯，盛情难却，一碗又一碗，直到喝醉，是同学把我架回房东家的。第二天校车来接时我还没有醒，还是被同学抬上车的。

1959年冬天，学校派我们再次到芦城，参加农村正在开展的“社会主义教育运动”。这次不是全系去，只派了少数教员和几个班级的学生去。我们年级的同学还是在芦城。我这次和牟忠鉴等住在西芦城大队最西边的李春生家里。这时已经是冬季，地里没有什么活了，同学们主要参加各种会议。班上派我和姜宏周到西芦城大队去当秘书，主要是帮助党支部书记常福海做些工作。常福海同志是土改中培养起来的干部，所以对东、西芦城都很熟悉。公社化后担任西芦城大队的支书，有工作能力、有经验、有办法，在当地上下很有威信。和他共事几个月，与其说是我帮他工作，不如说是他帮助我更为确切。他很健谈，我们常常在大队部谈话到深夜。既谈公社建立后的多种工作和“社会主义教育运动”的事，也谈新中国成立前和新中国成立后土改和合作化的各种变化和问题。实在说，我对农村的认识是从他的介绍和讲解开始的。而且从这次共事后，我们成了朋友。之后，我每次到芦城，第一件事必定是要先去找他。他教给了我很多农村的知识。

1961年3月，中共中央“农业六十条”出台。北京市派副市长王纯带了一个10多人的工作组，下到大兴县，做贯彻落实“农业六十条”的宣教工作。北大哲学系派杨光明、陈瑞生和我参加工作组。到了大兴，工作组分派我和杨光明两人在简报组。那时，白天工作组的领导到各公社和大队宣讲“农业六十条”，并接着开座谈会，听取当地干部和社员对“农业六十条”的意见。晚上，王纯副市长和农工部的领导听汇报，我和杨光明等在会上做记录。汇报会常开到深夜。会散了，我们两人还要写简报，常常写到两三点，再喊打字员起来打印，第二天一早，向市委送去。在工作组工作的这些日子是很辛苦的，但也确实受教育、受锻炼、长见识。对人民公社成立以后出现的种种问题，以及中央和市委是如何应对解决这些问题，把农村的生产、生活一步一步地组织起来的，有了一个初步的认识。工作组在大兴工作了近两个礼拜，工作一结束，我们就回学校了。

1962年，我考入中国社会科学院哲学社会科学部哲学研究所当研究生。贾信德被分在农业机械部。1963年春节期间，我们两人还专门到东芦城大队住了几天，这时原来的黄村公社已被划小，成立了芦城公社，管辖东西芦城、鹅房、康庄等大队，公社就设在西芦城西边，原来糖厂斜对面、红专学校的原址。其时，农村已实行

“三级所有，队为基础”的体制，东芦城大队还是三个生产队，还是杨国维当大队长，杨凤海当一队队长。我和贾信德和东芦城的社员很熟，访问了好多个家庭，他们对我们都很亲切，问长问短，打听同学们的去向、下落。他们说，这些年到芦城的干部、学生很多很多，唯有“北大学”的这帮同学，他们最惦记。

1962年是个丰收年，这年的年终分配比较好，多数社员过年都能吃上饺子了。一些中老年社员说，总算挨过来了。但队里还有不少困难户，特别是原来村东南有个小村南程庄，十几户人家“大跃进”时拆并到大村里来了。当时，他们还寄居在人家院里，吃住都有很大困难，盼着能早日落实政策，对将来有个说法。我们两人回到北京后，同时任中国社会科学院哲学社会科学部副主任潘梓年的秘书周云之同学说起这些农村调查的见闻。不久潘老还专门约我们两人到他家座谈。潘老对农村的情况听得很认真，会后还要我们把农村的这些情况写出来。后来，这篇调查报告在北京市委内刊《北京内参》上发表了。这是我们合写并发表的第一篇农村调研文章。可惜，现在已经找不到了。

1963年5月间，农村开始搞“小四清”。原来在黄村公社当书记的尹俊峰同志已出任大兴县农村工作部的副部长，我同他通了电话，他把我介绍给了正在黄村公社（划小后）的“四清”工作组，我随他们下村工作了一段时间。那时的“小四清”，还是清账目、清仓库、清工分、清财务，主要是从生产队清起。我从中学到了很多基层的知识，为1964年、1965年到湖北襄阳、河北徐水搞“大四清”（清政治、清思想、清经济、清组织）打下了一个基础。

“文革”期间，我多次去芦城访问，有几次是一个人骑自行车去的。有几次是在外地工作的同学到北京来，都知道我和芦城有联系，要我向他们介绍芦城的情况，有的还要求我陪他们去芦城看看。印象最深的有几次。一次是戴凤岐从新疆来，我陪他去了。那时是“文革”中期，我们先到了杨国维家。老杨告诉我们，洪奎出事了，我说：“洪奎是个好干部，怎么会有事？”杨说：“他家成分高，家境也好些，日伪时期参加过日伪组织的自卫团活动。新中国成立后，入党时，都说清楚了的。有次大会上，有人揭发他参加过自卫团活动。那时的大队是年青造反派掌权，不分青红皂白，拉出去就批斗了，也免了副大队长的职，哪里容你分辩。洪奎是个内向的人，受了这样大的打击，郁闷着，第二年就没了。”在那个时代，我和老戴也没办法，只有在私下里给增文、增武（盛洪奎的儿子）说些安慰的话。还有一次是在安徽工作的张德才来京，他好不容易找到我，见面就问芦城的情况，并且急着要我陪他去芦城。我知道他的心境。我说：“小珍子现在生活得很好，你不要去了，留个好印象吧！”可我怎么说他都不听，我还是陪他去了。到了东芦城，先找到杨贵英家，她是当年的团支书、青年突击队长，婆家姓刘，丈夫复员回来，当时是东芦城的党支书。一进院，刘支书就向我们介绍村里的情况，杨贵英派她儿子出去，不一会儿，一个农村女干部装束的胖大嫂出现了。我站起来说：“小珍子，德才从安徽来看你了。”张德才也站起来，伸手握住刘玉珍的手，两人怔怔地对视了好一会儿。杨贵英拿张椅子，拉张德才就坐在玉珍的身边，继续听刘支书讲村里的事。刘支书很知趣，很快就讲完了。张刘两人就开始对话了。我坐到支书身边，继续向他问农村的情况。10多年前，我们在东芦城时，刘玉珍正是妙龄少女，是村里最漂亮的女孩。我们天天在一起劳动、开会，有时还搞文娱活动，在一起排练。班上有好几个男生都很喜欢她、心仪她。大家都是同龄人，她也喜欢这些同学，愿意和这些“北大学”的人交往。我们回校以后，她和杨贵英等还去过北大几次，看望同学们。张德才在回京路上，说了一句话：“人怎么会变得这么快呢？”我说：“岁月沧桑啊。”

改革开放以后，我还是常去芦城。1978年，我写的《关于加速农业发展的若干政策问题》被新华社内刊《国内动态清样》和《内部参考》摘要发表了。时任中国社会科学院副院长的宋一平看到了这篇文章，提出要我以后专门从事农村、农民问题的调查研究工作。从此我就不再承担哲学所中国哲学史研究室的工作。他还建议我要经常到各地农村去调查。1979年春天，我开始专门调研农村工作的第一站就是芦城，住进了公社大院，调查的重点还是在东、西芦城两个大队。当时，在安徽、贵州等地，已经开始搞包产到户试点了，但在芦城、在京郊还是实行“三级所有，队为基础”的体制，正在酝酿联产承包到组的试点。社队干部普遍感到，这套办法要种好田、要增产、要增收，太吃力了。问其所以，干部们说，不管你怎么说，劳力们就是不干啊。要么不出工，出工了也不出力，田怎么能种得好！我就从这个问题开始调查。芦城公社共1万多人，公社编制干部20多人，加上抽调来的工分干部和勤杂人员，共50多人。一个大队名义上只有4—5个吃补贴的干部，但加上电工、农机员、赤脚医生等共有10来人。生产队有队长、副队长、会计、记分员、饲养员、车把式，也有近10人。当时，芦城公社已有几个社办、大队办的农机厂、砖窑等社队企业，工人都从各队抽调上来，但还在生产队里记工分。而所有这些人，绝大多数都是男劳力，他们想出各种办法，通过各种关系，都转到这些非农的岗位上，到秋后照样有工分，参加分配。真正到农田里干活的男劳力越来越少。我注意到了这种状况，专门回东芦城大队，找干部座谈，详细记录统计了这些数据。这时，正是春耕大忙季节，我随着第一生产队出了一次工。好不容易在队部门口等齐了人下地，近20人的队伍，只有队长和几个青年是男的，大多数是女的。我问：“怎么今天出工的都是女劳力？”队长说：“不光是今天，常常是这样的。”小青年说了：“我们队长是‘妇女队长’嘛！”还有个青年说：“现在哪是人民公社，早就是‘人民母社’了！”这句话，小青年说时是句开玩笑的话，我却记住了。

回到北京，我把这次芦城调查的情况写成了一篇调查报告，题目是《为什么在田间劳动的只剩下一些妇女》，把上述男青年的那句话也写进去了，登载在中国社会科学杂志社编的《未定稿》上。后来这期杂志传到美国，有个学术刊物来信提出要专门就此问题来采访。

20世纪80年代以后，我又多次去过芦城。2007年，是我们北京大学哲学系1957级的同学入学50周年，大家在中央党校集会。同学们都提出要到芦城去看看，所以组织者专门租了两辆丰田面包车，载着同学们回芦城。芦城方面接待我们的是东、西芦城两个村的现任领导和当年的大小队领导，还有不少过去和我们一起劳动、共过事的老房东、老朋友，都已白发苍苍了。欢迎会在原西芦城大队书记李春生儿子办的一个建筑公司的大会议室里举行。主持人是建筑公司的副经理，叫李如意（李春生的孙女），会上杨国维、李春旺等老人和李发起、苏振富、王崇焕等同学都讲了话。会后，同学们分别到各自的老房东、老朋友家去看望。我和李志平等先到了东芦城老盛家。原来的三间瓦房已经翻建改成了五间大房，原来的小院也建成平房了。看过的几户，都是这样，房子已经成倍地增建了，所有能建房的空地都建满了房子。路上还堆放着许多红砖和沙子，还要继续建房。一方面这些房是租给外地农民住的，另一方面，这里已经规划为城区了，等着拆迁。因为拆迁补偿多少是按已有的建筑面积算的，所以建房的积极性怎么挡也挡不住。

盛家的几个孩子，成长得很好。洪奎的大儿子盛增文，参军回来，被安排在县人民法院工作；老二盛增武，“文革”中就被抽调到芦城公社工作，后来是黄村镇的公务员；小儿子盛增起，“文革”中市里招工，他报名到市里建筑公司工作，户口已转到城里了；两个女儿都嫁在邻村，家境都很好。同学们在村子里转了一圈，最后集中到西芦城原支书李春生家里，很大一个院子，房子也很多。听老乡介绍，东、西芦城两个村，400多户人家现在发展得最好的是李家。春生的大儿子，早在20世纪80年代后期就办起了一个建筑公司，经营得很好，现在已经是大兴区有一定规模的民营企业了。

2011年9月，我们课题组在大兴区星明湖度假村讨论《当代中国社会建设》一书的初稿。会议结束的那天，大兴区委党校的党委张书记请我们课题组的部分成员到党校开座谈会。在会上谈到了我们当年在芦城开门办学的情况，张书记是当地人，他说他知道这事，村里的老人们经常谈起“北大学”在芦城的故事。会开得很亲切。我还谈起2012年我们1957级同学毕业50周年，要在北京聚会，还会到芦城来的。张书记说，那一定到我们党校来，还说，我们这里有房子，到党校来住都可以。会后，党校还专门请了黄村镇党委组织科冯科长，陪我们一起去芦城。几年不去，芦城又大变了，公共汽车已经通到芦城，937路从狼垡过来，有芦城西口、芦城电管站、芦城南口等四个站。东西向、南北向两条街。芦城西边、北边已是高楼林立，东、西芦城两个村的人已经不种田了，但住的还都是平房，村里住的外乡人比本村人还多。两个村的四周，用围墙和铁丝网封了起来，只有几个进出口。我们是从南口进村的，入口还专门有查证件的。芦城实际上已经成了“城中村”，据说很快就要拆迁了。

从1958年到现在，这54年，芦城这个大村，经历了整整一个时代。从小农经济，到合作化、公社化；从“三级所有，队为基础”，到家庭联产承包责任制；从两个大队、生产队，到两个村委会、村民小组；从纯粹种田的农民，到少部分从事社队企业工作的“离土不离乡”的农民工，到20世纪80年代后期大量出村打工的农民工，到如今已经都不种田成为各个行业的职工，虽然户籍还是农业户口，但实际都已成为干部、老板、个体工商户和工人，现在芦城已经没有还靠农业为生的农民了。从20世纪80年代开始，芦城的耕地逐年被征用，到90年代中期以后则大片大片地被征用，现在已经基本没有成片的土地了，都开发建设成为工厂、商场、学校和住宅小区了。现在的芦城，只剩下两个村数百户村民的住宅还完整地保留着，两个村的村委会、党支部及各种组织都完整地保留着。据说，整个芦城村已经被规划成大兴西区街道的一个部分。只待时机成熟，整个芦城很快就会被拆迁掉，村民也会被安置到附近的高楼里居住。至此，芦城村就终结了，芦城的农民也会“终结”，只留下芦城这个地名和几棵大树。

1958年，我25岁，跟着哲学系的老师、同学一起到了芦城，从此同芦城的乡亲们结下了不解之缘。开始，我只是凭着青年人的一股热情，响应党中央的号召，和大家一起到正在发生变化的农村实践中去受锻炼、受教育。我是农家出身，对农村并不陌生，所以很快就和当地的干部群众熟悉了，相处得很好。一个偶然的机会，班上派我给支部书记常福海当秘书，参加了大队部初建时的各种工作，懂得了很多农村基层的常识，这在书本上是学不到的。当时自己就觉得很有收获，很有长进。所以，学校派我们到农村去开门办学，前后两次差不多有整整一年，虽然在农村生活条件比在学校艰苦得多，在农村参加劳动比在校读书要劳累得多，但我并没有觉得苦和累，也没有觉得耽误了学习。故而，以后凡是学校有下乡的任务，我都是积极主动地接受，有几次还是争取着去的。

现在回顾起来，在北大五年，到农村去、到芦城去，当时主要还是党组织派遣、凭热情、凭兴趣爱好。我真正自觉地调查农村、研究农村则是在“三年困难时期”以后。那场灾难席卷全中国，也波及学校。凭粮票吃饭，伙食很差，吃不饱就得浮肿病。寒假以后，学生从各地回来，传言很多，而报刊还在宣传形势大好。我们几个同学私下里议论，这肯定是农村政策出了问题。但农村政策到底有什么问题，为什么会造成这么大的挫折，怎么解决好这个问题，我们当时也并不清楚。于是，我们先是在课余研读有关农村、农业的各种著作和文献。有机会，我们也到各地农村去实地调查。1962年暑假，我专门到安徽、江苏、江西农村做了一次深入的调研。上文提到的1963年春节，我和贾信德一起去芦城的事，就可以说是比较自觉进行的研究农村问题的调查了。

自此以后，每遇到研究中的问题，或者一有机会，我就去芦城、黄村，常常是一个人去，有时也和同学、同事一起去，有几次还和夫人、孩子一起去。改革前后那些年，我差不多年年去，自我调到中国社会科学院社会学所后，去的次数就少了，但家里有了电话，一有问题，就给芦城老乡们打个电话，也有他们来市里或打电话来的情况。屈指算来，我到芦城前后约有40余次，我和芦城一直保持着联系，对于芦城这半个多世纪来的变迁、转型，我是了解的。对于常福海、杨国维等老干部和盛洪奎、李春生两个老房东家以及很多老朋友家的变化，我是熟悉的。

芦城是我蹲的第一个点，是我研究农村解剖的第一只麻雀，是我分析观察农村运行、政策臧否的一个窗口。我的许多关于“三农”问题的知识从芦城来，我有许多确实可靠的信息从芦城来，我对农村未来发展一直很乐观的信心和力量从芦城来，因为我还是看到芦城一年一年在好起来。关于芦城我写成并发表的调查报告只有两篇，但我记录关于芦城事实的笔记有几十本，我写的很多篇比较重要的“三农”论文，都有芦城的影子。芦城一直是我研究、写作“三农”问题的参照系。芦城对我的影响太深刻了，对我的教育、对促进我成长的意义太重要了，可以和我的故乡（无锡县北钱村）并提，说芦城是我的第二故乡是恰如其分的。谢谢芦城！谢谢芦城的父老乡亲们！

（原载于《青春岁月在北大》，社会科学文献出版社2012年版）

关于加速农业发展的若干政策问题*

一、目前我国农业生产中存在的主要问题

我国农业劳动生产率太低。4亿多劳动力，3亿多在搞农业。但粮食、副食品供应仍很紧张，每年需要进口一部分粮食、棉花、食糖和豆油。1977年全国生产5750亿斤粮食，平均每个农业劳力才生产1917斤，每年以300个劳动日计，每天才生产6.39斤粮。与世界上经济发达的国家比差距很大，如1975年美国一个农业劳力平均生产136 535斤粮食，比我国高71倍。1976年我国每人平均占有的粮食只有614斤，与1956年一样多。我们现在一个农业劳力只能供养2.1人，要4.8个农业人口才能供养一个城市人口。

党的农村经济政策没有很好地落实。前些年林彪、“四人帮”搞极左，破坏了党的优良传统，破坏了党的农村经济政策，弄得集体经济被削弱，社员劳动情绪低落，生产停滞徘徊，社员收入减少，生活困难，有的甚至被迫逃荒要饭，流离颠沛，苦不堪言。据统计，1977年全国农民年收入平均每人65元，每月才5.4元。那些在平均值以下的，生活艰难是可想而知的。就全国农村而言，1976年比1974年，农民平均口粮每人降低了3斤多，平均分配收入减少了3元多。

---

* 原文是陆学艺先生得知中共中央要讨论和研究农村工作问题，根据多年累积的资料、经验与思考于1978年夏写就的，共12条建议，近4万字。此文摘录原文12条建议中的7条，于1978年10月3日在新华社通讯《国内动态清样》上发表，同月，新华社《内部参考》转载，对1979年《中共中央关于加快农业发展若干问题的决定》(共25条)起到过较好的借鉴作用。

我国的农业，现在基本上还是靠“两个肩膀一双手”，离开了亿万农民的积极性，肯定是搞不好的。即使实现了机械化，如果农民没有积极性，同样也不能增产，苏联的农业就是前车之鉴。所以，要加速发展农业，根本的一条，就是要调动亿万农民的积极性，舍此，没有其他任何出路。靠什么调动呢？靠党的正确的政治路线，靠正确的发展农业的方针和政策。

二、调整、落实党的农村经济政策是当前加速农业发展的关键

要加速农业发展，就目前来说，最重要的是拨乱反正，调整和落实党在农村的经济政策，把亿万农民大干社会主义的积极性调动起来。

中华人民共和国成立以来，我国几个农业发展比较快的时期，都是调整、制定了恰当的农业政策，调动了农民积极性的结果。

当前的农业政策存在三种情况。

第一种：我们原来制定的政策（“农业六十条”），基本上仍然适合目前农村生产力发展水平，适合社员群众的利益和要求，多年来证明是行之有效的。现在需要加以重申，继续贯彻执行。如以生产队为基本核算单位、按劳分配政策、自留地、家庭副业、集市贸易、粮食和农副产品的奖售政策等。

第二种：我们已有的经济政策中，有一些政策经过20多年的发展，同实际情况有了很大的出入，需要实事求是地加以调整。如工农业产品的价格政策、征购政策等。

第三种：实际生活中出现了新的事物，过去还没有制定统一的恰当的政策，现在需要加以创立制定的。如农机政策、农业科技政策、社队企业政策、农田基本建设中的经济政策等。

关于第一种情况，现在安徽、四川等省全面清理了前几年被搞乱了的农村经济政策，根据党中央有关政策精神，调查研究，结合

现在的实际，制定了贯彻实行的具体规定，得到了广大干部和社员的衷心拥护，调动了他们的积极性，起了很好的作用。但是也还有些地区，对此有另外的看法：认为诸如恢复社员的自留地、经营家庭副业、开放集市贸易等做法是回潮、倒退；当社员拿着新《中华人民共和国宪法》和《人民日报》，要求实现按劳分配，减轻负担，要求发还自留地，要求开放集市贸易时，被认为是落后群众。这些问题需要在今后的实践中逐步予以解决。关于第二、第三种情况，需要中央有关部门通过调查研究，根据各方面的情况，统筹兼顾，从长计议，调整和制定相应的政策。下面提出一些建议，供有关方面参考。

三、关于若干农村经济政策的建议

（一）调整工农业产品的价格政策

目前农民的负担过重，要减轻农民的负担，最重要的一个方面，就是要调整工农业产品的比价，缩小剪刀差。

1975年全国工业劳动生产率比1952年增长1.63倍，1976年农业劳动生产率比1952年增长了23%。按照价值规律要求，农产品价格应该提高108%，工农业产品比价才能达到1952年的水平（而这年的剪刀差就相当大）。据有关部门统计，1977年的农产品收购价格比1952年提高68.8%，农业生产资料销售价格降低7.6%，其他工业品的零售价格提高28%。据有关方面计算，目前农产品的价格低于价值的百分比约为25%—30%，工业品的价格高于价值的百分比约为15%—20%。1975年国家收购农产品421亿元，按上述计算，农民少收入140亿元。同年农民向国家购买工业品664亿元，按上述计算，农民多支出77亿元。两项合计共217亿元，加上农业税收32亿元，共249亿元，占当年全国财政收入的31%，占全国农业净产值的26%。农民创造的财富的26%贡献给了国家，其中87%是以剪刀差的方式提供的。现在的问题是在农业劳动生产率还很低的条件下，这26%的比例太大了，而且这个贡献的方式是不合理的。

“谷贱伤农”，是中国古代思想家总结的一条经济规律，我们可以研究借鉴。目前，农产品收购价格偏低，支农工业产品价格过高，这是许多社队生产费用大、成本高、集体积累和社员分配水平低的重要原因。随着农机化的发展，大量现代化农业生产资料被投入农村，问题会变得越来越严重。按计划，1980年国家要提供6000万吨化肥，平均以每斤0.15元计，共为180亿元。同年国家计划征购1500亿斤粮食，平均以每斤0.1元计，共计150亿元。就是说农民以全部商品粮去交换化肥一项，还差30亿元。其余的农机、农药、石油、电力等，用什么去交换呢?

要调整工农业产品的比价，使之符合于客观经济规律，有利于发展农业，有利于巩固工农联盟。此事不能再久拖不定了。

调整比价，可以分几个步骤。第一步，1978—1980年先提高粮、棉、油、糖、肉等的收购价格，提高的幅度平均可在15%—20%，使支农产品的价格平均降低15%—20%。这两项合计，可以使全国农民每年增加60亿—80亿元的收入，这对农业是一个极大的支援。第二步，1981—1985年期间再做一或二次调整，使农产品价格再提高25%—30%，工业品特别是支农产品的价格再降低一些。

（二）增加农业投资，提高农业再生产能力

我们农业的基础太薄弱了，1976年全国人民公社三级的固定财产仅720亿元，平均每人96元。在不少穷社穷队，由于资金困难，只能维持简单再生产，一遇灾荒，连简单再生产也维持不了。要扩大再生产，必须增加农业投资。从世界各经济发达国家的历史看，开始都是从农业搞资金，待到工业搞起来了，再转而给农业投资（或补贴农业）。美国1976年的农场资产总值为530亿美元，超过了任何一个经济部门的资产。从国内外的经验看，增加农业投资，扩大农业的积累，是提高农业劳动生产率、增加农业生产的必要途径。

要适当增加农业投资，这一点肯定了。问题是采取何种方式为好，一种办法是一只手从农业那里取来，另一只手再投资给农业。还有一个办法是调整工农业产品比价，减轻社队负担，让社队自己扩大积累。在集体所有制条件下，以采取后一个办法为好，这样易于调动农民的积极性。

（三）调整征购政策，要考虑“级差”收入的问题

完成征购（粮食和农产品），是农民对国家贡献的主要形式。按目前的征购方法，田亩多是征购多的主要因素，而人口少则是减少征购的主要因素。这是不合理的。

在征购中还有一个问题要研究解决，就是在社会主义农业中，有没有级差地租。我们应制定何种政策来处理。20世纪60年代，学术界讨论过这个问题，一种意见认为社会主义社会也存在级差地租，一种意见认为不能这样提。最后没有取得肯定的结论。

在农业生产中，有一个普遍现象是大家看到的，就是大中城市近郊的农村比远郊区好，远郊区比县区好，平原比山区好，普通山区比深山区好，交通发达的比交通不便的地区好，土地肥沃的比贫瘠的地区好，有矿产资源的比没有的好。为什么有这种带普遍性的现象？这说明在社会主义条件下，土地的肥沃程度、地理位置、交通条件，同样是起作用的。投入同量的生产劳动，在不同的土地上，收获不一样。不管我们称“级差地租”也罢，叫“级差收入”也罢，它是客观存在。所以，我们在调整价格政策，确定征购等任务时，要把这个因素考虑进去。这也是减轻农民负担的一个方面。

（四）保障农民经营自留地、家庭副业，参加集市贸易的正当权利

自留地、家庭副业、集市贸易，这几项，自合作化以来几经反复。就较大的范围内说，已经是三起三落了，有些地区则变动更多，收了放，放了收，朝令夕改，弄得群众无所适从。

到底社员经营自留地、家庭副业，参加集市贸易是资本主义经济，还是社会主义经济必要的补充？这个问题是需要辨明的，否则一有气候，这种侵犯社员正当权利的事情还会出现。《中华人民共和国宪法》明文规定了社员经营自留地、家庭副业和参加集市贸易的正当权利，这符合我国经济发展水平，符合亿万群众的利益。事实也完全证明，像自留地、家庭副业、集市贸易等是社会主义经济的必要补充，而不是什么“资本主义尾巴”。

要制定恰当的法律和法令，承认并且保障社员经营自留地、家庭副业，参加集市贸易的权利，以取信于民。这对现阶段发展农业生产，繁荣市场，巩固集体经济，改善人民生活是有利的。

（五）发展社队企业，试办农、工、商联合企业

近几年社队企业迅猛发展，已经成为人民公社集体经济的一支重要力量，1976年全国社队企业总收入270亿元，占三级所有总收入的23%。但发展是不平衡的。总的说来，江苏、浙江等省，特别是大中城市的郊区，社队企业办得多、办得好一些，但在许多偏僻地区的社队，还基本上是初办或没有办。现在的问题是要推广，要在还未办起来的地区大力办起来。国家要制定相应的政策，解决务工社员和务农社员在劳动报酬上的矛盾，解决社队企业的领导体制问题，处理好产供销关系，安排好积累资金的用途。

社队办企业，这是农、工联合。从南斯拉夫贝尔格莱德农业联合企业的经验看，它实际是一个农、工、商联合企业，这个企业有23 000多名职工，耕种150万亩地，开办几十个大的食品加工厂和500多个食品零售店，供应全市120万人的面包、牛奶、肉类和蔬菜水果，年产值为9亿美元。这样一个巨大的联合企业，并不是靠国家投资，而是靠精心经营、自负盈亏，一点一滴地积累资金，逐步发展起来的。这个经验值得我们学习。我们可以先在几个大中城市试办一些类似的农、工、商联合企业。过去没有这样办，现在来做个试验是很有意义的。

城市有很大的支农潜力，如支援社队办企业、加速农机化、帮助搞科学种田等，而城市的发展也需要农村的支援。因此，我们的行政区划分要适应现代经济发展的要求，适当扩大城市所属的农业区，如给每个大城市划10—15个县，每个中等城市划3—5个县，将有利于促进工农结合，城乡结合，有利于各项经济事业的发展，也将是加速农业发展的重要途径之一。

（六）提出每农业人口年生产粮食1000斤、1200斤、1500斤、2000斤作为奋斗目标

农业要现代化，不仅要用现代化农业机械武装农业，而且要提高农业的管理水平，要管理现代化。对农业也要像对工业提出八项经济指标一样，提出若干项经济指标来。如可以提出农业劳动生产率、农业人口平均产量、农业总产量、单位面积产量、农业成本、农产品商品率、农机利用率的指标等。考察一个社队的农业生产水平，要以这些指标来综合考察。

我国是人多地少的国家，人力资源特别丰富。我们要充分发挥土地的潜力，尤其要充分发挥人的潜力。为了适应变化了的情况，适应社会主义建设向农业提出越来越高、越来越多的要求，改变目前以单位面积产量（400斤、500斤、800斤）作为主要指标的办法，而提出每农业人口年生产粮食1000斤、1200斤、1500斤、2000斤作为主要指标是必要的（经济作物区，可以参照这个办法，定出相应的指标来）。

从一个县、一个社、一个队每年每农业人口生产了多少粮食，就可以看出这个县、社、队的生产水平和工作水平，而且也就可知道其贡献大小。而单从亩产多少来判断生产和工作水平高低，由于人多地少，或是人少地多的原因，往往不够准确。现在就有超纲要的社队，却要吃国家供应的粮食。

在人少地多的县、社，由于单位产量上不去（实际上那里每人平均生产的粮食很多），有些干部感到压力很大，脸上无光，就有意

缩小耕地，使已垦土地重新抛荒。提出按每农业人口产量作为主要指标，有利于克服有些地区少报土地、多报人口、多报单位面积产量的虚夸倾向。

（七）充分利用丰富的劳动力资源

世界各经济发达国家在工业化过程中，都有一个使劳动力从生产率较低的农业部门逐渐转到生产率较高的工业部门的过程，而且一般都遇到了劳动力不足的问题。我国正处在工业化的过程中，我们遇到的新课题之一却是农业人口在总人口中的比例越来越大（1949—1960年农业人口在总人口中的比例从89.3%降到80.3%；从1961年开始农业人口反而增多，到1972年为83.5%。目前，约为84%），而且我们的劳动力反而有剩余，各种待业人口也很多。

我国有9.3亿人，约7.7亿在农村，1.6亿在城市。城市人口以10‰的自然增长率增加，每年纯增160万人。照目前的建设规模，每年增加150万—200万新职工，因此每年城市新增的劳力就基本上可以满足城市发展的需要。农村人口自然增长率以13‰计，每年新增1000万人，这部分人只能被安排在农村。照这样发展下去，农村人口占的比重还要增大。

我国目前每个劳动力平均耕地不到6亩。比20世纪50年代初减少了2亩。所以总的说来，我国目前农村的劳动力是多了，而不是少了。随着农机化的发展，农村剩余劳动力将越来越多。有人估计，到农机化基本实现时，农村能腾出1亿以上的劳动力。

如何安排目前农村3亿多劳动力，并且为不少地区腾出来的多余劳动力找好适当的出路，充分利用我国的劳动力资源，这是我们应该解决的大课题。从社会发展的趋势看，农业劳动力总要逐渐减少，工业和服务业的职工会越来越多。我们要在城市设法增辟新的领域，容纳更多的就业人员。第一步使城镇知青不下乡，第二步逐渐吸收一部分农村劳动力到工交服务等部门工作。同时，在农村也要就地举办工业、商业、服务业，以提高劳动生产率。农业上一个人能做的事，不要两个、三个人去做。现在的问题主要不是城市容纳不了人，而是怕农业负担不起。在这个问题上，我们应该正确总结“三年困难时期”的经验教训。那几年城市人口增加是快了些，但这不是造成困难的主要原因。所以，只要我们的农业是稳步上升的，逐渐减少一些农业劳动力，使之转到工业、商业、服务业是可能的。

（原载于新华通讯社《国内动态清样》，1978年10月3日）

包产到户问题应当重新研究*

1979年夏天，我们到安徽农村调查，肥西县委的同志曾向我们介绍说，今年小麦丰收。预计：按生产队老办法干的，比去年增产一倍；包产到组的，增产两倍；包产到户的，增产近三倍。最近，省农委的同志寄来了三份关于肥西县山南区的调查报告，里面讲到夏收的结果，证实了原来的估计。山南区包产到户的队占77%，今年夏粮总产2010万斤，比1978年增长265%，国家征购1149万斤，比1978年增长5.7倍。

据我们了解，山南区的包产到户，是在1978年秋种时大旱遇到很大困难的情况下群众自发搞起来的，省、地、县的领导没有明确表态。1979年3月15日《人民日报》刊登张浩来信，认为“包产到组、包产到户都是脱离群众，不得人心的”。同时，以编者按语的形式在头版发表：“态度要明朗，号召大家不要搞包产到户，已包的说服引导，回到集体经济。”编者按发表后，县区领导曾考虑纠正，这时安徽等地的试验起了泼冷水的作用。但当时省委考虑，春耕大忙已到，劳动组织、计酬形式等如果再变于生产不利，所以表示山南区可以试着干，待秋后再说。现在，夏粮已经到手，秋粮也大丰收在望，实践的结果是大增产。80%以上的群众要求再这样干下去。但肥西县委已经下令要“纠正包产到户，要求农民重新组织

---

* 此文是陆学艺先生1979年6月到安徽省肥西县山南区实地调研包产到户问题后，于1979年夏写就的。主要论述了包产到户也是生产责任制的一种形式，属于社会主义性质。

起来，走社会主义道路”。据我们了解，肥西县委对包产到户后增产效果显著、对农民要求再干的迫切愿望是清楚的，他们主要是怕担责任，怕戴“走资本主义道路”的帽子，才采取了这个“收”的措施。基层干部和社员的态度很明确，他们要求再干一段时间。他们问：“增产粮食犯不犯法？”“实践是检验真理的唯一标准在农村兴不兴？”“为什么证明了能够大增产的办法不让搞？”“我们国家至今还吃进口粮，作为一个中国人，感到不光彩，这个办法难道不比吃进口粮好？”基层干部和农民的这些话，讲得理直气壮。

肥西县的干部现在思想很矛盾。他们问：“搞了20多年的农业工作，往往把粮食搞减少了，或者只是徘徊不前，却说大方向正确，路线正确；而把粮食搞得大幅度增产了（如1961年、1962年以及1979年夏季），反而说是大方向错了，路线错了。这到底是什么理论？”他们还说：“什么是资本主义？什么是社会主义？现在糊涂了！”他们对包产到户是又想又怕，想的是包产到户后，农民生产积极性倍增，粮食产量陡升；怕的是将来上级说包产到户是资本主义，自己担不起责任。他们在行动上不敢去领导，不敢去总结经验，更不敢去解决问题。在群众面前，说话吞吞吐吐，写文件更是字斟句酌，留好后路。他们在等待，等上级表态，等有关方面说话。

是继续试验，还是就此刹车？到了要做决定的时候了。对于干部和农民提出来的问题，我们也应该在理论上加以阐明。我们认为，对于包产到户问题，应该进行调查研究，实事求是地重新做出恰当的评价。根据我们在安徽的肥西、安庆、岳西、芜湖、宣城等地的调查，提出下面几点看法，供有关方面参考。

一、包产到户不是分田单干

分田单干是集体经济瓦解，退到农民个体所有和个体经营的状况，而包产到户则不是这样。

第一，包产到户是生产责任制的一种形式。集体经济的所有制没有变，土地、牲口、大农具、水利设施等仍归生产队集体所有，由生产队支配，社员只有在规定时间内的使用权。土地、牲口、大农具在社员间不能买卖，更不能依此去剥削别人。

第二，包产到户后，生产队仍能坚持集体经营，表现在可以统一种植计划，统一兴修水利，统一用水，统一抽调劳力，统一核算、分配等。山南区的做法是在生产队统一指导下，实行包产到组、责任到户的个人岗位责任制。

第三，包产到户也是联系产量计算报酬的一种形式。据我们在肥西县柿树公社东大圩子生产队调查，社员户对生产队包产，秋后按包的产量向生产队交粮食和其他农产品，生产队根据各户交的粮食和其他农产品，统一核算，统一分配——对社员分配实物和现金。生产队对国家的征购照样交，生产费用、公积金照样留，“四属”“五保”户可以继续得到照顾。生产队对社员按交产记工，社员按工分得到集体分配收入，另外他还可以得到超产部分的奖励粮食和农产品。东大圩子生产队会计对我们说：“我们按包产的收入做账，有工分值，有口粮数，有公积金、公益金、集体提留，同其他生产队是一样的。”

第四，包产到户后，集体经济的优越性可以继续得到发挥，而且因为调动了社员的积极性，大增产了，就可以有充裕的物力财力去办过去力不能及的许多事情，例如对“四属”“五保”和其他困难户的照顾。据山南区调查，这些户在包产到户后，有不少户增加了收入，困难减少了；仍然困难的，由于集体富裕了，也有力量补助他们。山南区委还设想：“如上级允许继续干下去，今后3年，每亩按4元和50斤粮食提公共积累，全区可以积累180万元、2250万斤粮食，超过以往20多年积累的总和。拿这些钱和粮，可以办许多集体要办的生产和生活福利事业。”

从这些方面看，包产到户和分田单干是不同的，包产到组和包产到户只是生产责任制的不同的组织形式，它并没有改变生产队的集体所有制，生产队对社员实行包工包产，生产队是主体，是生产资料的所有者、支配者，社员户并不是一个独立的生产单位。而分田单干的单干户，则是个体经济的所有者、支配者，是独立的小生产单位。所以，不能把包产到户与分田单干等同起来，更不要把搞包产到户当成刮单干风加以批判。建议在修改“农业六十条”时，要考虑分田单干和包产到户这两种不同的情况，在政策上，要有所区别，分别对待。

二、包产到户是搞社会主义，不是搞资本主义

列宁说：“人类从资本主义只能直接过渡到社会主义，即过渡到生产资料公有制和按劳分配。”[①]实行包产到户，第一，没有改变生产资料集体所有制的性质；第二，生产队对社员实行交产记工，按工分分配实物和现金，这也是联系产量计算报酬的一种形式，类似手工业上的计件工资、定额到人的性质，还是按劳分配。实行包产到户后，能够更充分地发挥社员的生产积极性，调动农民的劳力、物力、财力投入农业生产（如山南区今年社员自筹300多万元生产资金，比往年多3—5倍），农业能较多地增产，高速地发展，这就可以从根本上巩固集体经济。增产之后，国家可以多收购，集体可以增加积累，农民也可以多得分配收入，于国家、集体、个人三者都是有利的。农民增产的粮食和其他农产品大部分被纳入计划收购，多余部分进入国家商品流通领域，少部分进入集市贸易市场，这只会活跃经济而不至于造成危害。所以，应该说包产到户也是搞社会主义，而不是搞资本主义。

我们应该相信，像山南区这些要求继续试行包产到户办法的广大农民群众和基层干部，他们也是要走社会主义道路的，而绝不是要搞倒退、走回头路。至于在实行包产到户的过程中，发生了一些

① 中共中央马克思、恩格斯、列宁、斯大林著作编译局编译：《列宁全集》，第24卷，人民出版社1957年版，第36页。

诸如争水、争牛等矛盾，以及有些社队出现了一些削弱集体经济的倾向和问题，这多数是工作问题，而不是包产到户本身的问题。如果各级领导因势利导地加强领导，敢于去解决问题，而不是回避问题，那么，这些问题是可以解决的。

有的同志担心包产到户会引起两极分化，这是误解。马克思主义讲的两极分化，指的是这样两种情况：一种是指在生产资料私有制条件下，由于竞争的结果，小商品生产者发生两极分化，一部分小生产者处于有利地位，上升为资产者，而大部分小生产者破产，沦落到无产阶级队伍中来。还有一种是指在资本主义社会里，由于资本积累而造成的两极分化，一方面大量资本财富日益集中在少数亿万富翁手里，一方面是广大工人和其他劳动人民在日益贫困、破产。实行包产到户后，由于各户的劳动力强弱不同，收入会出现差别。但这种差别，同因剥削关系造成的贫富两极分化有着本质的差别，而且，由于包产到户促进了生产的发展，生产队就可以多提公益金，增加对“四属”“五保”和其他困难户的照顾，社员之间生活上的差距也可以缩小，这比“绑”在一起大家受穷不是强得多吗？

前些年，广大农村干部和社员被林彪、“四人帮”手中挥舞的“资本主义”这根大棍子打怕了，也打穷了。“宁要社会主义的草，不要资本主义的苗”，宁愿大家受穷，也不敢变动一下，让生产发展起来。这种极左的理论，至今还像镣铐一样禁锢着我们一些同志的思想，这些问题如果不解决，我们的农业生产就很难有根本的好转。

有的同志说，包产到户是一种倒退。我们认为，从形式看，包产到户比起生产队集体操作的规模来是小了，形式上好像是一种倒退，但实际上是退一步进两步，因为衡量一种措施是进步的还是退步的，只能有一种标准，即看它是否促进了生产的发展，而不管它操作规模的大小或公有化程度的高低。革命就是为了解放生产力，这是众所周知的真理。实践是检验真理的唯一标准。哪一种生产关系适合当地生产力水平，哪一种生产责任制比较好，这只能由生产实践来检验，而不能由某个长官的意志来决定。凡是实践证明在社会主义公有制的条件下，能够促进生产力发展的，就是好办法，我们就要坚持；凡是实践证明对生产力发展不利的就不是好办法，我们就要抛弃。山南区包产到户的试验结果是好的，促进了生产的发展，受到了绝大多数社员的欢迎，我们有什么理由说它是退步的呢？

有人说，这只是一时一地的权宜之计。这样说当然也是可以的。因为马克思主义认为，一切事物都在发展变化，一切都要根据时间、地点、条件来决定。我国幅员辽阔，各地农村情况千差万别，机械化水平不同，土地、劳动力多少不同，穷队、富队不同，山区、平原不同，交通条件不同。因此，生产责任制也要因地制宜，允许采取不同的形式，可以继续以生产队为单位组织生产，可以包产到组，也可以包产到组、责任到人（即包产到户），以适合本地区生产力水平，适合群众和干部的觉悟水平，能够促进生产发展为原则。包产到户这种方法在今天，在山南等地区，在一些交通不便的分散的山区，促进了生产的发展，受到群众的欢迎，那就应当允许存在或继续进行试验。领导要和群众一起，研究总结经验教训把它搞好。到了将来，随着各种条件的变化（比如，机械化水平大大提高），当包产到户这种方法已成为生产力进一步发展的桎梏，群众确实要求改变时，那当然应当相应地去改变。但是，没有现在就没有将来。我国目前还有许多穷队，条件很差，机械化水平很低，广大社员还过着十分贫困的生活，连简单再生产都很难维持。造成这种现象的一个重要原因就是生产关系的一些重要环节与当地生产力水平不相适应，不能充分调动群众的积极性。包产到组、包产到户等责任制，在这些地区之所以受到群众热烈拥护，一经实行，农业生产迅速发展，产量上升，就是因为这些责任制适合当地的生产力水平。我们要实事求是地研究、解决这些问题。如果连眼前燃眉之急都解决不了，哪里还谈得上什么将来的机械化、现代化呢？

三、对1962年包产到户的问题，要重新调查研究，实事求是地做出结论

包产到户这个办法是农民群众在“三年困难时期”自发创造出来的。最早从群众中总结出来并加以全面推广的是原安徽省委第一书记曾希圣同志。后来，包产到户成了他的一大罪状。包产到户在安徽作为政治路线错误，被批了10多年，许多干部因此被批为“走资派”，许多社员因此受到了冲击。我们这次在安徽调查，在六安、安庆、芜湖三个地区，对100多名干部和社员进行访问、座谈，当谈到1962年包产到户问题时，他们大多是称赞的。认为责任田是救命田，是解决由于“五风”造成的严重灾难的一个应急措施，对恢复和发展农业生产起了很大的作用。但是，也有些干部认为，包产到户是复辟倒退，已经被批得臭不可闻，绝不能再走回头路；还有的干部则认为，当时包产到户搞的面太大了，对发展集体经济不利。对于这样一个在安徽省涉及千百万人政治和经济生活的大问题，大多数干部和群众对当时的结论有看法、有意见，现在在实践中群众又重新提了出来。当我们去总结新中国成立30年来农业发展的经验和教训的时候，对这个问题，建议有关方面进行重新调查研究，实事求是地做出恰当的结论。这对于安徽，乃至全国的农业发展，都是很有意义的。

（原载于《未定稿》[增刊]，中国社会科学杂志社出版，1979年11月8日）

关于棉花政策的若干问题*

1983年棉花获得空前的大丰收，总产量达到8780万担，超过美国和苏联，名列世界第一，结束了中国长期进口棉花的历史。棉花丰收了，农民欢天喜地，但也有种种议论，商业部门的同志说："棉花最多只要6500万—7000万担，现在过剩了。"财政部门的同志说："棉花越丰收，财政越困难。"现在棉花收购下来了，有4000万—5000万担压在各级供销社的临时仓库里，每月要支付银行利息4000多万元，对地方财政是一大负担。总之，棉花丰收了，出现了新的情况、新的问题。我们最近在山东德州地区就棉花问题做了调查，认为棉花的形势已经起了根本的变化，有关棉花政策也要做相应的调整。现在，已临近春耕，希望有关部门及时研究，做出决定，早出安民告示，否则将对1984年棉花生产产生不利影响。

一、棉花连年大幅度增产的奥秘何在

1949年我国棉花总产只有890万担，1951年突破2000万担（2062万担），1955年突破3000万担（3038万担），1965年突破4000万担（4196万担）。十年动乱，十年徘徊，直到1978年还只有4334万担。党的十一届三中全会后，农村实行了生产责任制，1980年国家

---

* 此文是陆学艺先生于1983年年底到山东省德州地区调查棉花丰收但库存积压等问题写就的。重点论述棉花虽然过剩，但仍有继续发展的余地，认为压缩产量、限制消费、限制生产是最下策，应该根据新情势，调整棉花流通、加工、销售、价格、消费等一系列棉花政策。

调整了棉花政策，从此棉花形势发生了历史性的变化，5年跨五大步。1980年5413万担，1981年5935万担，1982年7196万担，1983年8780万担，平均每年增产889万担。这5年全国棉花增产最多的是山东省。1978年山东省棉花总产只有330万担，1983年达到2400万担，平均每年增产414万担。山东全省棉花增产最多的是德州地区。1978年德州地区棉花产量只有39万担，1983年达到650万担，平均每年增产122万担，5年增长15.6倍，平均每年递增75.5%。在德州地区中，陵县和平原县两县棉花增产最多。陵县51.8万农民，1978年棉花总产才3.8万担，1983年达到90.2万担，5年增长22.7倍，平均每年递增88.4%。

这样大幅度的连年增产，在中国历史上没有过，在世界历史上也是罕见的。我国原来棉花单产比较低，在世界属中下水平。这几年北方棉区的棉花单产大幅度增长，跃入了世界先进行列。如德州地区1983年植棉437万亩，总产650万担，亩产148.7斤；陵县植棉54万亩，亩产167斤。而1978年世界生产棉花最多的苏联，亩产只有116斤，美国亩产仅63斤。1980年危地马拉棉花亩产163斤，名列世界第一，但其收获面积仅183万亩。棉花为什么能这样大幅度地连续增产？在较短时期达到世界先进水平的奥秘何在？根据我们在陵县的蹲点调查，根本原因有两个：

第一，新中国成立30年来，特别是农业合作化以来，进行了大规模的农田基本建设，推广了科学种田，农业机械化也有了很大发展。但是，由于过去的集体经济经营管理过于集中，存在着瞎指挥、大呼隆、平均主义等弊病，严重压抑了农民群众的生产积极性，致使上述生产条件没有发挥应有的作用。实行了家庭经营形式的联产承包责任制，农民的积极性被极大地调动起来，使多年积累的新的物质技术条件得到了充分利用，蕴藏着的巨大潜力被发掘出来，于是就出现了一个又一个出人意料的大丰收。

第二，我国现有的种棉花的物质技术条件已达到世界先进水平。这种先进的新技术同我国的农业劳动力充足，劳动者勤劳、积极的特性结合起来，就有了超过苏联、美国等植棉先进国家的产量。在北方棉区，棉花品种是鲁棉1号、中棉所10号、渤海1号等优良品种；栽培上采用的是世界先进的地膜覆盖技术，可以保温、保水、早育、早发苗；国家对棉区的化肥有特殊供应，除了有优质尿素，还有磷酸二铵和磷酸二氢钾等先进的复合肥，棉区使用的是高效低毒的菊酯类农药，治虫效果极好。近几年棉区还推广使用缩节胺、矮壮素、乙烯利等植物激素，试验使用了硼、锌等微量元素。所有这些，都是目前世界上苏美等植棉发达国家所使用的最先进的物质技术手段，但他们人少地多，普遍采用机械化操作，而棉花是费工费时、技术要求高的作物，一个劳动力要种几百亩上千亩，田间管理必然相对粗放。例如治虫，他们是使用机器或飞机喷洒，不容易治得普遍、彻底；棉花要打顶、抹芽，他们人手少做不到；收获了，他们一般先喷激素，催熟脱叶，然后用机器一次采摘。这些都会影响棉花的产量。我国棉区劳动力多，一个劳动力种4—5亩棉花，手工操作，积极性高。棉苗出土不久，易遭蚜虫之害，鲁西北棉农用木棍蘸药液，一棵棵涂抹；打顶、抹芽，一般要进行好几次；棉桃开一茬，摘一茬，最后连僵桃也收回剥开利用了。世界先进的植棉技术，同我国的集约型劳动和棉农的勤劳积极结合起来，就创造出了超过植棉发达国家产量的奇迹。

棉花生产近几年大幅度连续增产给我们一个启示，我们在粮食和其他农作物的生产方面，只要继续贯彻“一靠政策，二靠科学”的方针，继续改善生产条件，使之达到比较先进的水平，同我国极丰富的劳动力结合起来，就能够促进粮食和其他农作物的生产继续以更高的速度发展。

二、棉花生产的发展趋势

我们在德州地区调查，关于棉花生产的前景，有两种说法。干部说，1983年棉花这样大丰收，老天有60%的功劳。天旱、气温高、光照好，有利于棉花生长。能浇水的棉区，天越旱，增产越大。1984年会不会有这样好的天气，很难说，老天一翻脸，雨多了，减100万担、200万担是很容易的。但群众普遍对棉花继续增产有把握。陵县袁桥一个老棉农说，只要没有大涝灾，棉花还会增产。他讲了三条理由：其一，前几年刚搞责任制，怕政策变，心里不踏实，现在中央文件说土地可以承包15年，心就定了，种田的积极性更高了。其二，前几年家底薄，增产主要靠多下力气，现在有家底了，有钱买化肥、农药、良种，生产资料充足，地也越种越肥。其三，以前虽说这里是棉区，但真正懂科学植棉的不多，近几年分开干了，大家钻研新技术，不断总结经验，科学种田水平普遍提高，各种先进的生产技术措施正在逐步推行。还有一条理由他没讲，这就是现在的棉花价格对棉农有利。1980年中央规定，北方棉区在价外补贴基础上提价26%，在这基础上以3年产量为包购基数，超基数加价30%。这一政策极大地推动了北方棉区的棉花生产。1983年山东取消包购基数，实行比例加价（三七开），比原来收购价约降3%，群众反映不大。有的地区（如德州地区），实行户交户结，加价款当场二次兑现，群众分外高兴，种棉积极性更高了。1984年取消北方棉区5%的价外补贴，比例加价改为二八开，两项相抵又要降价约2%，宣布之后，群众意见也不多。所以总的说来，棉花还是保持了继续增长的趋势。德州地区1984年提出的生产方针是“保棉上粮”。植棉的指导思想是：“稳定面积，主攻单产，增加总产，改进品质，提高经济效益。”计划种春播棉400万亩，麦播棉100万亩（棉麦两熟）。一般年景，将产700万—750万担棉花。从全国看，棉花总产也是呈上升的趋势，特别是北方棉区（鲁、冀、豫、晋），还会以较大幅度增产。

三、棉花是过剩了，还是仍有继续发展的余地？

1983年，棉花特大丰收，第一次超过8000万担。商业部门有的同志说，按目前的需要看，有6500万—7000万担就够了。这是说，现在棉花已经太多了、过剩了。这个说法很值得商榷。

8780万担棉花，10亿人口，人均只有8斤多棉花，这在世界上并不是高水平。美国1937年就生产了8150万担皮棉，当年出口2023万担，那时美国只有12 882万人，人均消费40斤。“二战”后，化学纤维增多，棉花消费量减少，1970年，美国人均年消费棉花17.8斤，加上化学纤维共消费各种纤维42斤。苏联1970年人均年消费棉纤维14.4斤，加上化学纤维，每人年消费各种纤维26.6斤。日本不生产棉花，1970年人均消费棉纤维12斤，每人年消费各种纤维30.2斤。我国1970年人均年消费各种纤维不到6斤，近几年有了较大幅度的增长，1983年人均产棉8斤多。但我国化学纤维产量少，只有53万吨，人均1斤1两，加上毛麻丝等各种纤维，人均消费还不到10斤，比起发达国家人均消费量要低得多，也低于世界人均消费量（1971年世界人均消费各种纤维14.3斤）。

我国原来是个缺棉的国家，新中国成立前就长期进口原棉，新中国成立以来，也是年年进口棉花。1950—1979年共进口9109万担，平均每年进口303万担。其中1970—1979年共进口5705万担，平均每年进口570万担。近几年每年进口超过1000万担。现在棉花生产的形势变了，我们的外贸部门应该改买为卖，为我国的棉花寻找市场出口。世界上苏美两个主要产棉国都是棉花的主要出口国，我国现在成了世界第一产棉国，也应该成为棉花的主要出口国。我们的棉花生产技术先进，劳动力丰富，劳动力工资低，只要针对国际棉花市场的需求，采取相应措施，我国的棉花在国际市场上是会有竞争力的。日本每年要进口1000多万担棉花，东南亚诸国每年也要进口几百万担，西欧各国几乎都是进口棉花，这些市场我们都可以设法打进去。

我国因为长期缺棉，从1954年就对棉花实行计划收购，不久又实行棉布和絮棉的计划供应。新中国成立30多年来，我们对各种棉纺织工业一直是控制发展的，对人民群众的棉花、棉布需求一直是通过发布票、棉花票限制消费的。所以，国内的生产、生活对棉花的需求，长期受到严重压抑，人民群众对棉花和棉织品的需要，长期没有得到满足，消费力是萎缩的、不正常的。现在，布票棉花票终于取消了，但因为购买力不足，消费习惯一时还未改变，花色品种又不能满足群众要求，还有流通环节不畅等因素的限制，国内对棉织品的需求增长并不理想。不过随着整个经济的发展，人民群众的购买力将会提高，消费习惯也会随之变化，人民群众对棉织品的需求将会逐年增加，这是可以预计的。特别需要指出的是，长期以来，国家对于城市和非产棉区的絮棉供应不足，而且所供絮棉质量极次，一般是利用再生棉花或短绒加工而成的，就是这种絮棉，也是限量的。我们到西北的甘肃省特别是陇东一带的高寒山区调查过，那里许多农户的被褥不足。其实就是在北京、天津这些大城市，多数家庭的棉被的质量也不是很好，如果能有好的絮棉供应，那将受到广大居民群众的极大欢迎。所以，国家只要改善流通渠道，充分满足人民群众对于絮棉的需要，仅此一项，就会让每年有几百万担棉花的销售，开始几年，可能还会更多。

从这几个方面看，说我国目前棉花已经够了还为时尚早，年产8780万担棉花不是过多了，而是还有发展的余地。

四、一面限制消费，一面限制生产，这是最下策

我国1982年生产23 684万担油料，折合成食油，人均占有8斤多，只有当年世界植物油脂人均22斤的1/3强。但是由于种种原因，有关部门没有从扩大消费等方面来支持发展生产，而是一面继续严格限制消费（食油定量发票供应），一面用降低收购价格等办法打击生产。1983年全国油料生产就骤然降到2亿担，减产15.38%。

棉花生产现在也遇到了类似油料生产的问题。棉花生产发展很快，而对棉花的消费需求没有相应地跟上来，出现了大量积压等现象。怎么来处理棉花问题？最简单的办法就是套用对待油菜籽的办

法，一面继续限制消费，一面用大幅度降价收购的办法打击生产。这是最下策。如果大幅度降低棉花的收购价格，棉花产量当年就会骤降，棉花积压等问题是可以解决了，不过会引起一系列严重后果，希望有关方面一定要慎重考虑。

第一，棉花生产是鲁西北地区（惠民、德州、聊城、菏泽）、河北黑龙港地区、河南豫东等地区的5000万农民，由穷变富的经济支柱。这三大片长期贫穷落后的地区，从1958年受到“五风”的严重打击之后，一蹶不振。粮食不够吃了，就少种棉花；棉花少了，经济收入减少，没钱投资，粮食产量就更少；粮食少了，就更要以粮为纲，压缩棉田；最后只好大种地瓜。田越种越薄，人越混越穷，“地瓜干子成主粮，鸡屁股是银行”。新中国成立后的20多年来，国家对这片“三靠”地区投入了大量的人力、财力、物力，但久不见效。党的十一届三中全会以后，实行大包干责任制，又扩种棉花。主要靠了这两条，使这些地区发生了历史性的变化。棉花丰收了，农民收入增加了，有钱买化肥、买良种、买农具了，虽然粮食种植面积减少，但粮食单产、总产都是大幅度猛增。有粮有钱了，农村的工业商业也发展了，各种经济文化事业都活跃起来，出现了一年比一年好的良性循环。但是，这些地区穷了几十年，集体和农民家底都很薄，所谓形势好，也还是初步的，与原来富裕发达地区还差得很远，而且本地经济还很脆弱，经不起风吹雨打。如果棉花降价，棉花产量当年就会下来，棉花这个经济支柱一倒，各行各业都会跟着下来，其后果将是极其严重的。以前我们千方百计想解决这几大片的问题，每年花钱也不少，问题总解决不了，现在只是用了些棉花收购补贴，补出了这么个繁荣向上的大好形势，投入很少，效果很大，我们何乐而不为呢？

第二，棉花下来，对农民不利，对国家更不利。财政部门的同志说：“棉花越丰收，国家财政越困难。”这里财政部门的同志只算了收购棉花补贴的财政开支账，而没有算棉花加工、销售过程中，国家可得的大笔税利的财政收入账。不算进，只算出，看起来财政补贴很大，事实上国家从棉花加工、销售过程中得到的收入要大大高于补贴的支出，收大于出。可见，棉花是国家的一大财源。

据我们在德州地区的调查，国家在收购棉花时，对山东棉区70%的棉花，给以30%的加价补贴。以标准棉（三级，27厘米长）每百斤153.1元为例，要加价32.15元；另外在从棉花二级站向纺织厂调拨时，每百斤还要补贴7.6元，两项共计补贴39.75元。但是国家收购棉花以后，就有一系列的税利收入。

（1）棉花收购站向农民收购籽棉，折算成皮棉，以每百斤标准棉153.1元收，另外加价的32.15元由财政直接补贴。所以，农民交售棉花时，每百斤实得185.25元。

（2）棉厂。棉花收购站把籽棉送到棉厂，棉厂付给收购站每百斤5元的手续费。棉厂将籽棉经轧花加工成皮棉，打包成捆，运交棉花二级采购供应站，仍以每百斤标准棉153.1元结算。棉厂加工成捆的皮棉算一次工业产值，国家收一次工商业税，税率3%，每百斤皮棉可得税5.13元。棉厂把轧下来的棉籽脱毒、榨油，把棉油、棉饼、棉籽皮返还给农民，棉厂从农民那里可得一笔加工费，一般以短绒折价抵交。

（3）棉花二级采购供应站。棉厂把成捆皮棉运交二级站，二级站付给棉厂每百斤17.9元的加工手续费，实际以171元（153.1元+17.9元）收进。经过储运，向省内外的纺织厂及其他部门调拨。调拨时，每百斤以171元结算，另外加7.6元的财政补贴。二级站就得每百斤7.6元的补贴。

（4）棉纺织厂。以每百斤178.6元购进皮棉，每百斤棉可纺成90.72斤纱，值229.9元，按5%纳税，为11.50元。每29.74斤纱可织100米布，100斤皮棉的纱可织21×21平的布305米，每百米出厂价为92.3元，共值281.52元，纳税3%，8.45元。在纺织厂算一次工业产值，纳二次税，共19.95元。

（5）印染厂。以每百米21×21平的布92.3元购进，染成硫化蓝色等平布，出厂价为每百米112元，305米共为341.6元，算一次工业值，纳一次8%的税，为27.33元。

（6）纺织品站。以每百米112元购进，储运调拨加价8%，以每百米120.96元批发卖出，305米共值369.93元，纳3%的营业税，共为11.07元。

（7）服装厂。以每百米有色平布120.96元购进（现在也可从印染厂直接采购，享受出厂价格），305米布可加工成153件棉布男衬衣，以每件出厂价4元卖出，可得款612元。算一次工业产值，纳3%的税，18.36元。

（8）百货公司。以每件衬衣4元购进，加价14%，零售4.56元一件。153件衬衣可卖得697.68元。纳税3%，为20.93元。

国家从棉农处收购棉花，经过5次加工，算4次工业产值，棉花本身还要算一次农业产值，经过3个商业环节，每百米皮棉由153.1元增值为697.68元，可以收7次税，共得税款102.77元，仅此一项就比棉花补贴39.75元要多63.02元的财政收入。何况这8个工业和商业机构，都还有相当可观的利润。例如，德州纺织厂，5万纱锭，2000台布机，5000名工人，每年用棉17万担（还用3万多担化纤），1983年这个厂纳税648万元，实现利润549万元。以纺织厂税利的比例100∶85计，国家从每百斤皮棉取得102.77元税收的同时，还可得到87.35元的利润，两项合计共为190.12元，扣除39.75元的财政补贴，可以有150.37元的收入。国家每收购1元钱棉花，可以创造4元的工业产值（只算最后的一次），可以有4.56元的社会零售收入，可以有0.98元的税利收入。

可见，棉花的收购、加工、销售，是我国的一大财源。前几年国家采取财政价格补贴的办法，鼓励支持了棉花的生产发展。这个政策措施是成功的，现在棉花生产上来了，比原来预计的发展要快得多，好得多，这是大好事。现在我们有些同志却为此忧心忡忡，这是不必要的。好事来得太快了，有点不知所措，这可以理解，但切不可惊慌失措，采取不当的政策，把棉花生产打下去。实践的经验证明，把某项生产搞上去往往要花很大气力，而搞下去却十分容易。财政部门的同志，应该继续支持棉花生产稳步发展。同时，要把重点转到支持发展棉花和棉纺织品的加工、销售和消费等环节上，从而促进整个国民经济活跃繁荣起来。

五、关于解决目前棉花问题的几点建议

棉花生产的形势发生了根本变化，关于棉花的加工、收购、销售等一系列政策也应随着做相应的改革。建议有关部门召集各方面的同志讨论棉花新形势的对策，逐项研究，逐项解决。下面提几点建议，供研究对策参考。

第一，改变棉花作为特殊商品的地位，使之能正常流通。过去我国棉花太少，需要进口，所以采取了种种限制生产、限制消费的政策。现在棉花生产上来了，上述政策应该相应改变。现在棉花是作为特殊商品，由国家统一收购，统一储运，统一调拨的，其严格程度超过了粮食，是一类产品中的一类产品，这是造成棉花大量积压的一个重要原因。一方面棉花大量积压在棉产区的仓库里，棉产区本身又无权处理；另一方面大量需要皮棉和絮棉的地区和企业，又不能根据自身需要到棉产区去采购调运。这一条要先改，第一步可以按照计划经济为主、市场调节为辅的原则，将棉花的购销政策，调整到同目前粮食购销政策大致相同，即国家可以给产棉地区下达统调地计划指标（这是必须完成的）；棉产区在完成国家计划之外，可以自找门路，进行议销，也可以通过口岸出口；允许棉花上市，集市上可以进行棉花交易。

第二，支持和鼓励各种棉纺棉织加工工业的发展。过去在这方面限制过严，现在应该开放。我国现有2000万纱锭，平均每50人才有一锭，低于世界平均水平。特别是花色品种少，不能满足10亿人民的多样化的需要，今后应鼓励发展各种类型的棉纺织加工企业，特别要鼓励棉产区多发展棉纺棉织工业。德州地区600万人口，年产650万担棉花，但至今只有10万纱锭，连50万担棉花也用不了。本

地区想发展纺织工业，多方申请，有关方面却用种种理由不批准，目前的这些规定应在国家统一计划的前提下，做相应的改动。

从世界纺织品发展的趋势看，“二战”以后，化学纤维广泛发展，但是因为棉纤维织品有柔软、透气、吸湿等化纤不能比的优点，如今在一些发达国家中，纯棉织品又有发展的趋势，如内衣和袜子又逐渐变为纯棉纤维的了。国外近来又发展了纯棉织品用树脂处理等的新技术，加工出来的成衣，在不少方面超过化纤。根据国外这种发展趋势，以及我国棉花生产大发展的特点，应该研究制定我国使用棉纤维织品的新战略。研究和引进加工纯棉织品的新技术，鼓励发展纯棉织品加工工业，鼓励群众消费纯棉织品。

第三，在非产棉区，特别是在西北、东北、华北等非产棉区和购买方强的京、津、沪、宁等大中城市建立销售絮棉的系统，向这些地区的城市居民和农民供应好的絮棉，满足他们长期没有得到满足的对于絮棉的需求，更新他们的被褥。这一方面可以改善这几亿人口的铺、盖和棉衣的条件，使他们穿得暖和，睡得舒适；同时另一方面可以推销一部分现在大量积压的皮棉。初步估计，仅此一项，就可以使几千万担皮棉找到销路。

第四，要适当调整皮棉的内部调拨价格，实行季节差价、地区差价等政策，利用价格、贷款等经济杠杆，改善棉花的储运状况。现在，绝大部分的棉花（约5000多万担）积压在棉花二级站和各产棉区的棉厂里，大部分棉纺织厂的仓库却空着或半空着。以前棉花少时，纺织厂怕停工待料，往往在新棉一上市，就四处采购调运，把棉花调足存足，有的厂一存就存一年以上的用棉。现在棉花多了，他们有恃无恐，往往是随用随调。纺织厂为什么不存棉花？重要的原因是内部调拨价格有问题。现在的棉价体制，没有季价差价的规定，纺织厂从棉花二级站调棉，常年一个价。纺织厂少储以至于不储棉花，既可不负担棉价贷款的利息（少储1万担棉花，1个月可少付1万元利息），又可不负担储存过程中的损耗，也不承担储存的风险。现在棉花贷款的利息、保管费用、存储风险都压在各级棉花采购站和棉厂身上。棉站的仓库不够，而纺织厂的仓库却空着，这很不合理。更严重的是旧棉压着现有的仓库，新棉上市就没法收购了。德州地区650万担棉花，按现在的调运速度，到1984年8月全地区还将有300万担棉花积压，各库都满了，新棉上市，怎么收购呢？要制定合理的季节差价，使贷款利息、保管费用和保管风险的负担合理，以调动各纺织厂储棉的积极性，充分利用纺织厂现有的仓储能力。

第五，要从各方面设法鼓励城乡居民消费棉纺织品，提高群众的购买力。而现在增建仓库储存棉花只是被动消极的应付办法，从长远来看不能解决根本问题。德州地区棉花加工厂为储存棉花，现已租地2000亩，每亩租金一年600元。现国家准备在德州地区再投资建4万平方米的储棉仓库，按规定的标准计算，每1万平方米储18万担棉花，4万平方米也仅能储72万担，对大局无补。盖仓库，投资大，占地多，还要付利息和保管费。解决棉花问题的根本办法，是要用发展商品生产的观点，处理好生产和消费、积累和消费的关系，从各方面设法提高人民群众的购买力，扩大棉纺织品的销路，从而增加财政部门和商业部门的收入，推动棉花生产。

第六，调整各省的植棉计划，鼓励“南棉北移”。现在看来，黄淮海地区、华北平原，沙质土壤，四季分明，光照充足，积温高，水利条件好，群众又有植棉传统，所以这一带适宜发展棉花种植生产。近几年扩种了棉花，棉产量增长了几倍，粮食也大幅度增长了。投入少，产出多，经济效益好。这一带可以成为我国的主要产棉区。1982年，全国皮棉单产平均每亩82斤，而辽宁、广西、贵州、云南等省区平均单产都远在全国平均数之下，总产之和仅占全国总产量的1%。四川、上海、浙江等地，虽然单产水平较高，但由于当地气候不适于棉花生产，为获较高产量所付出的代价要比黄淮海地区大得多。所以上述地区种棉并不合算，可以逐渐少种一些，以便腾出耕地，发展粮食和其他经济作物，而黄淮海地区则可以在保证粮食自给有余的基础上，进一步适当地发展棉花生产。

第七，目前北方的棉价，对棉农有利。20世纪50年代规定的粮棉比价是1∶8，现在约为1∶10.5。这个棉价对发展棉花有利，特别是对促进改变黄淮海大片地区长期贫穷落后的面貌有利，短期内不要改变。再经过一个时期，可以通过逐步提高粮价或逐步降低棉价来解决。但调价一定要微调，不要骤提骤降，否则就会打击生产。对于山东这两年棉价的调整，群众意见并不大，这也证明价格微调好，猛调不好。

今后收购棉花应该按科学定级标准实行优质优价。现在是按光泽、长度、衣分来定级定价的，不尽合理。鲁棉1号产量高、光泽好、长度长、衣分率高，但纤维粗，强度不够，只能纺21支以下的中低纱，按现在的定级标准，鲁棉1号70%以上是一级、二级棉，收购价格高。而纺织厂则需要70%以上的三级以下的棉。由于现在的定价标准没有强度这项，纺织厂收进一、二级棉，由于强度不够，也纺不出高支纱，纺中低纱成本又高。这也是造成山东棉花调不出去的一个原因。现在出口（去香港、印尼），对方也要五、六级棉，不要一、二级棉。今后要按“细、长、强”的标准来定级，鼓励生产优质棉，发展高档纺织品，满足群众更多层次的需要。同时也要根据国内棉纺厂与国际市场的需求发展棉花生产，做到产销对路。

必须指出，棉花问题绝不是一个孤立的问题。随着农业生产力的进一步发展，许多农副产品都在由产品不足变为产品充足，今后会出现一系列的产品“过剩”问题。但这种“过剩”在很多情况下是现行的政策体制不适应新的形势，群众的消费需求长期被压抑的结果。因而新的形势要求我们正确估计国内和国际市场，认真研究人们的需求，改革不适应新形势的政策措施。鼓励消费、推进生产、疏通流通环节，使消费者能得到符合自己需要的产品，生产者能从发展生产上获得更多的物质利益，财政部门和商业部门也能得到更多的收入，从而使整个经济繁荣发展起来。

（原载于《中国社会科学院要报》，1984年第17—20期）

再论棉花政策问题*

1982年全国棉花总产量为7196万担，国家纯收购6993万担，当年国内各项用棉6814万担，在国内第一次实现了产大于销，并略有结余的形势，结束了近百年来我国长期靠进口棉花弥补供需缺口的局面。

1983年全国棉花总产量为9274万担，收购9168万担，当年国内各种用棉仅6500多万担，进出口相抵。纯出口100多万担，纯出口这么多原棉，是新中国成立以来第一次。1983年度结余2000多万担，现在积压在各地仓库里，这也是中国历史上从未有过的事。1984年全国播棉约9800万亩，北方棉区雨水充足，长势极好，估计棉花总产将超过1亿担。有关部门按目前的水平估算，1984—1985年度国内各项用棉7000万担，尽最大努力安排出口1000万担，还会结余2000万担，加上原来的积压，1985年将超储4000多万担。

过去我们年年为缺棉发愁，现在农村形势好了，棉花多了怎么办？在这个突如其来的新问题面前，众说纷纭，意见不一。我们到底应该怎样看待这个问题，采取什么样的对策呢？

---

* 此文是陆学艺先生继《关于棉花政策的若干问题》一文后，根据棉花出现的新情况、新问题，又经过半年多的实地调查研究，于1984年10月写就的。文章再就棉花政策问题进行了更为系统的补充性论述，进一步强调棉花大量积压问题不是一个孤立的问题，而是涉及农村改革、农业生产发展起来之后，工业生产要跟上、商业流通要跟上、社会消费要跟上的一个需要综合治理、综合解决的问题。

一、造成棉花积压的原因

为了解决问题，首先，我们要分析造成棉花大量积压的原因。据我们调查研究，造成棉花“过剩”的原因是多方面因素综合的结果，主要有以下几点。

第一，对棉花连年持续大增产估计不足，缺乏相应的政策与措施。党的十一届三中全会以来，农村发生了历史性的变化，农业持续大丰收。1978年我国只产棉4334万担，1983年为9274万担，5年增长114%，平均每年递增16.43%。这样大面积、大幅度地连年大增产，不仅中国历史上没有，世界棉花发展史上也是少见的。这样的大增产，群众出乎意料，领导机关也没有预料到，致使在关于棉花的宏观决策上并没有采取相应的政策与措施，所以，出现了纺织工业生产跟不上、商业流通交换跟不上、生活消费也跟不上的局面。有些部门还采用了一些“火上浇油”的措施，致使问题愈加严重。据调查，湖北、河南、山东、江苏、山西、四川6省，1979—1983年，棉花增产1倍多，但纺织品生产只增长了39%，而社会销售只增长12%—14%。这6个省的情况，大致反映了全国的情况。棉花大量增产，棉纺织生产发展跟不上，棉纺织品销售困难，这是造成目前棉花“过剩”的主要原因。

第二，化纤品数量大量增加，排挤了棉织品的生产。过去相当长时期内，我们认为我国人多地少，农业不容易上去，所以曾经设想，自己这点土地主要用来解决吃饭问题，穿衣和其他纺织用品，则主要依靠化纤。所以，我们在20世纪70年代逐年扩大进口合成纤维的同时，引进了10多套大型的生产化学纤维的成套设备，现在这些工厂陆续建成投产。1978年全国生产化学纤维28.46万吨，1983年生产54.1万吨，5年增长90.09%，平均每年递增13.7%。同期，化纤进口也增长很快，1978年进口20.44万吨，1981年最多时进口37.47万吨，3年增长83.32%。从长远发展看，我们这样的大国发展化纤工业是必要的，因为现在的化纤工业并不发达。但是，在同一个5年内，棉花增长这么多，化纤生产和进口化纤也成倍增加，导致棉花的积压问题就更加突出了。

第三，国内消费正处在由纯棉织品向化学纤维织品转化的阶段，纯棉织品的优点还没被人们认识。从世界纤维发展的历史看，人们一开始用纯棉和天然纤维。后来涤纶、锦纶等化学纤维问世，由于它具有坚固耐用、挺括美观、价格相对便宜等优点，曾经风靡一时；但由于纯棉和其他天然纤维织品有柔软、透气、吸湿、穿着舒适等优点，人们又逐渐转向喜欢穿、用纯棉和其他天然化纤织品。社会走过了从纯棉（其他天然纤维）织品，到人造合成化学纤维织品，再到纯天然纤维织品和人造合成化学纤维织品并重，而后又重新喜爱用天然纤维织品的历史过程。我国目前群众的消费习惯、消费心理、消费水平正处在由纯棉织品向化学纤维织品转化的阶段中。1979年社会消费各种棉布76.9亿米，其中化纤布13.2亿米，仅占17.16%。1983年社会消费各种棉布105.4亿米，其中化纤布销售43.13亿米，占40.92%。从1962—1983年，21年间社会消费纯棉布增长48.6%，平均每年递增2%，而同期化纤布消费增长17.25倍，平均每年递增14.5%。从1978—1983年，5年间社会消费纯棉布从63.7亿米下降为62.27亿米，下降2.3%，而同期化纤布增长226.7%，平均每年递增26.7%。

近几年来，棉花大量增产，而纯棉布的社会消费反而下降，化纤布消费大量上升，现在还有向毛料织品发展的趋势，这也是造成棉花积压的原因。考虑到我国棉花生产的优势和石油资源近期的不足，以及化纤工业还不发达等条件，要研究制定我国的纤维战略，缩短化纤织品向纯棉织品过渡的时间，让群众多消费纯棉织品。

第四，纤维织品调价和取消布票，亦有一定的影响。正当在群众消费习惯向化学纤维转化的过程中，正当棉花连年大量增产的时候，1981年1月20日化纤布平均降价25%，纯棉布价平均上调18.8%。调价的结果，使一部分化纤布积压的问题解决了，加速了群众消费习惯向化纤布转化的过程，而占棉布70%以上的纯棉布，原来已畅销的，有部分短缺，涨价后则造成普遍滞销，纯棉布的销量下降了很多。同时，由于纯棉布涨价后，财政部门取消了棉花原料的补贴，使生产纯棉布的工厂也不能得到多少好处，有的只能保本或仅得微利，所以生产积极性仍然不高，纯棉布的质量和花色品种上不去，这两年纯棉布销售量逐年下降。1982年全国销售纯棉布67亿米，下降9%，直到1984年还是在继续下降。

20世纪60年代以来，年年发布票。群众的心理是，有票证的东西总是便宜的，所以一到布票作废期前，群众即使借钱也要把布买回来。1984年取消布票，这是件好事，以为棉布敞开买卖后，可以增加销售，结果相反，1984年反而少销售纯棉布好几亿米。

第五，棉花的购销价格不尽合理，棉花作为特殊商品的地位还未完全改变。一方面是棉花大量积压，另一方面，需要棉花的地区和群众还是不容易买到棉花。有许多关于棉花流通交换的问题需要解决。例如1983年国家决定对一部分地区的困难户实行絮棉赊销，银行给无息贷款，但因为絮棉的购销价格是倒挂的，经营单位销一担絮棉，要亏损10多元，销得越多，亏得越多，所以经营部门不积极。国家原计划赊销74.6万担，结果只卖出一半多一点，有些省、自治区，连一点都没卖出去，虽然他们那里的困难户、“五保”户很需要絮棉。

第六，纤维织品的消费在人民消费结构中的比重还很低。党的十一届三中全会以来，人民群众的收入有了较大幅度的增加，生活水平是普遍地提高了。但是，人民群众穿着消费的纤维品，却增长得并不快。1978年全国农民平均年收入134元，1983年达到309.8元，增加131.2%，每年递增18.25%。1978年全国职工平均每人可用于生活费的年收入为316元，1983年增加到526元，增长66.45%，每年递增10.73%。而据对全国农民家庭抽样调查，1978年农民人均年消费各种纤维21.87尺，1982年为29.3尺，只增加34%，其中化纤布增加2.7倍，毛料增加0.6倍，绸缎增加1.6倍，而纯棉布反而从每年消费16.9尺下降到了11.83尺。从这里可以看出，这几年人民的穿着质量是提高了，但数量增加得不多。而且由于人们的消费结构正在从棉纤维转向化纤和毛料绸缎，这就使棉布销售更加困难，影响纯棉布的生产，使棉花积压问题更加严重。

二、棉花问题要采取“综合治理”的方针

我们认为，棉花大量增产，粮食大量增产，这是我们党十一届三中全会以来实行农村改革的必然产物。这本身是件大好事，现在由于种种原因，出现了大量积压，出现了“过剩”现象，这是新形势下出现的新情况、新问题。对待新问题，要用新观点、新认识、新思想、新方法和新方针去解决。粮食问题、棉花问题，这是关系国计民生的大问题，是全局性的问题，一定要用总览经济全局的观点、历史发展的观点和国家长治久安的观点来慎重对待处理这一类问题，而不能只从某一时期、某一地区、某一部门的局部利益出发来处理这一类问题。某些一时的应急措施、权宜之计在不得已的时候是可以用的，但一定要在符合全局发展的整体利益的条件下才能用，否则是会贻误大事的。因此，要解决这个问题，需要采取“综合治理”的方针，而不可能是用一个简单的方法就能奏效的。

我国原来的棉花生产是低水平的，棉纺织工业的生产是低水平的，人民群众对棉纤维织品的消费也是低水平的，棉纤维织品的分配和交换是通过发票证和有专门机构经营的，带有很大的供给制性质。20世纪60年代以来，相当长一个时期里，我们一年生产4000多万担棉花，70多亿米布，每人每年发10多尺布票，几两絮棉票，凭票供应。即使这样，棉花还有缺口，要靠进口一部分棉花和化纤来维持这种低水平的供需平衡。

1980年全世界人均年消费各种纤维品14斤（一些经济发达国家人均年消费各种纤维品30—40斤），而1980年我国人均年消费各种纤维品才8.1斤，水平是很低的。近几年棉花产量大增，化学纤维产

量增加得也很快，1984年人均拥有棉纤维10斤，加上国产化纤和进口化纤，人均拥有各种纤维将达到11斤多，还低于世界的平均水平。但即使是处于这样的低水平，由于消费习惯、消费水平、社会购买力低和流通渠道不畅等原因，棉布还是卖不出去，棉花大量积压。在这种状况下，我们认为正确的政策、基本点应该放在改善流通交换体制，促进消费，建立新的平衡；而不能用限产的方法把棉花生产打下去，来维持老的平衡。为此当务之急是要采取积极的政策措施，把纺织工业搞上去，把人民群众对棉纤维织品的消费刺激上去。

限产之策不可取的另一个理由是，现在农产品是普遍“过剩”。不仅棉花“多了”，粮食也是“多了”，大豆、调料、烟叶、茶叶、黄麻、红麻、药材等，几乎没有几样是不“多”的。这种所谓的“过剩”并不是真正的过剩，而是因为交换、分配、消费的体制跟不上生产发展而出现的暂时“过剩”的虚假现象。所以，如果我们对棉花限了产，一个政策下去，减产2000万—3000万担棉花是很容易的（1983年用大幅度降价、限产的办法，一年就使油菜籽减少了2000多万担）。但是，限掉了棉花，同样的这些耕地，这些农民，并不能增产别的东西，即使增产了，也是“过剩”的，并不能卖出去。而减产了2000万—3000万担棉花，农业就减少40亿—60亿元产值，棉农就减少40亿—60亿元的收入，这对广大棉农不利，也直接损害整个国家的利益。限产棉花的政策，直接打击农业生产，打击农民利益，挫伤农民的生产积极性，打击国家利益，这是不可取的。

有的同志提出，这几年山东、河北、河南等省的棉花发展太快，增产太多，质量太次，所以限产就是要限冀、鲁、豫的棉花。1978年冀、鲁、豫三省只产800多万担棉花，1983年产棉5110万担，1984年将达到6200万担。以前冀、鲁、豫三省的棉花只占全国总产量的20%左右，现在占到全国总产量的60%，成了全国棉花的主要产区，这几年棉花大增产主要是这几个省的棉花大增产。所以现在讲限产棉花也主要是讲对这几个省棉花要不要限产的问题。冀、鲁、豫三省的棉花从1979年以来，6年增长6.75倍，平均每年递增40%。

生产发展确实很快，增产确实很多。这些棉花大增产的地区，据了解都是这三个省里原来的盐碱灾害、沙害很严重的地区，种粮食和其他作物很不适宜，但种棉花最适合了。至于棉花质量次的问题，现在确实存在。冀、鲁、豫三省种的棉花品种比较少，鲁棉1号占多数。鲁棉1号产量虽然高，但质量不太好，成熟度偏低，纤维强度不够，纺织部门不欢迎。对于这个问题，三省的干部和群众都有了认识，近一两年已逐渐向较优良的品种转化（1984年山东种的鲁棉1号只占50%），所以只要政策得当（如棉花收购要优质优价），生产技术措施跟上去，花几年工夫，质量问题是可以解决的。

据我们调查，冀、鲁、豫三省棉花大增产，主要是山东省的鲁西北地区（惠民、德州、聊城、菏泽四个地区）；河北省的黑龙港地区（沧州、衡水、保定、廊坊等地区）；河南省的几个地区（开封、周口、商丘、驻马店等）。这些原来都是全国穷出了名的、生产不发达、经济贫困、文化落后的长期困难地区。这些年靠党的政策，靠种棉花，经济发展起来了。棉花多了，粮食也多了（原来都是要靠吃国家返销和供应粮的，现在粮食也绰绰有余），农村的工业、商业发展起来了，各种经济文化事业也跟着发展起来了，出现了一年比一年好的繁荣兴旺的局面。经济起飞了，文化起飞了，这几大片地区的面貌日新月异，前景越来越好。这些地区近几年形势之所以如此好，从经济上来说，主要是种了棉花。棉花是经济支柱，棉花是经济文化飞跃的起点，就现在来说，棉花是这些地区的经济命根。而这些地区形势好，还只是初步的，比起经济发达地区，还差得很远。本地的经济文化还很脆弱落后，经不起风吹雨打。如果棉花这根经济支柱一倒，不仅农业的生产、农民的生活会下来，各行各业都会跟着下来，其后果将是极其严重的。

最后，我们之所以主张对棉花问题要采取“综合治理”的方针，还在于我们对棉花发展的前景要有一个恰当的估计。1984年全国的棉花产量可能达到1.1亿担，还有多少发展余地？冀、鲁、豫三省1984年将产6200万担，今后还能以每年40%的速度递增吗？据我们在山东省调查，1984年总产3000多万担，因受耕地面积、劳动力人数、粮食和农作物、市场需要等限制，3000多万担也就饱和了。今后主要是向生产优质棉转化，有的干部群众已经在准备种优质但产量低的棉花了。客观地讲，这几年气候对北方棉区的生产是特别有利的，有助于棉花丰收，我们要考虑气候因素的影响，气候恶劣，减产几千万担也是可能的。对于这些情况，我们事先也应该有所估计。从以上情况出发考虑，我们认为当前棉花生产的主要任务，是通过实行优质优价、劣质劣价的棉花收购政策，推广纺织部门欢迎的优良品种，使棉花生产向优质方面发展。

三、解决棉花、棉布积压问题的建议

造成棉花、棉布大量积压的原因是多方面的，是多种因素综合的结果，所以，解决问题也必须采取综合治理、综合解决的方针。今年春天，我在《关于棉花政策的若干问题》一文中，曾经就解决棉花问题提出了7点建议。这些建议，有些被有关部门采纳了，有些虽然得到同意，但并未能付诸实践，因为涉及的部门、单位多，问题比较复杂，也不是某几个部门想解决就能解决的。我们经过半年多来的进一步调查研究，深感棉花积压的问题，并不是一个孤立的问题，它牵涉到农村改革以后，如何正确处理在新条件下出现的城乡之间、工农之间、积累和消费之间的新矛盾。农业生产发展起来之后，现在是工业跟不上，商业流通跟不上，社会消费也跟不上，对于这些问题要求有一个总体的解决。棉花问题是其中一个比较突出的问题，下功夫研究它、解决它，很有典型意义。如何解决棉花问题，我们补充如下建议，供有关部门和领导参考。

第一，建议国务院领导同志召开棉花消费问题的会议，统筹安排协调各方面的力量来解这个问题。周恩来总理在世时，鉴于棉花短缺，有好几年他都亲自主持召开棉花工作会议，解决如何增产棉花等问题。现在棉花生产形势发生了根本的变化。棉花多了，加工、销售、消费问题突出了，出现了大量积压，要解决这个问题，涉及国家、集体、个人三者的关系，涉及计委、经委、财政部、银行、商业部、供销总社、纺织部、农业部、交通部和外贸部等单位的关系和利益，而要解决棉花问题就必须统一步调，协同安排。现在有些部门和单位做的规定和措施，主要考虑本部门的利益和方便，有的部门的规定和措施，还是为了对付和限制别的部门的，结果使力量互相抵消，互相扯皮，使问题复杂化，久拖不决。棉花问题，是关于国计民生的大事，需要由国务院领导同志专门召开研究如何扩大棉花消费的工作会议，协调各部门的关系，统一制定政策和措施，从总体上研究解决棉花的出路问题。

第二，要研究制定适合我国国情的具有中国特色的纤维发展的战略。前面讲过，一些经济发达国家，社会消费纤维品的发展，经历过爱用化学纤维的阶段，现在又转向爱用纯棉、纯毛等天然纤维品的阶段了。而我国社会消费习惯，现在正处于由纯棉织品转向爱用化学合成纤维织品的阶段。而恰在这个阶段，我国的棉花特大幅度地增产，一方面是棉花大量积压，一方面还在继续大力发展化纤生产，同时还大量进口化纤原料，这是一个矛盾。考虑到世界纤维品消费的发展趋向，考虑到我国棉花和其他天然纤维的原料丰富，而石油资源相对短缺和化纤工业技术还很薄弱，建议各方面深入研究，深思熟虑地制定出我国的纤维发展的战略。从价格政策、投资、社会舆论等方面鼓励人们多消费天然纤维，特别是多消费纯棉织品。

第三，要重新调整和审定纤维织品的价格政策，利用价格等经济杠杆，疏通理顺棉花及其制品的流通渠道，以实现正确的纤维战略。在棉花收购价格上，近几年可以继续小幅度地降些价，但不要大幅度地降价，一定要保护棉农利益，保护棉农的积极性。除了继续实行季节差价和地区差价外，同时实行棉花优质优价、劣质劣价，鼓励棉农生产优质棉，适应纺织部门的需要，以解决优质棉花原料不能满足纺织工业生产高档畅销产品的矛盾。

要制定合理的棉花流通中的调拨价，财政部门可以让税让利，鼓励纺织部门多生产棉织品，把质量搞上去，把花色品种搞上去。

要调整化学纤维织品、丝毛纤维织品、纯棉织品的合理比价，鼓励群众多消费纯棉织品。

第四，当务之急是要从一切方面鼓励群众多消费各种纤维纺织制品，特别是纯棉纤维的制品，促进原来的纤维制品的低生产、低消费向中生产、中消费过渡，使10亿人民穿得更好一些，更讲究一些。我们现在已经有改善人民衣着的条件了，与其限产，把已经有的生产能力压回到地里去，白白地浪费掉，不如让人们穿得好一点，用得舒服一点。马克思说，没有生产，就没有消费，但是没有消费，也就没有生产，因为如果没有消费，生产就没有目的。棉花生产出来了，因为种种原因，人民消费不了，反过来妨碍生产，现在是要重点抓棉花及其纺织品消费的时候了。因为需要创造出新的生产的需要，所以先要创造出消费观念上的内在动机，后者是生产的前提，消费是生产的动力。从这个意义上说，只有提高人民群众对纤维品的消费，才能推动纤维原料和纺织业的发展。

不可忽视10亿人民的消费潜力是很大的，每人多穿一套纯棉衣服，多用1斤棉花，就是2000多万担。这几年城乡人民的收入水平、消费水平确实提高了，但是由于政治、社会的原因，当然也有经济的原因，人们在穿着上花的钱增加得不多。据国家统计局统计，1982年同1978年相比，全国农民年收入平均增加101.5%，职工年收入平均增加30%，每年可用于生活消费的收入增加58.2%。全国城乡居民消费水平从每人每年175元增加到266元，平均增加52%，但是城乡居民对棉布的消费从24.1尺增加到30尺，只增加了24.5%，仅相当于1959年的水平（人均29.17尺），而那时都是纯棉布，现在的30尺中却有40%是化纤布，纯棉布的消费量是大大下降了。（见表1–1）

近几年全国居民消费结构的变化，同恩格尔定律认为居民生活消费水平越高，穿的吃的支出占的比重越小的说法是不符的，这个现象很值得研究。特别是穿的比重下降了，更值得研究。这说明在穿着上，在纤维品的消费上，还大有潜力，这要我们做工作，从各方面挖掘纺织品消费的潜力。

表1-1　1979—1983年全国城乡居民消费结构情况　（%）

年份	吃	穿	用	烧
1979	50.2	23.7	22.1	4
1980	51.2	23	22	3.8
1981	51.1	23.1	22.2	3.6
1982	52.9	21.3	22.4	3.4
1983	54.2	20	22.6	3.2

为把纺织工业搞上去，必须发展中、高档产品，增加花色品种，疏通纺织品和服装等商品的流通渠道，充分满足国内外市场的各种需求。政治上要继续肃清“左”的流毒，解除人们怕冒富、怕冒尖的思想顾虑，改变曾经流行的穿“运动”服的风气。提倡穿戴整齐，讲究文明礼貌。“衣、食、住、行”，衣着被放在首位是有道理的，衣着是文明的一个标志，是国家经济状况和人民精神面貌的反映，我们应该提倡服装多样一些，尽可能穿得好一些，穿得漂亮一些。要根据经济状况的改变，相应改变宣传的口号和舆论。例如，现在有些报刊在批评铺张浪费时，不注意与人民的生活质量提高相区别，混淆铺张与正当消费的界限。铺张浪费当然是要反对的，但不“铺”不“张”，就值得研究，要根据不同的条件来对待。北方农村，一条炕席，春夏秋冬都是它，要用很多年，窗户用纸糊或用薄膜挡，不挂窗帘，夏天不张蚊帐，桌子上不用桌布。这样不铺不张、不挂不垫，纺织品怎么能销得出去？许多北方农民群众，一套衣服穿四季（冬天是棉的，春秋天去掉棉花是夹的，夏天拆掉里子是单的），脱光身子睡觉，这些都是因为过去穷而形成的风尚和习惯，现在则要从各方面来引导，改变这种习惯。据统计，国外经济发达国家装饰用布（指铺和张的窗帘、沙发套、桌布等）要占日用纺织品的30%，而我国只占7%，如果我们提高到15%、20%，一年也是好几亿米布，

要耗用1500万—2000万担棉花。

第五，解决棉花问题，关键在于大力发展纺织工业，它是消费棉花的最大头。现在纺织行业受到几方面的压力，处于相当困难的境地。有不少工厂处于停产、半停产状态，产品销不出去，负债累累，有的连工资也发不起。要从增加投资、进行技术改造、调整原料和产品价格、调整税率、调整工商关系等方面来支持它、资助它，使之渡过难关。从而使棉花变为棉纱、棉布和各类服装，成为最终产品，供给人民群众消费。

我国现在是棉花大国，总产量占世界的1/3，理应也成为世界的棉纺织大国。但目前却很不相称，1982年我国拥有棉纺锭2019万锭，比印度1980年拥有的约2108万锭还少。在新设备、新技术、新产品方面，我国就更落后。1980年全世界有气流纺纱设备359.9万头，而我国仅有5万头，只有苏联117万头的零头，比台湾、香港都少。1980年全世界拥有无梭织机23万台，我国1982年才有5400台。经济发达国家针织品生产已占整个纺织业的40%—60%，而我国还只占27%。发达国家在纯棉织品的生产方面，现已发展出了树脂整理、防缩整理、轧光整理等后整理的新技术，使纯棉织品又受到消费者的欢迎。这方面，我国才刚起步，有待于加紧跟上去。我们不仅要在数量上成为纺织大国，而且要在质量上，在新技术、新产品方面，也成为纺织大国。

目前我国纺织工业的困难是暂时的，一定要看到国内市场不久就有大量的需求，特别是8亿农民的需求。农民在解决了吃饱、吃好和住房、用具等问题之后，不久就会转移到穿着上来，转到要铺要张上来，那时纺织工业的黄金时代就来到了。对此我们要有所准备，特别是纺织行业要有所准备。

（原载于《经济研究参考资料》[内刊]，1985年第43期）

农村经济体制改革的若干基本经验及其对城市经济体制改革的意义*

党的十一届三中全会决定把全党工作重点转到经济建设上来的同时，着重提出了经济体制改革的伟大而艰巨的历史任务。从党的十一届三中全会到十二届三中全会，经济体制改革的重点主要在农村。在党中央的正确领导和精心指导下，农村经济体制改革取得了极大的成功。仅仅几年时间，农村发生了历史性的伟大变化，长期使人忧虑的农业生产蓬勃发展起来，农村由自给半自给生产向大规模的商品生产转化，农村经济开始向专业化、商品化、社会化、现代化转变。农村改革的成就是巨大的，受到了全世界的注目。农村改革的成功，其意义绝不限于农村。正如《中共中央关于经济体制改革的决定》指出："农村改革的成功经验，农村经济发展对城市的要求，为以城市为重点的整个经济体制改革提供了极为有利的条件。"①

那么，农村改革成功的基本经验是什么？他对正在日益展开的城市经济体制改革有哪些借鉴和启示，本文就试图谈谈这方面的问题。

---

* 此文是陆学艺先生应原中共中央书记处研究室段若非同志邀请，就后者编写的《经济体制改革理论问题探讨》（北京工业学院出版社1985年版）一书写就的。主要针对党的十二届三中全会通过的《中共中央关于经济体制改革的决定》做出的以城市为重点的整个经济体改革的决定，系统总结改革开放以来农村经济体制改革的若干经验及其对下一步城市经济体制改革的借鉴意义。

① 《中共中央关于经济体制改革的决定》，人民出版社1984年版，第5页。

一、农村原来的经济体制不适应生产力发展的要求，必须改革，不改革没有出路

我国农村，从新中国成立到十一届三中全会前的30年间，真正发展得比较好、比较快的，是1949年到1956年。这7年是在“土改”以后，农民分得了土地，激发了生产积极性，解放了生产力，生产一年比一年好。这7年农业生产增长了78.83%，每年递增8.66%。1952年以后，在各地推广互助组，试办初级合作社，注意贯彻自愿互利的原则，步子比较稳妥，农民比较欢迎。从1955年秋季以后，全国掀起了合作化高潮，农民整村、整乡地加入高级合作社，多数农民没有经过互助组、初级社，就一步跨进了高级社。1956年，很多地方的农业合作社还只是在搭架子，并没有实行集中劳动和集体统一分配，所以这一年农业生产虽然有所损失（如大牲畜在新中国成立以后是逐年增加的，1956年开始减少），但总的农业生产情况还是好的，1956年农业生产总值比上年增长5%，略低于前6年的平均递增率。1957年就不行了，列入国家统计的21种主要农产品有12种减产，大牲畜下降391万头。1957年农业形势不大好，反映了当时的生产关系不适合生产力发展的问题，反映了农民对农业合作化有意见，各地出现了农民“拉牛退社”的风潮。当时我们没有强调从生产力水平的实际出发，对合作社的体制进行必要的调整，而是用“两条道路大辩论”，大批“单干风”的办法把农民的意见压了回去，这就酝酿了更大的错误。1958年主要是在利用政治热情的基础上，用我们党的威信，用群众盼望改变面貌的迫切心情，人为地搞起了“大跃进”和人民公社，提出了所谓“一大二公”，使社队规模越来越大，公有化程度越来越高，刮起了“一平二调”的共产风、浮夸风、瞎指挥风，严重损害了群众利益，挫伤了农民群众的生产积极性。加上自然灾害，使生产遭到痛心的破坏，有些地区退到1949年的水平，出现了连续三年的严重的经济困难。

1961年党中央提出了“调整、巩固、充实、提高”的方针；在农村提出了“三级所有，队为基础”，划小基本核算单位，重新强调等价交换，按劳分配，实行生产责任制。以生产队为基础，作为基本核算单位，这实际上是退回到1956年高级社的体制，退到初级社的规模。调整时期我们在实践上改掉了许多“左”的做法，但在理论上、思想上并没有解决问题，所以到1963年、1964年经济稍有好转，又发动了“四清”运动，把原来调整时期提出的正确政策批为“右倾”，批为“资本主义复辟”，并提出“重点是整党内那些走资本主义道路的当权派”的错误方针。十年动乱中，“左”倾错误登峰造极，重新没收自留地，取消家庭副业，关闭集市贸易，以至发展到批判小商品生产，批判按劳分配，“割资本主义尾巴”，甚至提出要用无产阶级专政的办法搞农业。

回顾这段历史可以看出，十一届三中全会以前，我国农村的一套经济体制基本上是照搬苏联的集体农庄模式，并且是在以“阶级斗争为纲”的错误思想指导下，在“三年困难时期”和在“文化大革命”这样一些特定历史条件下逐步形成的。久而久之，人们逐渐把“一大二公”“三级所有，队为基础”“集中劳动、统一经营管理、按工分分配”这样一些农业合作经济的具体形式，看成就是社会主义的固定模式，谁要是稍一离开这些体制，就被认为是离经叛道，就会遭到批判和打击。

但是，历史是无情的。在这套农村经济体制下，农业生产总是搞不好。十一届三中全会前，10亿人口，8亿农民搞饭吃，饭还不够吃，衣还不够穿，要靠进口粮食和棉花来弥补。平均每人占有的粮食大致相当于1957年的水平，全国农业人口平均每人全年的收入只有70多元，有近1/4的生产队社员的收入在50元以下，平均每个生产队的集体积累不到1万元，有的地方甚至不能维持简单再生产。农业搞不好，粮食不够，工业原料不够，布匹不够，副食不够，只好发各种各样的票证，限制居民的消费，城市也不满意。农业上不去，整个国民经济就上不去。

为把农业搞上去，新中国成立30多年来，我们用过种种办法。提出过“全党办社”“全党办农业”“各行各业支援农业”；搞过“整风整社”、“四清”运动、“农业学大寨”“基本路线教育”等各种运动，派工作队，派宣传队。但所有这些都没有解决问题，原因就是没有找到问题的症结，没有对症下药。不同质的矛盾只能用不同的办法去解决。农业上不去的症结是合作化以后，我们这套经济管理体制僵化，不适合农业生产的特点，不符合农民的要求和愿望，阻碍了生产力的发展。长期实践证明，不调整生产关系，不改革农村集体经济的管理体制，农业就上不去。十一届三中全会拨乱反正，重新确立了马克思主义的正确思想路线，提出了解放思想，实事求是的方针，提出了农业要进行改革的基本指导思想。十一届三中全会以后，在党中央的领导下，大胆冲破“左”的思想束缚，改变不适应我国农业生产力发展的体制，全面推行联产承包责任制，发挥8亿农民的巨大的社会主义积极性。从根本上解决了束缚农业生产力发展的问题，使我国农村经济进入了一个突飞猛进的新阶段，短短5年就使农村实现了历史性的转变。

回顾这5年农村大发展的历史，根本的一条就是要解放思想，改革农村原有的那一套僵化的经济管理体制，调整生产关系，从而调动亿万农民的积极性，解放生产力，使社会主义的优越性充分发挥出来。可以得出这种结论：原来那一套僵化的经济体制必须改革，不改就没有希望，就没有出路。这个经验同样适用于城市，适用于工业、商业。现在城市的经济体制有很多弊端，严重束缚着生产力的发展，例如物价问题、工资问题、住房问题、第三产业的数量和质量等问题，都迫切需要解决，而这些问题的解决，“只有坚决地系统地进行改革，城市经济才能兴旺繁荣，才能适应对内搞活、对外开放的需要，真正起到应有的主导作用，推动整个国民经济更好更快地发展”①。

① 《中共中央关于经济体制改革的决定》，人民出版社1984年版，第5页。

二、经济改革要因地制宜，实事求是，一切从实际出发，实行分类指导

邓小平同志在十二大开幕词中指出："我们的现代化建设，必须从中国的实际出发。无论是革命还是建设，都要注意学习和借鉴外国经验。但是，照抄照搬别国经验、别国模式，从来不能得到成功。这方面我们有过不少教训。把马克思主义的普遍真理同我国的具体实践结合起来，走自己的道路，建设有中国特色的社会主义，这就是我们总结长期历史经验得出的基本结论。"[①]在具有8亿农民群众的国家，怎么建设有中国特色的社会主义农村呢？农村在改革中怎么贯彻实事求是的思想路线，做到一切从实际出发呢？总结新中国成立30多年来农村工作的实践，有三点是必须明确的：一是我们在一个经济文化相当落后、小生产占绝对优势、商品经济很不发达的大国里搞社会主义，这同在资本主义生产关系已经成熟、商品生产普遍、经济文化发达的国家搞社会主义是不同的。二是在农业生产为主的农村里搞社会主义，同在工业生产领域，特别是在社会化的现代工业生产领域里搞社会主义是不同的。三是我们是在一个人口众多，幅员广阔，经济文化发展很不平衡，差别很大的大国的农村里搞社会主义，这和在经济文化发展水平比较一致的中小国家搞社会主义也是不同的。第一个特点决定了我国在农村搞社会主义，不能照抄照搬经典著作的具体结论，不能照搬外国的模式，而必须从中国农村的实际出发走自己的路；第二个特点决定了在中国农村搞社会主义要从农业生产本身固有的特点出发，不能照搬管理大工业生产的那套办法；第三个特点决定了我们在同一时期对不同发展水平的地区要采取不同的政策，要采取分类指导的原则，而不能搞一刀

---

① 中共中央文献研究室编：《邓小平年谱（1975—1997）》，下，中央文献出版社2004年版，第844页。

切，一个政策下去，要允许各地因地制宜地执行，要允许在大方向一致的条件下的变通。

这里着重谈谈第三点。我国各地经济文化发展很不平衡，先进的和落后的差距极大，就全国来说，东部长江三角洲、南部珠江三角洲以及几个大城市的郊区，农业生产水平比较高，商品经济也发达，有的还可以同世界一些先进发达国家的农业区相媲美。但在我国的西北地区和西南部分地区，农业生产还相当落后，群众文化很低，特别在一些山区，至今还有不少乡村不通汽车、不通电、不通广播，处于自给半自给的自然经济状态，甚至还有刀耕火种的村落。大致情况是：经济发达的和经济很落后的都是少数，中间地区占大多数。我们对农村进行改革，制定政策，当然要考虑大多数地区、大多数群众的情况，要从这个实际出发，但是也要考虑到少数经济发达地区和少数落后地区的情况。不仅制定政策的时候要考虑到不同情况，政策下达之后，还要允许在执法上、在实施的时间上也可以分情况对待，有所变通。十一届三中全会以前，我们往往忽视这个基本国情，在合作化运动的过程中，要求过于集中统一，以致造成了很大的失误。1980年秋，党中央召开了一次专门讨论农业生产责任制的座谈会，对此做了科学的总结。会议指出："我们农村集体化虽然经历过一些曲折和发生过一些失误，但总的说来，成就是主要的。我们说的曲折和失误，主要是在指导农业集体化过程中，一则未能始终一贯地严格按照群众自愿互利原则办事，不少地方采用政治强制和行政手段多，示范和吸引的方法少；二则未能始终一贯地执行因地制宜，分类指导，循序渐进的正确方针，搞了一刀切、一锅煮的错误做法。"①

这次农村改革，实行联产承包责任制，自始至终贯彻了实事求是，因地制宜，一切从实际出发，坚持分类指导的方针。1978年

① 中共中央文献研究室编：《三中全会以来重要文献选编》，上，人民出版社1982年版，第543页。

十一届三中全会关于加速农业发展的决定，就提出了要实行因地制宜，不搞一刀切的原则。1980年党中央又进一步阐述了这个原则，指出："我国地区辽阔，经济落后，发展又很不平衡，加上农业生产不同于工业生产，一般是手工操作为主，劳动分散，生产周期较长，多方面受着自然条件的制约。这就要求生产关系必须适应不同地区的生产力水平，要求农业生产的管理有更大的适应性和更多的灵活性。在不同的地方、不同的社队，以至在同一个生产队，都应从实际需要和实际情况出发，允许有多种经营形式、多种劳动组织、多种计酬方法同时存在。……，而不可拘泥于一种模式，搞一刀切。"①还明确指出："对于包产到户应当区别不同地区、不同社队采取不同的方针。"②包产到户、联产承包制的实行正是在分类指导的方针下逐步实现的。联产承包制在全国实施的成功，也证明了分类指导方针是完全正确的。

十一届三中全会以后，各地的干部和群众根据各自情况进行了不同形式的农村改革实验。包产到户、联产承包制在比较贫困落后的农村率先试点。最初的试点就取得了极大的成功，鼓舞了广大农民群众和干部。包产到户、包干到户的经验不胫而走：1980年、1981年已经在贫困落后的地区普遍推行；1981年、1982年向中等地区发展；到1982年下半年，原来比较发达的地区也都陆续实行。联产承包制的实行，不是通过自上而下的指令性的推广，而是通过群众自觉要求、自下而上逐步实现的。就全国来说，各地实行的联产承包责任制，在承包经营、联产计酬等基本方面是一致的，但具体形式却各有不同。有的是家庭承包（这是大多数）；有的是小组承包；有的是专业队承包。有的完全由家庭经营；有的集体实行了几个统一；有的仍由集体实行统一经营。有的实行"先交国家的，留

① 中共中央文献研究室编：《三中全会以来重要文献选编》，上，人民出版社1982年版，第545页。

② 同上书，第547页。

足集体的，剩下都是自己的”（这是大多数）；有的还实行工分制，进行统一分配。所有这些，都是各地的干部和群众，在党的领导下，从各自的实际出发，创造选择适合本地、本队的情况的责任制形式，真正做到了有利于鼓励生产者最大限度地关心集体生产，有利于增加生产，增加收入，从而受到了广大干部和群众的极大欢迎，推动了农业生产的迅猛发展。仅仅三四年的时间，全国广大农村就实现了联产承包责任制这样一场伟大的变革，这是我们党实事求是思想路线的胜利，也证明了实行分类指导原则的正确。

我国目前正在进行以城市为重点的经济体制的全面改革，城市的情况也是各有不同，城市里的工业、交通运输、商业、服务业等都有各自不同的特点。实行城市经济体制改革，也必须执行一切从实际出发，实行分类指导的原则。

三、改革要抓主要矛盾，把解决主要矛盾作为改革的突破口，实行联产承包制是农村改革成功的关键

如何解决农业问题，农民问题，农村问题，这是20世纪50年代初期就提出的问题。第一个五年计划一开始，就感到商品粮不足，工业原料不足，日子不好过。农业问题几乎是党和国家每年讨论国民经济时的头等大事。

十一届三中全会专门讨论了农业问题，提出了加快发展农业生产的政策和措施。政治上平反冤假错案；思想上克服长期存在的“左”的错误；经济上放宽政策，给社队自主权，实行各种形式的责任制，返还自留地，开放集市贸易，准许家庭个体经营，提倡推广科学种田，从而使农业面貌发生了历史性的变化，由原来的停滞不前变得欣欣向荣。

农村形势大好，是贯彻十一届三中全会以来党的一系列政策综合治理的结果，但关键是实行了联产承包责任制。1983年的中央一号文件指出：“党的十一届三中全会以来，我国农村发生了许多

重大变化。其中，影响最深远的是，普遍实行了多种形式的农业生产责任制，而联产承包制又越来越成为主要形式。联产承包制采取了统一经营与分散经营相结合的原则，使集体优越性和个人积极性同时得到发挥。这一制度的进一步完善和发展，必将使农业社会主义合作化的具体道路更加符合我国的实际。这是在党的领导下我国农民的伟大创造，是马克思主义农业合作化理论在我国实践中的新发展。”①

为什么说实行联产承包制是农村改革成功的关键呢？大家知道，为了发展农业，我们国家花了很大力气，大规模兴修水利，进行农田基本建设，实行农业机械化，建立四级科技网，推广科学种田，推广优良品种，施用大量的化肥农药，努力使我国农业现代化。但是大量的农业现代化生产资料投入后，增产效果并不显著，生产长期处于停滞徘徊的状态。这是因为原来农村那套经济管理体制僵化、死板，在生产上领导权过于集中，没有解决好群众参加管理的问题，农民主人翁的地位没有保证；在分配上多劳不能多得，大家挤在一起吃大锅饭。广大农民群众实际上处于无责无权的状态，严重地压抑了农民群众积极性的发挥。农民没有生产积极性，投入的现代化生产资料，就不能很好地发挥作用。

实行了联产承包制，使统一经营和分散经营结合起来，使集体的优越性同农民的积极性充分结合起来。解决了集体经济内部经营管理的问题，调整了国家与集体、国家与农民、集体与农民、农民与农民之间的关系，使国家、集体和个人之间责权利分明，使劳动者有责、有权、有利，改变了吃大锅饭的状况，从而完善了生产关系，充分调动了8亿农民的积极性，原有的现代化生产资料得到充分利用，把社会主义公有制的优越性充分发挥出来，生产就发展起来了。实行联产承包责任制，抓住了改革集体经济管理体制这个主要

---

① 中共中央书记处农村政策研究室资料室编：《农村经济政策汇编》，上册，农村读物出版社1984年版，第3页。

矛盾，提纲挈领，把农村经济的全局搞活了。

找到这个主要矛盾，提出这个关键的一着，不是从书本上来的，也不是从某个人的头脑里想出来的，而是从群众中来，从实践中来的。《中共中央关于加快农业发展若干问题的决定》中曾经指出："人民公社各级经济组织必须认真执行各尽所能、按劳分配的原则，多劳多得，少劳少得，男女同工同酬。加强定额管理，按照劳动的数量和质量付给报酬，建立必要的奖惩制度，坚决纠正平均主义。可以按定额记工分，可以按时记工分加评议，也可以在生产队统一核算和分配的前提下，包工到作业组，联系产量计算劳动报酬，实行超产奖励。"[①]文件指出了进行改革的原则和方向，但限于历史原因，这里还没有提出家庭联产承包责任制的问题。各地干部和群众对于原有集体经济体制改革的各种形式的探索、试点、实践，大大丰富和补充了文件的内容。特别是1979年安徽省肥西县、凤阳县关于包产到户和"大包干"的试点取得了极大的成功，为家庭联产承包责任制在全国的推行开辟了道路。一个新生事物的诞生和发展往往是比较曲折的。包产到户的试点和逐渐实行，曾经遭到了多方面的非难和阻挠。但是一方面由于广大农民群众的强烈要求，另一方面也由于党中央的有力支持，包产到户的发展，是很快、很顺的。

1981年秋党中央召开农村工作会议，制定了1982年中央一号文件，肯定了包产到户、包干到户和其他生产责任制一样，都是社会主义生产责任制的一种形式。就在这个会上，提出了联产承包责任制这个概念，作为各种联产计酬责任制的总称，以后逐渐得到社会的公认。1982年一号文件发布之后，联产承包责任制在全国范围普遍发展，势不可当。到1982年冬，全国基本上都实行了以包干到户为主要形式的家庭联产承包责任制。

这个过程表明，联产承包责任制是解决农村问题的关键性一着，

---

① 中共中央文献研究室编：《三中全会以来重要文献选编》，上，人民出版社1982年版，第185页。

是在群众性实践中创造出来的，经过实践的比较、选择、洗练、补充，不断完善，一步步地被认识，终于脱颖而出，成为中国式的农村合作经济经营管理的一种基本形式。

城市的工业、商业、教育、科技等体制怎么改，从哪里突破，也是要抓住主要矛盾，找突破口，找到关键性环节。现在商业上提出了承包责任制，建筑业提出了百元产值工资含量等办法，正在试点。可以预见，只要依靠群众，勇于实践，允许各种实验，允许失败，允许不断改进，像农业上找到联产承包责任制一样，一定能够找到城市工业、商业改革的关键性环节。

四、农村改革是生产关系的调整，调整的结果是使所有权和经营权适当分离，使社会主义生产关系更加完善

邓小平同志在1984年11月20日会见挪威首相科勒·维洛克时曾经指出："我们五年前确定改革从农村开始。我们叫改革，实际也是一场革命，是一场解放生产力的革命。……农村改革见效鼓舞了我们，说明我们的路子走对了，使我们对进行全面改革增加了信心，也给我们进行全面改革创造了条件，提出了新的要求。"[①] 相当长的一个时期以来，我们以为实现了生产资料私有制的改造，就意味着社会主义革命的基本完成，以后的任务就是如何在新的生产关系条件下发展生产力。其实，这种认识是片面的。生产关系是一个整体，要调整改革生产关系，所有制当然是一个重要问题，同时还要解决好人与人之间的关系，解决好分配问题，还要处理好生产、流通、分配、消费等各个环节中的一系列问题，生产力才能顺利发展。毛泽东同志曾经在《关于正确处理人民内部矛盾的问题》一文中指出："我国的社会主义制度还刚刚建立，还没有完全建成，还不完

---

① 中共中央文献研究室编：《邓小平年谱（1975—1997）》，下，中央文献出版社2004年版，第1015—1016页。

全巩固。”[①]“在各经济部门中的生产和交换的相互关系，还在按照社会主义的原则逐步建立，逐步找寻比较适当的形式。在全民所有制经济和集体所有制经济里面，在这两种社会主义经济形式之间，积累和消费的分配问题是一个复杂的问题，也不容易一下子解决得完全合理。总之，社会主义生产关系已经建立起来，它是和生产力的发展相适应的；但是，它又还很不完善，这些不完善的方面和生产力的发展又是相矛盾的。”[②]但是，从1957年以后，实际并没有解决好社会主义生产关系如何完善的问题。我们的农业基本上是按照行政办法管理的。种什么，怎样种，都由国家下达计划，由县和公社集中指挥，劳动集体化，大兵团作战；分配是先交国家，后留集体，剩余多少基本上是按人头分配。我国农业生产力水平低，很多地方是靠天吃饭，自然条件千差万别，再加上农业基本上是自给半自给的生产，结果就造成了生产瞎指挥，劳动大呼隆，分配平均主义，人越吃越懒，地越种越薄，家越混越穷。比较起来，哪里的锅越大，效果越差，哪里的百姓就越穷。

怎样才能既坚持社会主义公有制又能解决吃大锅饭的问题，我们曾做过种种探索。十一届三中全会以后，我们走群众路线，终于找到了联产承包责任制，这在理论和实践上都是大的突破。对于联产承包责任制的总结，可以归纳很多条，但从理论上概括，根本的一条就是把生产资料所有权和管理经营权适当分开，统分结合，两层结构，解决了许多长期未解决好的问题。广义的所有制的含义包括占有权（所有权）、使用权和支配权，后两者就是经营管理权。历史经验表明，生产资料所有制和经营管理形式既有联系又有区别，生产资料的所有权和经营权既可以是统一的，如小商品生产者，经营地主，独资经营的资本家，他们既是所有者又是经营者；生产资料的所有权和经营权也可以是分离的，在封建社会，就有这种现象，

① 《毛泽东选集》，第5卷，人民出版社1977年版，第374页。
② 同上书。

土地归地主所有，佃农承租土地之后，对土地有使用权和支配权。例如新中国成立前的江南一带，土地分田面和田底。田底是所有权，归地主；田面是经营管理权，归佃农。田底可以出卖，田面也可以出卖。资本主义股份公司的出现，使资本的所有权同经营管理权的分离具有了普遍性。马克思说过，股份公司的出现使"实际执行职能的资本家转化为单纯的经理，即别人的资本的管理人，而资本的所有者则转换为单纯的所有者，即单纯的货币资本家"①。这种分离是社会化大生产发展到一定阶段的结果。

农业上实行联产承包责任制，从实践上解决了在社会主义条件下所有权和经营权分离的问题。实行联产承包责任制，主要生产资料的所有权没有变，还是社会主义集体所有制，这是合作化的积极成果。但通过承包，通过统一经营和分散经营相结合，把经营管理改为统一经营和小组经营或农户经营两个层次，除了个别生产力水平较高，集体经济比较雄厚的生产队还继续实行统一经营为主外，大部分都转变为农户家庭经营为主。这样就使千百万农民能够有机会参加经营管理，有了当家做主的权利和机会。而且由于相应改变了原来的统一分配形式，使经营者同经营效果直接挂钩，使农户有了经营利益，联产联利联心。

这种使农民成为既是劳动者又是经营者的责任制，适合农业生产特点，适合我国目前农业生产力的水平，适合农民群众的愿望和要求。农业生产同工业不一样，有它自身的特点。生物有机体有其自身生长发育的规律，土壤、阳光、气温、水、肥，这些因素经常变动，农业要丰收，劳动者就要随机应变，对这些变动的因素进行调节，这就要求劳动者既是劳动者又是经营决策者，有随机应变的处置权，这样农业才能取得好的经营效果。在目前生产力水平较低的条件下，适宜小规模的分散经营和农户经营。统一指挥，集中劳

① 中共中央马克思、恩格斯、列宁、斯大林著作编译局编译：《马克思恩格斯全集》，第25卷，人民出版社1972年版，第493页。

动，往往贻误农时，影响经营效果。

实行了联产承包责任制，把所有权和经营权分开处理，使农民既是集体经济的成员，同时又是他承包那部分生产资料的经营决策者，这样就克服了原来集体经济的诸多弊端，解决了一些长期没有解决的问题。第一，解决了劳动者参加管理的问题。农民参加合作社以后，在法律上成为合作社的主人，是集体企业的所有者，但是在以往集中劳动统一管理的条件下，一般社员很少有参与经营决策的机会。实行责任制，社员有了经营决策权，地位就变了。第二，解决了多劳多得、按劳分配的问题。社会主义本应实行按劳分配、多劳多得，但实际上评分定分标准难以确定，实际是平均主义。现在实行了联产计酬，用最终经营成果来实现报酬，使个人的利益和国家、集体的利益结合起来。正如列宁在《论合作制》一文中所说："找到了私人利益，私人买卖的利益与国家对这种利益的检查监督相结合的尺度，找到了使私人利益服从公共利益的尺度，而这是过去许许多多社会主义者解决不了的难题。"① 第三，使每个承包者获得了独立的商品生产者的地位，直接和社会、市场发生联系，直接参加社会生产交换活动，使农民活跃起来，聪明起来。农民中现在已经涌现了成千上万个企业家，这种人将越来越多。

农业实行联产承包，使所有权和经营权适当分离，这个经验对发展工业、商业和第三产业都有普遍意义，有直接的借鉴作用。十二届三中全会对此做了肯定，在《中共中央关于经济体制改革的决定》中指出："过去国家对企业管得太多太死的一个重要原因，就是把全民所有同国家机构直接经营企业混为一谈。根据马克思主义的理论和社会主义的实践，所有权同经营权是可以适当分开的。"② 现在，城市中已经出现了国家所有、集体或个人承包经营、集体所有、

---

① 中共中央马克思、恩格斯、列宁、斯大林著作编译局编译：《列宁选集》，第4卷，人民出版社1972年版，第682页。

② 《中共中央关于经济体制改革的决定》，人民出版社1984年版，第12页。

个人承包经营等多种形式，效果都很好。

五、改革要注意调动主体劳动者的积极性

何谓主体劳动者？谁是主体劳动者？主体劳动者是指组成某一部门、行业、单位的主要劳动者。他们是这个部门、行业、单位的主要成分，是主力军。例如农村的主体劳动者是农民，工厂的主体劳动者是车间的工人和科技人员，学校的主体劳动者是教员，医院的主体劳动者是医生和护士，科研设计单位的主体劳动者是研究人员和设计人员。发展生产要依靠主体劳动者，进行改革也要依靠主体劳动者。多年来，由于各种原因，我们各条战线的主体劳动者的经济利益没有得到应有的照顾，他们的政治地位也没有得到应有的重视，从而严重挫伤了他们的积极性，这是我们的农业、工业、科研、教育等不能较快发展的重要原因之一。

在农村原来的体制中，农民的地位是最低的，特别是在大田里干活的农民地位最低。在生产队里，有办法的都走了，或是当干部，或是外出当合同工，或是搞副业，或是当车把式，开拖拉机，或是到社队企业。真正下地的寥寥无几，一般只剩下一些妇女和老人，常常是队长领一帮妇女干活。

农业是这样，其他行业也是这样。在工厂里，车间工人和科技人员是主体劳动者，但他们的待遇不如政工和后勤人员。在学校，主体劳动者是教员。办好一个学校，主要靠教员。实际上教员在学校的政治经济权益没有得到应有的保障，不仅不如政工人员，不如后勤人员，在党校等干部学校里，很多教员的经济状况还不如学员。虽然一再强调落实知识分子政策，但实际上这些问题远没有解决。

在原来集体经济那套管理体制下，虽然对大部分群众不利，对生产不利，但对有些人还是有好处的。大家都吃大锅饭，有的人手长，勺子大，可以多捞一些。要实行联产承包责任制，有些干部和少数人不同意，加上认识上的原因，所以开始改革时，阻力很大。

但这次农村经济体制改革，党中央直接倾听广大群众的意见，直接依靠广大农民群众，依靠主体劳动者，充分考虑他们的利益，满足他们的要求。《中共中央关于加快农业发展若干问题的决定》明确指出："确定农业政策和农村经济政策的首要出发点，是充分发挥社会主义制度的优越性，充分发挥我国八亿农民的积极性。我们一定要在思想上加强对农民的社会主义教育的同时，在经济上充分关心他们的物质利益，在政治上切实保障他们的民主权利。离开一定的物质利益和政治权利，任何阶级的任何积极性是不可能自发产生的。我们的一切政策是否符合发展生产力的需要，就是要看这种政策能否调动劳动者的生产积极性。"[①]把调动亿万农民的生产积极性作为一切政策的根本出发点，这是几十年的历史经验。实行了联产承包责任制，真正把农村的亿万主体劳动者的生产积极性调动起来了，这种积极性同已有的农业生产资料一结合，就出现了农村空前未有的欣欣向荣的新局面。

实行联产承包责任制，之所以能把亿万农民群众的积极性调动起来，正是贯彻了在经济上充分关心主体劳动者的利益，在政治上切实保障主体劳动者的民主权利这两条原则。也就是我们通常所说的，一是使农民有了自主权，二是使农民得到了实惠。过去我们经常提倡社员要有当家做主的思想，要以主人翁的态度来对待集体经济，在法律上也承认社员都是人民公社的主人，干部是群众的公仆。事实上，在生产队里，社员并没有主人的地位，在经营管理上，许多事由上级决定，日常事务由队长决定。生产上一切听队长的，分配是统一分配，得了工分不知道工分值是多少，丰收了不一定能多得，多收了不一定能多吃。在生活上，男人赶个集，女人走趟娘家都要请假批准。存在决定意识。社员没有主人翁的地位，怎么能有主人翁的态度呢？实行联产承包了，在承包地里，经营管理权归社

① 中共中央文献研究室编：《三中全会以来重要文献选编》，上，人民出版社1982年版，第183—184页。

员，种、管、收都由社员自己支配。不集中劳动了，社员农忙干农活，农闲搞副业，也可以经商，成了独立的商品生产者，这无疑是一种解放。农民现在的政治热情之高，对党对社会主义感情之深，是新中国成立以来空前未有的。

实行联产承包责任制，“交够国家的，留足集体的，剩下的都是自己的”。明来明去不拐弯，免除了以前干部贪污挪用，多吃多占等弊病。社员劳动得好，经营得好，就能多得，经济上确实翻身了，得了实惠。以前讲“藏粮于民”，只是空话，现在很多地区成了现实，家家有粮仓，户户有存款。农村改革确实使主体劳动者得了自主权，得了实惠，受到广大群众的衷心拥护，所以这个改革的根基深厚，势不可当，而且将越来越好，这是个很重要的经验。

城市和工商企业的改革，应该也可以借鉴这个经验。改革要调动主体劳动者的积极性，他们是改革的主力，要直接依靠他们，要倾听他们的声音，改革要使这些人得到充分的自主权和实惠，要保证他们在政治上和经济上的利益，如果把工厂的工人和科技人员，把商店的采购和销售人员，把学校的教员，把医院的医生和护士，这些主体劳动者的积极性调动起来，各条战线的事业就会突飞猛进。当然，在这过程中也要倾听各条战线各个行业的政工和后勤辅助人员的意见，要照顾到他们的利益，使之同主体劳动者密切结合，真正把事业搞好。现在的问题是喧宾夺主、主次关系安排不当。

六、改革的目的是发展社会生产力，提高经济效益

实践是检验真理的唯一标准。改革是否对头和成功，衡量的标准只有一个，就是看生产力是否发展了，人民群众是否富裕了。发展生产力是改革的出发点和落脚点。

社会主义经济活动的目的，就是用在高度技术基础上使社会主义生产不断增长和不断完善的办法，来保证最大限度满足整个社会经常增长的物质和文化的需要。我国现在还是一个发展中的社会主

义国家，商品经济还不发达，生产力水平低，社会主义制度的优越性没有充分显示出来。解决这个矛盾的唯一出路就是要尽快发展社会生产力。我们建立了人民政权，实现了生产资料所有制的改造，建立了社会主义公有制，但是由于种种原因，我们目前的经济体制僵化，生产力发展不理想，所以要进行经济体制改革。

联产承包责任制之所以能冲破层层阻力，最后在全国普遍实现了，就是因为它对发展生产最有利，对农民最有利。农民说得很形象，“政策好不好，就看肚皮饱不饱”。包产到户这件事前后被批判了25年，现在却成了责任制的主要形式。安徽省有许多干部群众，因为1961年搞包产到户，十年动乱中被批判为“走资派”“走资户”，几十万人受到株连，有的甚至闹得家破人亡。但包产到户确实能增产，对国家有利，对群众有利。所以虽有种种压力，但明里暗里一直有人支持，从1961年以后在安徽一些地方一直没有间断过，一有困难就被请出来。这次包产到户最早在安徽出现不是偶然的，就是因为它曾在安徽确实促进了生产力的发展，现在包产到户发展为包干到户，也是因为这种形式更受群众的欢迎，对发展生产更有利。

不仅如此，联产承包责任制还有一个巨大的作用，就是使农民有了经营管理权，对产品有了支配权，成了相对独立的商品生产者。这就大大促进了农村的商品生产，推动整个农村由自给半自给的自然经济向较大规模的商品经济转化。1983年全国农村的粮食商品率由1978年的20%提高到31%，农副产品的商品率由49%提高到55%，用货币支付的消费品占全部生活消费的支出从1978年的39.7%提高到58.8%，自给性消费由60.3%下降到41.2%，这是一个了不起的变化。联产承包责任制对发展商品生产有利，对发展生产力有利，所以它具有强大的生命力，能立于不败之地。

不过，这次农村改革也有它的特殊性，农业生产主要是劳动者和土地打交道，比较简单。城市的工业、商业是社会化大生产，问题更复杂，涉及面较广，有些对本店本厂生产有利的事，对社会、国家、群众不一定有利。例如破坏资源的掠夺性生产，把亏损转嫁给消费者的销售方法。这些都是要防止的。所以我们这里讲改革的目的是要对发展生产有利，这个有利，是指要对整个社会有利。

七、在改革中要加强和改善党的领导

社会主义社会能够自觉主动地调整变革那些不适应生产力发展的生产关系，调整变革上层建筑中某些不适应经济基础的环节和方面，这是社会主义制度和其他社会制度相区别的一个重要内容。我国农村经济体制改革的成功，是又一个明证。社会主义社会对生产力、生产关系、经济基础和上层建筑的矛盾，能够进行自我调整、自我完善，共产党的正确领导，起着决定性的作用。联产承包责任制是农民群众在实践中创造出来的，但是如果没有党中央的正确领导，没有党中央的及时识别，总结推广，因势利导，仅仅5年时间，就在全国推广是不可想象的。5年里，我们党领导了这场涉及8亿农民的生产关系的大变革，社会秩序不仅没有动荡，生产没有受到破坏，而且年年大幅度增产，这是我国历史上的一件大事，是我党历史上完成的一项伟大业绩。这是必须好好总结的。这里结合着我国正在展开的全面经济体制改革的实践，谈几点看法。

（一）党中央在改革一开始提出的既要稳定局面、又要解决问题的指导方针是完全正确的

我们是社会主义国家，我们的改革是在自觉主动的条件下起步的。政治局面的稳定，生产的正常进行，这是改革的必要前提。在改革中，即使遇到一些阻力，也要在照顾大局的原则下，耐心等待，待条件成熟了，再解决问题。十二届三中全会对此做出了充分的肯定，着重指出：“农村经济体制改革经过五年时间，许多原来抱怀疑态度的同志都在事实的教育下转变过来。中央在指导农村经济体制改革中坚持耐心教育的方针，保证了改革的顺利进行。这是在重大政策问题上解决党内思想认识问题的极为宝贵的经验，今后

一定要坚持这样做。要结合改革的实际，对广大党员和群众进行关于改革的理论和政策的生动教育，使他们充分认识具有中国特色的社会主义应该充满活力，既区别于过去那种僵化的模式，又与资本主义根本不同，加深对社会主义的科学理解，自觉投身于改革的伟大实践。”①

（二）领导蹲点，深入实际，先走一步，心中有数，非常重要

在8亿农民的农村进行生产关系的调整，这是一件大事，问题复杂，遇到的各种阻力很多。但是在改革一开始，中央领导同志就亲自同最早试点的农村取得密切联系，有的领导同志还亲自参加蹲点和调查，掌握第一手材料，问题了解得透彻，全局在握，胸有成竹。所以能不受一些传统观念和舆论的迷惑，不为一些闲言碎语所左右，也不为一时一地的失误挫折而惊恐失措，领导决心不动摇，坚持改革到底，是这次农村改革成功的一个重要条件。

（三）不断调查新情况，研究新问题，不断总结新经验，小步前进，步步为营，稳扎稳打，因势利导，不失时机地解决问题

这次农村改革一开始，党中央就指示并动员有关部门的领导和负责的同志到农村实际中去调查研究，了解情况。之后调查研究队伍逐渐扩大，发展到有科研人员、专家、教授和大学生的加入。让他们参加调查研究，一方面是到实践中去受教育，解放思想；一方面是调查新情况，研究新问题。从1980年开始，每年秋冬召开一次全国性的农村工作会议，广开言路，集思广益，在此基础上形成一个新的中央文件。每年解决一批新问题，有一些新进步、新提法，这对农民来说是“安民告示”，起稳定人心的作用（去年宣布承包土地15年不变，农民就说是吃了长效定心丸），也起了动员、鼓励、号召的作用。并且在理论上也有所创新，如联产承包、专业户、联合

---

① 《中共中央关于经济体制改革的决定》，人民出版社1984年版，第40页。

体等新概念的提出。1984年中央一号文件提出，今后农村工作的重点是发展商品生产，商品生产“是发展我国社会主义农村经济不可逾越的必然过程”。这些都在农村起了极好的作用。

（四）密切联系群众，倾听群众呼声，随时总结群众的实践经验，根据形势的发展，不断修正方案和工作部署，使之更切合实际

人民群众是历史的创造者，这是颠扑不破的真理。十一届三中全会提出要加快发展农业，要进行农村经济体制的改革，这些原则都定了，但怎么改？突破口选在哪里？从哪里改起？这些当时并未确定，实践的结果是，群众首先在包产到户问题上取得了突破。我们党及时做了调查，专门研究了包产到户责任制的问题，并且修改了原来的设想。有关领导曾经提出在落后地区可以包产到户，中间地区实行联产到劳，发达地区搞专业承包。在实践中，多数群众都拥护大包干，领导再次做了调查研究，并对原计划做了调整，后来，凡是群众要求的地方都实行了家庭联产承包责任制。这种从实际出发、实事求是的领导方法，也是这次农村改革顺利的一个重要原因。

在党中央的领导下，经过5年的时间，我国农村经济体制改革取得了巨大成就。在短期内解决了使我们长期焦虑的农业生产问题，有着极其重要的现实意义。这次农村改革为我国社会主义经济体制全面改革开辟了道路，冲破了“左”的思想束缚，解放了思想，有着深远的历史意义。认真总结这次农村体制改革的经验，对于农村体制的进一步改革，对于正在开展的城市经济体制改革，对于整个社会主义建设，都是很有裨益的。党的十二届三中全会做出了关于经济体制改革的决定，规定了改革的方向、性质、任务和各项基本方针政策。现在波澜壮阔的、以城市为重点的整个经济体制改革，已在神州大地全面展开，这是十一届三中全会以来农村经济体制改革的继续和发展。这场改革是必然的。有了农村改革的经验，有了农村改革已经造就的物质基础和有利条件，在党中央的领导下，继

续发扬广大群众在改革中的创造精神，依靠10亿人民的智慧和力量，我国经济体制的全面改革一定会获得成功，社会主义经济的优越性和强大活力将会进一步显示出来，我们伟大的社会主义祖国的前景是非常美好的。

（原载于《经济体制改革理论问题探讨》，
北京工业学院出版社1985年版）

农业面临比较严峻的形势*

一、对我国今后农业形势的预测

（一）我国农业发展进入一个关节点

1985年粮食减产886亿斤，比1984年减少7%，棉花减产4094万担，比1984年减少33.7%。一年减少这么多粮棉，这在新中国成立后是第一次。对1985年粮棉突然大减产，有两种不同的看法：一种认为，是计划安排的结果，不必过虑；另一种认为，不能小看这次减产，对农业不能掉以轻心。根据我在农村蹲点调查的见闻，我认为1985年减产不是偶然的，当前农业面临比较严峻的形势。

关于1985年减产的原因，有关部门的同志说，主要是三条：一是播种面积调减了6500万亩左右，改种了经济作物和其他；二是今年自然灾害较多，持续时间长，成灾面积比往年大；三是化肥等农业生产资料涨价太猛，以及其他一些原因，使农民减少了投入。其实这三条原因，并没有揭示出问题的本质。

首先，据中国农业科学院报告，1985年南旱北涝，灾情虽较重，但没有波及全国，是一个平年。1985年全国旱灾成灾面积1.66亿亩，

---

* 此文是陆学艺先生就改革开放后农业形势大好，1985年粮棉却突然大减产的情势，于1986年4月写就的。文章提出1985年粮棉大减产不是偶然，而是改变惠农政策的恶果，使农业基础被削弱，农业发展面临停滞的危险。因此，应充分吸取教训，加强调查研究，增强对农业问题的统一认识，制定加强农业投资的方案，拯救农业工业，理顺粮食价格，完善农村合作经济体制等惠农政策。

比1980年旱灾成灾面积1.869亿亩和1981年旱灾成灾面积1.819亿亩少得多。1985年辽河、松花江水灾的受灾面积和灾情，也比1981年长江大水、1982年黄河大水、1983年淮河及汉江洪水、1984年黑龙江大水的要小、要轻。为什么1980年以来虽然年年有灾，还是年年大丰收，而1985年灾情并不重，却反而特大减产呢？据水利电力部同志讲，1985年辽河大水，流量也仅2000立方米每秒，比1951年的14 200立方米每秒、1953年的12 100立方米每秒小得多，并非特大洪水。20世纪50年代中期辽河安全泄量是5000立方米每秒，1985年仅2000立方米每秒就造成这么大的损失，这同近几年水利设施失修是有关系的。

其次，1985年粮食播种面积减少6500万亩，并不是国家年初计划的调减指标，而是计划失控的结果。1978年全国粮食播种面积为18.088亿亩，以后逐年减少，1984年为16.9576亿亩，6年平均每年减少1750万亩，即每年平均递减1%。1985年一年减种6500万亩，减少3.8%，超过往年递减的3倍多。1985年提出调整产业结构，适当减少粮食种植面积是正确的。但对粮食形势估计过于乐观，放松了领导，特别是调整粮食收购价格不尽合理，加上生产资料涨价，挫伤了农民种粮的积极性，致使粮田面积骤减。这才是粮食大减产的一个重要原因。

1985年粮食大减产，既非计划安排的结果，也不是自然灾害等偶然因素造成的，而是多种因素综合的结果。它是一个信号：我国农业的发展又进入一个关节点，如果缺少有效对策，很可能从此又转入停滞徘徊的局面。

（二）农业发展的十一大制约因素

十一届三中全会以来，农业迅速发展的主要原因有三条：一是农村经济体制改革调动了农民的积极性；二是提高了主要农产品的收购价格；三是合作化后进行了大规模的农田基本建设，发展了农业机械，提供了大量的化肥、农药和优良品种等。到1978年，全国农村集体经济公共积累已达1000多亿元。这些都是新的生产力，是我国农业生产的“老本”。

1985年粮棉大减产，在一定程度上表明，对我国农业原有的生产条件和生产潜力的利用已达到一定水平，其中有些生产条件甚至在变坏；农民的生产积极性在达到了一定高度后，由于生产资料涨价，各种负担加重等因素，在有些方面正趋于下降。因此，1986年和今后的农业生产将怎样发展，也取决于农民的生产积极性能否进一步地被调动起来和农业生产条件能否逐步地得到改善这两个主要因素。具体说，下列十一个方面都是很令人忧虑的。

第一，耕地日益减少。1980年以来，我国每年减少耕地1000多万亩（有的统计是1500多万亩），有的省更加严重，如四川省，1984年、1985年两年共减少耕地280万亩。由于城乡占地失控，滥占滥挖耕地的势头还在继续。

第二，大量的水利工程失修，灌溉面积减少。群众说，我们是“50年代修塘，60年代修库，70年代修渠，80年代吃老本”。现在全国有50%左右的水利设施不能发挥正常效益，70%的大中小水库带病运转，全国255万眼机井中，很多已淤塞无水。仅山东省1980—1984年就报废28 800眼。据统计，20世纪50年代到70年代，我国灌溉面积每年纯增加1500万亩，1980年以来每年平均减少700万亩。

第三，土地肥力减退，土壤恶化。这几年农业生产总的是投入少产出多，特别是这两年，农民无心种粮食，不仅有机肥少施，而且连化肥也用得少了。1985年全国化肥施入量普遍减少20%以上。

第四，生态环境继续恶化。据中国林学会报告，近5年我国森林面积减少1亿多亩，再过10年黑龙江将无林可伐。东北的天然屏障被严重毁坏，水土流失严重，河床淤塞，不少河流正在由利河变成害河。西北地区、内蒙古一带，沙进人退，每年减少耕地上百万亩。随着农村工业的发展，污染日益严重，不少县已没有一条净水河。

第五，实行责任制之后，没有适应新的情况，制定相应的农业现代化政策。现在全国大中型农业机械，从账面上看，比1980年增加了，实际上，保有量和使用量大大减少。社队的农机包到户，农机站包到人后，许多农机需更新大修，因国家现在对农机维修已无补贴，农民只使用老的，不买新的，又往往不去大修，再过几年，大中型农机将损失殆尽。由于农用生产资料涨价，农民不愿多投入，致使许多小化肥厂、小磷厂和农药厂因产品滞销而被迫停产，面临着转产倒闭的危机，好几个大中型拖拉机厂也因同样原因在考虑转产。如果不制定新的农机、化肥、农药政策，我国的农用工业就岌岌可危！农用工业破产了，农业现代化还有什么指望！

第六，各行各业冲击农业，行行强于农业，农民无心种田。浙江省反映，现在农村里搞购销的是“天兵天将”，搞工业的是“杨门女将”，搞农业的是“虾兵蟹将”。城市郊区和商品经济发达地区已普遍出现耕地撂荒现象。原来像苏南、胶东和大中城市郊区等一类高产地区，近几年粮食大幅度减产，一般都下降30%—40%。有的已从粮食大量调出区变为调入区了，只是这些地方第二、第三产业发展很快，农村总产值上升，掩盖了农业特别是粮食减产的真相。

第七，农民负担逐年加重。据山东省1985年对99个乡、3845个村、71.6万农户的调查，1984年农民共有11大类96项负担，每个农民年平均负担53.8元，占人均年纯收入的11.5%，为各项农业税的7.66倍。沉重的负担不仅影响农民的生活，更影响生产的投入，对贫困地区或贫困户来说，尤其如此。有位县农工部长说，如果现在能豁免或减轻贫困户的负担，那大部分贫困户就不贫困了，这是最有效的扶贫。

第八，流通体制改变甚小，买难卖难依然严峻。农民初步解决温饱后，正在逐步告别自然经济，发展商品性生产。而农村的国营商业和供销社两大系统的交换体制，基本格局未变，“少了赶、多了砍”的政策未变，居高临下、坐门等客的官商作风未变，致使亿万农民望市场兴叹，在发展商品生产的路上却步。卖猪难、卖蛋难、卖棉难、卖粮难的现象普遍存在。多数农民的农本很小，一次卖难，就可能倾家荡产，丧失扩大再生产的能力。不仅卖难，买良种、买优质化肥、买低毒高效的农药等也难。长期的买难卖难，打击了发展商品生产的积极性。

第九，农民要扩大再生产，发展商品生产，深感一家一户力不从心，许多事办不了、办不好。随着商品生产的发展，迫切需要通过各种形式的合作来解决农户在机耕、灌溉、收割和加工、储运、销售等方面的困难。农民对于合作有着内在的客观要求，但在主观上又对以前的合作有着痛苦的记忆，农民说："天不怕，地不怕，就怕第二次合作化。"对农民的这种客观需要和矛盾心理，我们并没有采取及时有效的措施予以解决，下一步农村的专业合作、地区合作到底怎么搞，在理论上和实践上都有许多文章没有做。这个问题不及时解决，必然影响农业生产继续发展。

第十，农村基层组织半瘫痪，干群矛盾有所发展。农村实行家庭联产承包责任制以后，要求县、乡、村（即县、公社、大队）三级的机构设置、干部配备、工作内容、工作方法、工作作风都要有相应的变化。但实际上，这方面并没有实质上的改变。尤其令人忧虑的是，据几个省的调查，目前农村基层组织处于瘫痪、半瘫痪状态的大约各占20%，农村工作无人过问，为农户服务的一类事更谈不上。近几年农村基层干部的不正之风也有所抬头，比较普遍的问题是侵占、挪用、贪污原来集体的财物，多占住宅基地，低价承包集体的农机、房屋和社队企业，截留、多占国家给农民的平价化肥、农药、贷款、救济，在农民办的企业中入干股分红，排斥打击农村中的能人。在农村基层干部中，近几年又出现了新的强迫命令和滥加处罚群众（罚钱罚粮）的问题。所有这些都使目前农村中干群矛盾有所恶化，不少地区出现了干部打群众或群众打干部的问题，干部逼死群众，群众仇杀干部全家的恶性案件也时有发生。

第十一，最大的忧虑是自上而下不重视农业，不安排农业投资，农民也不投资，不搞农田基本建设。我国早在20世纪50年代末就提出了农业是国民经济的基础，这对马克思主义理论是一个新贡献。但实践中，往往只有当农业出现困难时，上下才重视农业。我国在“三年困难时期”以后，对农业投资很重视。1978年农业投资为52.34亿元，占全国基本建设总投资的10.6%，1979年农业投资为57.92亿元，占全国基本建设总投资的11.1%。十一届三中全会提出，农业投资要逐渐提高到占基建总投资的18%。可是联产责任制实行不久，国家就大量减少农业投资。1981年保有29亿元，占全国基建投资的6.6%。以后逐年减少，1985年仅占6%。据说“七五”计划只安排了146.8亿农业投资（包括林业、水利、气象），不到基建总投资5000亿元的3%，实在太少。

国家投资减少，地方层层减少，造成农业生产上的许多困难。如四川省1979年农业投资占全省总投资额的11%，1983年降到3.5%；福建省1978年的农业投资占全省总投资额的19.85%，1980年的预算安排只有8.85%；山东省惠民地区1980年水利投资为2200万元，1985年减到231万元，减少了89%，这样少的水利投资费，连维护都保不住，更不要说发展了。就全国而言，大多数农村的集体经济不但没有经济实力去从事新兴的农田基本建设，即便是沟渠、机井等水利设施毁损严重的问题也无力解决。

农民这几年收入虽普遍增加，但由于多种原因，他们也不向农业投资。据我们在山东省陵县对144个农户做的抽样调查所知，1984年人均纯收入为559元，平均用于生产积累的只有51.5元，占全年纯收入的9.2%（主要是用于购买役畜和农用机械）。

目前我国农业正处于由自然经济向商品经济、由传统农业向现代农业转化的阶段，农村的水利、电力、机械、交通、仓储、加工服务等现代化设施，都需要大量投资，如果不投资或只有少量投资，实现农业现代化就是一句空话。农业固定生产资金的稳定增长是现代农业稳定发展的基础。美国1950年到1977年农业固定资金平均每年递增6.7%，1978年1美元农业产值有1.86美元农业生产固定资金做后盾（西德为1∶3.35）；我国从1957年到1978年农业固定资金平均每年递增9.2%，而1978年到1983年仅递增3.2%；1983年每1元农业产值的物质装备基础从1978年的0.67元降到只有0.40元，美国、西德是我们的好几倍。前几年农业增产在很大程度上靠增加活劳动的投入，但这不能长久维持。1985年的减产，正是农业物质基础削弱的表现。

综合上述十一个方面的问题，主要还是两条：一是我国农业发展的物质基础这几年不仅没有得到应有的加强，反而在几个重要方面被削弱了；二是农民的生产积极性，特别是生产粮食的积极性受到一定的挫伤。今后农业生产将怎样发展，取决于我们为加强农业发展的物质基础所下的力量和进一步调动农民生产积极性的政策和措施。

二、近几年农业基础削弱的几点教训

十一届三中全会以来，我们在农村的改革取得了巨大的成功。但也存在失误。为了推进农村改革，发展农村的大好形势，应吸取以下教训。

（一）对农业形势过分乐观

我国农业长期徘徊不前，十一届三中全会后，实行家庭联产承包责任制，农业生产上得很快，农村变化很大，出乎许多人的意料。开始，很多人不相信，这时，做一些宣传是必要的。但到后来，舆论宣传过了头，使人感到农村富得很了，有些同志甚至认为农业问题已经解决了，粮食已经过关了等，产生了盲目乐观的情绪。由于过高估计了农村的形势，引出了以下一系列的问题。

第一，各行业不再提支援农业。如不少支农项目撤了，财政上对支农产品（如小农具）的补贴取消了，农机补贴没有了，对贫困社队的救济扶持改为贷款，等等。

第二，各部门各系统的领导，都想借农民的力量，多办本单位的事业，加重了农民的负担。如教育部门要改善办学条件，广播电视部要普及有线广播，能源部门要办沼气，卫生部门搞计划生育，军事部门要办民兵训练基地……各种民办公助的红头文件纷纷下达，都是要农民出钱的，使农民负担成倍上升。据我们调查，农民60%的负担都来自中央和省两级出的题目，都有红头文件。

所有这些，不仅削弱了农业的基础，而且对于实行家庭联产承包责任制后的合作经济体制的巩固和发展极为不利，有一种论点认为，农业靠政策，靠调动农民积极性就行了，实践证明，这种说法是片面的，其后果是极其严重的。

（二）对如何推进农村改革心中无数

家庭联产承包责任制极大地解放了农村的生产力，但光靠一个包产到户解决不了我国的农业问题。下一步怎么改呢？至今莫衷一是：有的说是产业结构的调整，有的说是农村流通领域的改革，有的说发展商品经济，甚至有的认为农村第二步改革已经实行过了，那就是将人民公社改为乡镇、大队改为村。对农村第二步改革没有统一认识，下面无所适从，实际上多数地区在等待观望，使许多应该解决的问题长期得不到解决，有些地方还有走回头路的。

（三）对农村合作经济体制如何完善和发展这个重大课题，没有及时在理论上弄清楚

农民客观上需要合作，但又怕第二次合作化，存在着既要又怕的矛盾心理。在领导方面，一面看到不搞合作不行，一面又怕提出问题后加重群众怕变的心理，影响生产。现在许多农村基层组织处于瘫痪、半瘫痪状态，致使原来的集体财产损失很大。据统计，全国集体经济原有1000多亿积累，现在只剩300多亿了，而且还在继续减少。

（四）城乡改革不同步

农村第一步改革后，出现了商品生产大发展的势头，客观上需要城市改革以至国民经济整个体制改革与之相适应，在市场机制、购销制度、价格体系、流通渠道、交通条件等方面适应农村商品生

产的发展。但城市改革比农村复杂，城市改革又往往首先考虑解决自身的问题，较少考虑如何面向农村，适应农村改革需要的问题。时至今日，城乡通开、城乡一体的问题未解决好，农民买难卖难的问题长期解决不了，就是一个突出的表现。包产到户的改革局限于农业，独立性强；第二步改革要大力发展农村有计划的商品经济，则涉及国民经济的各个部门，甚至涉及上层建筑部门。这些部门的改革跟不上，改不好，农村的改革就会遇到阻力。这几年农村改革进展困难，源出于此。城市经济体制改革已全面展开，如何使城乡改革同步进行，互相促进，有些问题是需要专门研究的。

三、关于推进农村改革，发展农村大好形势的几点建议

为防止农业将会出现的萎缩、徘徊的趋势，提几点建议，供领导决策参考。

（一）要统一对于农业问题的认识

对于农业基础的削弱，对于农业发展面临着停滞、萎缩的危险，农口部门的不少同志是看到了，但是农口部门的同志与其他部门的同志之间、领导与领导之间、上与下之间在农业问题上的看法还是不同的。建议中央能像1981年那样，组织各部门负责人和骨干到各地农村去，就水利建设、粮食状况、土地管理、流通渠道、合作体制、乡镇企业、农用工业、农民生活状况等问题进行实地考察，以统一对于农村形势、农村改革和农民富裕程度的认识，进一步摆正农业在国民经济中的地位，研讨各行各业支持农业、加强农业基础的战略措施。

（二）要制定增加对农业投资的具体方案

国内外的实践都证明，农业要现代化，农业要持续稳定增产，不增加农业投资，不改善农业的物质基础是不行的。1981年以来削减农业投资是一个大失误。前几年农业这架机器带病运转，光吃老

本，这样下去难以为继。如果等农业垮下去了再去抱佛脚，不仅政治上损失大，经济上花的钱会更多。如治理辽河，本来只要投资几百万元，大水一冲，损失好几亿元，救济要上亿元。水利等的建设，不是当年投资就能见效的。1990年计划生产9000亿斤粮，现在就该下本钱了。第一步，农业基建投资要恢复到1979年占国家总投资11%的水平，第二步达到十一届三中全会要求的18%的水平，同时还要重申各省市地区把地方财力的50%用到农业上。

（三）要拯救、振兴我国农机、农药和化肥等农用工业

中国农业要现代化，要靠我国自己农用工业提供现代化生产资料来武装，靠进口是不行的。但目前我国的农用工业，面临停产、转产、破产的危机、应尽快制定方案把农用工业从目前的困境中解救出来。

（四）理顺粮食价格，解决好粮食问题

从目前农业发展趋势看，很可能出现两种情况：一是农村经济形势很好，第二、第三产业发展很快，但农业不好；二是农业形势好，牧业、渔业、副业发展很快，但粮食紧张。我国是10亿多人口的大国，靠吃进口粮是不行的。粮食问题说到底是个价格问题。现在的物价中，与工业品相比，农产品价格偏低，而在农副产品中，粮食价格又是最低的。江苏省调查表明，现在种一亩粮食的年纯收入是100元，种一亩棉花是200元，种一亩桑养蚕是300元，种一亩瓜是400元，种一亩菜是500元。今年准备采取稳定16.5亿亩粮田面积、减少定购粮食基数，实行以工补农、以工补粮，对卖粮农民奖售优质化肥等措施，这会产生一定的效果，但这些是打补丁的政策，不仅不能解决根本问题，还会产生一些副作用使问题复杂化。因此，要根本解决问题，须及早理顺粮食价格。可以有几种选择：一是改变粮食作为特殊商品的地位，粮食购销价格都要放开，有计划、有步骤地按照价值规律进行调整。这是根本出路。但这样做，涉及的方面很多，要从长

计议。二是先调整收购价格。把1200亿斤合同定购数作为任务分配下去。对各地区和农民在合同定购以外交售的粮食，国家按不同的地区，分别加价收购，使加价收购价格大致等于市场价格。三是把粮权逐步放给各省。国家除对各省规定调拨基数和粮食购销补贴数额之外，其他都由各省自己决定，包括可以自定购销价格。各自解决好本省的粮食问题。四是在不增加国家财政负担、保持农产品总的价格水平的条件下，适当调整粮食和其他农副产品的比价。把1983年以来调减棉花等农副产品价格的钱，用来提高粮食价格，改变粮价处于“锅底”的现状，调动农民种粮的积极性。

（五）积极稳妥地完善农村合作经济体制

要在领导干部中和群众中统一思想，从理论上认清农村合作制的必要性和必然性，弄清这次完善合作体制绝不是走回头路，重复过去“吃大锅饭”的那套做法，而是要在坚持家庭联产承包责任制的基础上发展新型的多种形式的合作经济，促进农村商品经济的发展。在实践上，切忌一哄而起，要严格根据群众的自愿要求进行。

1980年以后，中央每年冬天开一次农村工作会议，交流新情况，总结新经验，上下沟通，集思广益，研究解决新问题的政策和措施，形成新农业文件，这是我们党在新时期领导农村工作的一种好形式。鉴于农村问题庞杂繁多，诸如，农业投资、农村流通体制、供销社改革、粮食购销、土地管理、生态环境保护、农民负担、剩余劳力转移、乡镇企业、农村合作体制、农村基层组织建设、县级体制改革……都应该解决。但一次会议，不可能都解决，有些问题，提一下，泛泛讨论是解决不好的。建议今后每年根据实际需要和条件，选择两三个问题，事先安排，做好调查研究，准备好各种方案，专题讨论，定出政策，形成文件（有些可形成法律草案提交有关部门），使这些问题逐个得到解决。

（原载于《中国社会科学院要报》，1986年第18—20期）

农业要警惕再走扭秧歌的老路*

自从1953年我国实行主要农产品统购统销之后，至今农业已有四次大的起落。就粮食来说，一会儿多了，一会儿少了，很不稳定。有人把这种现象称作扭秧歌——“多了多了少了少（1̇ 6 1̇ 6|5 6 5 —|），少了少了多了多（5 6 5 6|1̇ 6 1̇—|）”。这个比喻很恰当，形象地反映了新中国成立三十多年来中国农业发展的曲折路程。

十一届三中全会以后，农村率先改革，从1979年到1984年农业连年增产，粮棉经历了一个从少到多的过程。正当1984年秋冬出现全国性的粮食多了、棉花多了的时候，1985年粮棉空前大减产，从此陷入了连续4年的农业徘徊。1988年再度减产，引出全国性粮棉供给紧张，以农业为基础的道路再次得到认同，各级干部和基层群众再次重视农业，增加了投入，倾注了力量。1989年粮食增产3.4%，恢复到1984年的产量。1990年、1991年又连续丰收，从各地的报道看，1992年的收成也很好。粮食、棉花又多起来了，国库饱满，由西到东、从北到南都在喊：卖粮难！卖棉难！市场粮价暴跌，跌到了国家定购价以下，跌到了国家保护价以下，跌到了1987年前的市场价格以下！

历史的经验是，当出现全国性的从高层干部到基层群众都认为粮食多了的时候，也就是从上到下都对抓农业松口气的时候，接着

---

* 此文是陆学艺先生根据长期积累的经验就1990年、1991年粮食连续丰收，又出现卖粮难、卖棉难的问题，于1992年12月写就的。文章判断1992年农业退缩的迹象已经显现，呼吁粮食仍是大局问题，不可掉以轻心，应切实保护农民利益，保护农民的生产积极性，以确保农业不再走扭秧歌（多了多了少了少，少了少了多了多）的老路。

出现的是粮食突然又少了、棉花突然又少了的情况。我们是个土地等农业生产资源紧缺、人口众多、对粮棉等主要农产品需求呈刚性增长的大国，抓农业是一年也不能放松的。邓小平同志说过："农业上如果有一个曲折，三五年转不过来！"[①]

值得我们高度警惕的是，眼下有种种迹象表明，粮食棉花这两种主要农产品有可能再度减产，农业有可能再走扭秧歌的老路，"多了多了少了少（1̇ 6 1̇ 6 | 5 6 5— | ）！"殷鉴不远，不可不早做预防！

一、粮食仍是大局问题，不可掉以轻心

有的同志比较乐观地认为，农业减点产有好处，可以减少点库存，也可缓解卖粮难的压力。有部分农村工作同志和农民群众也认为，粮食是该减点产了，减产粮食就值钱了，农业就受重视了。但是，从当前11.7亿人口的这个国家的大局出发，这个想法是很危险的！

第一，我国的农业家底并不厚，虽经新中国成立以来40年的努力，农业基础已经有了很大的进步，但还相当脆弱，经不起大的天灾和人为挫折。拿粮食来说，虽然已有2400亿斤的库存（其中国家储备700亿斤），人均约为205斤，可供全社会消费约6个月，高于粮食安全线。这是长期积攒的家底，来之不易，粮价稳定靠它，人民生活稳定靠它，社会稳定也靠它。如果经济有力量，这个家底还应攒厚些。东邻日本，食品主要靠进口，整个20世纪80年代，粮食库存人均都在400斤以上。

第二，这2400亿斤国家库存粮食，靠得住靠不住？2400亿斤是个庞大的天文数字，堆在一起，是一座特大的粮山。这些粮食，

① 中共中央文献研究室编：《邓小平年谱（1975—1997）》，下，中央文献出版社2004年版，第1120页。

实际是分散在全国近10万个不同的粮库里，按照传统的粮食管理体制，粮权集中在中央，按理是不会有问题的。但因为现行财政体制是分灶吃饭，省、地、县三级政府和有关部门也都有一定的机动权限。出于不同地区和部门的利益，常常会有实际已经动用，但账面未动的现象，出现账库不符的问题。1986年全国棉花账面库存6000多万担，后来清库核实，只有4000多万担，就是一个历史例证。

在粮食问题上，我国曾多次出现过连锁哄抬的现象，值得警惕。当粮食多的时候，有几个省报粮食多、粮食涨库的时候，各地都跟着报粮多、报涨库，就是那些该调进粮食的省市，也以仓容等原因为借口，推迟调进粮食，等着粮食降价。而当粮食少的时候，调出省等着涨价，有粮也不肯调出；调入省则怕出现供应问题，即使库存粮食在安全线以上，也派人四处采购，全力抢调。我国粮食购销体制正在由传统计划体制向市场经济体制转化的过程中，这种现象尤其要注意。

当前的问题是，全国都在说粮多涨库。而一些需调入粮食的省市和需用粮食的大企业，却在尽量推迟购粮调粮的时日，等着粮价继续下跌，不仅可以节约购买费用，还可以压缩资金占用、节省利息、减少保管费用、减少存储粮食的风险。有的企业到了用多少调多少的地步。可这样就加重了产粮区的负担，也放大了卖粮难、存粮难的问题。

第三，这2400亿斤库存粮食，真正到调用的时候，究竟有多少可以调出？有多少是市场能够卖得出去的？据我们了解，浙江省粮库里就存了80亿斤已储存超过3年的早籼米。这种陈米是人吃没有营养、猪吃不长膘的粮食。这种早籼稻产量高、质量低，前些年是农民专门为了完成定购任务种的自己也不吃的粮食。浙江是需调入粮食的省，尚且积压了这么多。在江西、湖南、湖北和安徽的库存中，这种超期储存的早籼米约有200亿斤，有的已储存了3年以上，发黄变质了。

第四，我国现阶段的一个基本农情是小生产大市场。全国

22 566万农户，实行家庭联产承包责任制后，实际上是22 566万个小的农村企业，都有生产、流通的经营自主权。小家小户、小规模农业生产面对的却是全国性的大市场。如何引导、组织、协调好这2亿多农户，同全国性的大市场联系起来，这是一门学问。迄今为止，我国的农民家庭，大部分还是以农业生产为主，在某一自然和历史形成的区域内，各家农户，有相同的小块耕地、相同的传统耕作技术、类似的消费水平和生活习惯，有很大的同质性。历史的教训是，改革开放以来，农民在由传统农业向现代农业转化的过程中，常常出现互相仿效、同步振荡的现象。如某一地区，有少数农民养了兔，得了利，接着就是大范围的众多的农民跟着养兔，出现了“兔子热”，市场马上饱和，兔毛价暴跌；接着就是杀兔，不久兔子少了，兔毛价暴涨，就又出现兔毛大战……如此循环反复，已有几次。类似的养貂热、种麻热、种蒜热、种瓜热……也已经出现过多次。

粮食问题也是如此，眼下是全国性的卖粮难，都在喊：卖粮难！市场粮价已跌到了5年来的最低点。越是粮价低，卖粮的农户就越多，他们怕粮价再跌，连那些存粮并不多的农户也跟着卖粮。因为各种条件限制，面对这么多的农户，我们也确实摸不清他们家里到底有多少存粮。但历史的经验和教训是，一旦有个风吹草动，某一个信号出现，假如1993年夏粮减收，某一个或几个地区买粮的单位和人多了，粮价略一上扬，农民就可能转而买粮。如果调控不当，接着就可能出现大范围的乃至全国性的买粮高峰。因为现在的农民既是生产者，也是经营者，相当一部分农民手中也有了现金的积蓄。农民预期要涨价，不卖粮了，而且有一部分农民也参与买粮、存粮，市场上的粮食很快就会被买空，重新出现买粮难！前些年曾经出现过的粮食说没有就没有了的怪现象，其中一个重要根源，盖在于此！我国的农民家庭，生产经营规模小，经济实力也不强，就某一个农民家庭来说，进出粮食不过是几百斤上千斤，但因为农户众多，2亿多户，即使某一地区，也是几十万户、几百万户，一起卖粮，或者一起买粮，同步振荡，就是几十亿斤、几百亿斤！任何粮食市场都经不起这样的冲击。对这个特点，我们应该有所认识。

二、今年是个平年，而明年呢？

马克思主义认为，生产决定流通，生产决定消费。粮食市场即使出现上述波动，如果农业生产是持续稳定增长的，粮食供给是充裕的，那也无碍大局，波动一阵，就稳定了。1992年夏粮丰收，总产2064亿斤，增加96亿斤，达到历史最高水平。但入夏以来，各地对抓农业有点放松，早稻和夏播作物少种1500多万亩，田间管理也不好，加上多数地区偏旱（全国受旱2.4亿亩）和部分地区遭受洪涝灾害（7600万亩），全国秋粮减产；棉花因山东、河北、河南等生产区受旱灾等灾害影响，减产更大。就全国来说，今年是个平年。

有个问题值得注意，一直到1992年10月底，全国商业部门收购的定购粮，只有52.7亿斤。比去年同期少15.1%，只完成收购计划的52.7%，比去年同期慢9.8个百分点。棉花收购3084担，比去年同期减少34.5%，只完成收购计划的35.1%，比去年同期慢18.5个百分点。截至1992年11月10日，粮食收购只完成计划的54%，棉花是46%，食油是38%。过了收购旺季，对粮、棉、油的收购只实现收购计划的50%左右，这同往年是很不相同的。对这种异常现象，有关部门的解释是：一是资金不到位（部分收购农产品资金被挪作他用）；二是仓库不足，普遍涨库。还有个原因是，目前各地的粮食、棉花收购部门正在转变经营体制，一些新的政策措施还未到位，从本部门的经济利益出发，多数没有收购和存储粮棉的积极性。所以至今还有大量的粮食、棉花等农产品积存在农民家里，积压在集市上。还有一种看法，认为今年秋季收成并不好，特别是棉花减产幅度较大，但因为目前银根紧而各种用途很多，所以向国家预报的棉花、粮食产量比实际的多，好向国家多要收购资金。

总的说来，今年的农业形势还是好的，加上有前些年的积蓄，估计到明年夏收，供给还不会有大的问题。

问题是在明年，在以后。种种迹象表明，明年的农业生产，就很可能出现问题，这是值得我们警惕，需要未雨绸缪的。

第一，耕地急剧减少。乱占滥用耕地已形成了全国性的风潮，已到了不采取断然措施，不紧急刹车，就控制不住的地步了。1985年，曾出现过非农产业发展，乱占滥用耕地的高潮，当年占用耕地2400万亩，净减少耕地1500万亩。之后党和各级政府花了很大力气，做了很多工作，使耕地锐减的严重形势得到控制。但1991年以后，各类建设占用耕地猛增，1991年占用耕地870万亩，较1990年增加30%以上，净减少耕地350万亩。1992年入春以后，经济建设步伐加快，非农产业用地、占地大幅度增加。这已经大大超过原定的当年用地、占地的计划指标，大大超过1991年用地、占地的规模。更加严重的是，相当多的地方政府和部门，从发展本地区、本部门的经济利益和愿望出发，把土地作为招商、聚财、生财的主要手段，竞相仿效、攀比，大上各类名目繁多的开发区、大型商场和集贸市场、房产公司。现在的开发区，省市办、地市办、县办、乡镇办，有的村也在办，有关部门统计，到1991年年底全国共有各类开发区1200个，1992年年底各级各类开发区已超过8000个。仅浙江省就有401个开发区，其中经国家和省批准的只有12个。这些开发区，多数都在大中城市周围，铁路、公路沿线，占用的土地绝大部分都是高产粮田和菜田。近几年兴起的房地产业，因为利润极高，有的高达1∶40，这种巨额超额利润强烈地吸引了国内国外的各种单位和个人，建立房地产公司，而实质主要是争占、抢占目前还廉价的土地。广东省今年上半年就有各种房地产开发公司929家（占用土地18 390亩），辽宁省1991年只有房地产公司260家，到1992年上半年已达400多家。福建省1992年7月到香港招商，共签订成片土地开发和土地批租项目32项，拟用地23 565亩，总投资8.81亿美元。更为严重的是，现在一些沿海发达地区的村镇，也纷纷以集体土地自发进入地产市场，用土地作为招商条件同外商和城市企业兴办各类合资、合营企业，更加加速了耕地急剧减少的过程。

1985年，单是城镇建设、工矿企业建设、乡镇企业建设、农民建房等项目，就让耕地净减少了1500万亩。今年一方面经济建设、城镇建设的规模将超过1985年；另一方面，大办开发区、成片开发，相当多的地方政府把土地作为生财之道，问题就更严重了。估计1992年占用耕地的规模将会超过1985年的规模。1992年11月，国务院发出了严格制止乱占滥用耕地的紧急通知。从各地来的消息看，乱占滥用耕地的势头，仍未完全刹住，有必要采取进一步的措施。

第二，谷贱伤农，严重挫伤农民务农种粮的积极性。卖粮难、卖棉难的问题已持续3年了。粮食和主要农产品的市场价格连续几年下跌，跌到了国家定购价以下。据湖北、江西、安徽、江苏等主要产粮区的材料，100斤稻谷的售价，1990年为40多元，1991年降到30多元，1992年国家合同定量收购价为24元。但很多粮站因缺少资金等原因，迟迟不收，有的收了粮，不付款，又打白条；有的干脆不收购，有的农民提出打白条也可以（有个心理安慰，粮交了，政府早晚会付钱的），但这些粮站连白条也不打。大多数农民要用钱，只好卖向市场，粮价暴跌，有的每100斤只卖17—18元。即使这样低价，很多农民也卖不出粮。相当一部分粮食压在农民家里，农民对此意见很大，怨声四起。湖北有农民批评我们“共产党雄赳赳，只管种，不管收”。

这几年粮价下跌，而农用生产资料价格却持续上涨。据湖北省荆门市调查，尿素1992年涨到每吨980元，比1991年上涨8.9%，磷肥每吨268元，上涨9.1%，水费上涨30%，由于这些价格因素，1992年荆门农民每人要减收40元。农业成本增加了，每亩水稻的纯收益1992年只有30.92元，比1991年减少35.58元，下降53.5%。

农民种粮收入如此之低，卖粮又如此之难，这就必然打击农民种粮的积极性。1992年夏秋都出现过农民弃粮（小麦、早稻）不收割的现象，温州有的农民不收小麦，点把火烧了，这在过去是没有过的。1992年的秋播作物中，粮食少种了400多万亩，1992年各地都有不同程度的抛荒、撂荒现象，明年将会更多！

第三，近3年全国农民实际收入增长缓慢、停滞，引发了很多严重的经济社会问题。据国家统计局资料，1989—1991年，农民人均年纯收入由1988年的544.94元增加到708.55元，名义增长163.61元。但同期物价总指数上涨27.1%，所以3年实际上只增长了2.2%，平均每年只增长0.7%。这是就全国平均而言的，因为这3年东南沿海、大中城市郊区的乡镇企业及非农产业的发展还是很快的，农民由此获得的纯收入增长也很多，所以在中西部和主要以农业收入为主的省区，农民的实际收入是下降的。据统计，安徽、河北、内蒙古、吉林、湖北、贵州、宁夏等10个省（区）近3亿农民，1991年的年纯收入比1988年实际是减少了，实际收入也是下降的。所以全国约有半数的农民家庭这3年的实际收入是下降的。1979—1984年，连续6年，农业高速发展，农民人均纯收入由1978年的133元增长到1984年的355元，扣除物价因素，人均实际收入年均增长15.1%。1985—1988年，农业生产徘徊，但农村经济继续发展，主要是乡镇企业迅速发展，1988年农民人均纯收入达545元，扣除物价因素，这4年人均实际收入年均增长5%。1989—1991年这3年农业生产增长较快，按不变价格，农业生产总值年均增长4.8%，农业劳动生产率提高，各主要农产品的产量都有较大幅度增长，农业形势是很好的。但农民实际收入增长停滞，下降为年均增长0.7%，也就是农业增产而不增收，这是很不正常的，这是改革开放以来出现的新问题。1992年是个平年，但乡镇企业发展得很快很好，所以就全国平均而言，农民年均实际收入会有所增加，但不少农业省区大部分依靠农业为主要收入的农民，实际收入仍处于停滞甚至减少的境地。

农民实际收入增长停滞的后果是严重的，会引发很多农村经济和农村社会问题，最直接的后果是挫伤农民生产的积极性，减少对农业的投入，影响农业生产。据统计，按不变价格计算，全国农民1989年用于扩大生产购置固定资产的投资比上年减少22.2%，1990年减少35.4%，1991年减少18.2%。农民实际投入当年的生产费用也是逐年减少的。农民对农业投入减少，必然要影响和限制农业生产的稳定增长。

第四，农民不合理负担愈来愈重，屡限不止，成为当今农村最大的社会问题。农村实行家庭联产承包责任制以后，经营单位变了，基本核算单位变了，原来集体的公共开支要靠向农民收提留来解决。“大包干”开始时，提出了“交够国家的，留足集体的，剩下就是俺们自己的”。这是当时干部、农民一致认同的分配原则。集体经营与家庭经营有个根本区别，集体为主经营时，农产品和经济收入在集体，先交国家的，留足供集体公共开支的部分，余下的按工分分给社员。家庭为主经营后，农产品和经济收入先到农民家里。“交够国家的”，这是皇粮国税，有法定数目，农民交是没有问题的。“留足集体的”，集体有公共性开支，农民要向集体交提留，大多数农民通情达理，一般也没有问题。问题出在提留多少？留足的含义是什么？有没有个界限？实行承包制头几年，没有问题。1983年，有些地区农民就提出负担过重的问题，矛盾就出现了。之后国务院发了文件，规定了集体提留限制在占上年农民纯收入5%的额度内。

1985年以后，中共中央、国务院年年讲要减轻农民负担，发文件、开会、部署、领导讲话，不遗余力。但实际执行的结果，却是年年在加重农民负担。现在向农民要钱的借口可谓名目繁多、五花八门，有的地区已多达182项。向农民收提留的款项，大大超过上年农民纯收入的5%，多数在10%以上，有的甚至超过20%。向农民要钱的手段，也是多种多样，大多数是从农民出售农产品的收入中直接扣留，有的还从邮局汇款中截留，有的则直接上门收款，有的还动用小分队，出动警车，带着警棍、手铐。收不到钱，就直接拉农民的粮食，搬电视机、自行车，甚至有拆屋扒房的！

农村基层干部要收提留（干部也有干部的苦衷），农民交不起，拒交提留，由此产生矛盾，引起冲突，以致逼出人命，酿成惨祸。1992年11月19日，《人民日报》披露了湖南农妇潘群英跳河自尽的事件，是一个突出的例子。其实，湖北、河南等地也都有这类案件发生。据向有关部门了解，1992年已发生了8起。

这几年农民实际收入增长停滞甚至减少，而农民负担却年年加重，形成了一个新的“剪刀差”。另外，据农业部“农民收入问题”课题组测算，1989—1991年，工农业产品价格剪刀差连续3年以较大幅度扩大（1989年为3.2%，1990年为8.4%，1991年为5.1%），这3年全国农民因工农产品价格变动净失利益约639.6亿元，人均75.6元。这两个剪刀差是这几年农民实际收入增长停滞甚至减少的重要原因。这样的负担，已超出了农民的承受能力，农民已不堪重负，很有意见。对当前这个基本民情我们要有充分的认识。

第五，干部队伍人心躁动，无心管农业。我们国家几十年来逐渐形成了一整套“抓”农业管农业的机构和体制。落实“农业为基础”，促进农业持续稳定发展，全国从中央到各级党政机关，到农村基层，有一个庞大的干部队伍在为农业服务，这是我国农业发展的组织保证。改革开放以后，农民有了生产经营的自主权，有了积极性，管理农业的机构和干部的职能发生了深刻的变化。一个积极性变成了两个积极性。农民的生产和经营正在逐渐和市场联系、结合起来，形成新的农村社会主义市场经济体制。但是也应看到建立新的农业经营运行体制是一个较长的历史过程，就目前的发展状况而言，农业、农村经济的发展，还有很多问题需要解决，还需要党和政府加强领导，需要有专门机构去管理，需要有大批的干部为农业的发展做工作。

1992年春季以后，我国改革步伐加快，经济进入新的快速发展阶段，形势是很好的，但也出现了一些值得注意的问题。诸如各地相继出现了开发区热、办工业小区热、房地产热、股票热、第二职业热等。在这股大潮中，干部经商热比1985年势头更凶，有的地方出现了市长上街卖衣服，局长练摊，干部纷纷“下海”“跳海”。特别是撤并机构、精减干部的消息传开以后，连那些不动心的干部也坐不住了，火上浇油，热上加热，遍及城镇边陲。在这热那热之中，很少有农业热的，不少还是直接损害农业和侵犯农民利益的，如占用大批农田，占用农业资金，向农民集资摊派，等等。更重要的是这支保证农业发展的干部队伍在转向。据我们了解，现在有些地区的主要领导干部无心抓农业，而把主要精力都放到办工业、搞开发区等热点上，而且连有些农村工作部、农经委和农业局等农业系统的干部，也无心管农业了。都去经商抓钱了，谁抓农业？谁管吃饭、穿衣？

第六，新中国成立以来实行了近40年的主要农产品统购统销的体制，经过这些年市场取向的改革，已经到了可以最后终结的阶段。国家已经做出了分区决策、逐步放开的决定。广东、海南、江西、浙江等省已明确宣布，粮食购销完全放开。在农村建立社会主义市场经济体制，把农民引向市场，农产品购销完全放开，这个方向是完全正确的。问题在于，新中国成立以来已经实行了近40年的以统购统销为主要内容的农村计划经济体制，目前的干部和农民都是在这种体制下生产生活过来的，有些已经形成了“传统”、形成了“习惯”。从旧体制向市场经济新体制如何较好地过渡，为统购统销这套制度的结尾画个完满的句号，还是要做很多工作的。数十年历史形成的东西，要通过历史的方法来解决，不能采取急躁、简单、一放了之的办法，使好事办得不完满。

目前的问题是，有些地区、有些部门把粮油购销完全放开，看作是放包袱的机会，有的还想乘机捞一把，把“三挂钩”物资和支持粮棉生产的资金、物资扣下来，有的则借口“把农民推向市场”，而放弃自己的职责，农民在春天按计划定购合同要求种的粮棉，现在也不收购，用“农民去找市场，不要找县长”一类的话来推脱。

从我们了解的情况看，现在多数干部和绝大多数农民，对放开之后，明年怎么播种、怎么收购，心中无数，不知所措。有的地方的领导，甚至喊出了“甩掉粮棉包袱，什么赚钱种什么！”据江苏省赣榆县对购销体制放开后农民心态的调查，有70%的农民怕信息不灵，不知种什么好；有45%的农民怕种了粮会卖不出去；有75%的农民怕工业产品继续涨价。有些地区的干部和群众议论，“多了放，少了统”已经反复几次了，现在卖粮难，就放了，会不会以后再统起来，怕政策变。

相当多数的干部不知道怎么领导明年的农业生产，相当多数的农民不知道明年种什么好，这就是问题。如果明年粮食、棉花播种面积实际减少很多（现在粮价低，种粮棉收入相对较少），那么，明年的粮食、棉花生产就会成为问题。

三、保护农民利益、保护农民的生产积极性是农业发展的根本出路

我国从20世纪80年代中期以后，就逐步增加了农业的投入，这些年农田水利、农用工业、农业科学技术都有了发展，农业的综合生产力有了提高，迎来了1990年农业生产的全面增长，达到了新的高度。1991年虽遭遇了大的洪涝灾害，仍取得了较好的收成。连续3年的丰收，保证了经济建设的发展和人民生活水平的提高，稳定了经济，稳定了社会，并且还增加了一定的储备。现在农业的问题是，相当多数务农种粮棉的农民连续3年实际收入增长停滞甚至减少，负担加重，种粮种棉的积极性受到挫伤。就全国而言，1992年没有大的自然灾害，但棉花大幅度减产，秋粮也略减，这是个新的信号。种种迹象表明，明年的农业生产很不乐观，这要引起我们高度的警惕，要及时采取措施，防止出现新的农业徘徊。为此，我们提出以下建议，供决策部门参考。

第一，摸清情况，统一认识。1992年秋天，农村问题、农民问题、农业问题逐渐显露出来了。应该说，问题是相当严重的，如不及时解决，或处置不当，有可能导致明年农业出现大问题。但农村中的这些严峻情况，还没有得到共识，特别没有得到农业部门以外各部门同志的共识，有的人还停留在农业形势已经好转、粮棉多得用不了的认识的阶段上。所以很有必要组织一次对农村问题再认识的深入调查，特别要组织中央和省市两级各部门的领导和骨干下到农村基层去，直接向农民和基层干部做一番调查，弄清楚现阶段农

民的生活状况，富裕程度，农民的喜、怒、哀、乐，农民在做什么、想什么，有些什么困难。摸清楚这几年到底占用了多少耕地，有多少已经用了，有多少还闲着。摸清楚农民手中有多少白条，为什么中央三令五申严禁打白条，而白条却年年有，今年又更多；为什么国家银行拨了农产品收购资金，到下面就很少了，这些资金到哪里去了。摸清楚农民到底有多少负担，哪些是合理的，哪些是不合理的。为什么年年讲要减轻农民负担，而负担却一年年在加重。摸清楚近几年农业丰收，而农民的实际收入却不见增长的原因。为什么这几年工农业产品的剪刀差又扩大了，扩大了多少？摸清楚农民家中有多少存粮，国家仓库里有多少存粮、多少存棉，账面库存有多少，实际库存有多少，为什么账库不符。这些都是当前的基本农情，也是我国的基本国情。摸准摸清国情，是我们制定政策的依据，也是统一大家认识的基础。

第二，及时调整政策，稳定发展农业。新中国成立后的几十年中，我们曾经有过及时发现问题，及时调整政策，使农业转危为安、稳定发展的经验。也有过出现了问题，争论不休，犹豫不决，当断不断，错过了解决问题的时机，致使农业长期徘徊，乃至出了大问题的教训。1954年我国部分地区因水灾减产，却多购70亿斤粮食。闹得许多地方“人人谈粮食，户户谈统销”，农民有意见，党内外也有许多意见，党中央及时发现了问题，1955年就少购了70亿斤粮食，解决了问题，保证了1955年农业继续增产。1972年，粮食棉花同时减产，农业出了问题。周恩来总理亲自主持会议，批评并制止了农村扩社并队、没收自留地、砍家庭副业等问题，从财力、物力上大力支持农业，使农业转危为安，1973年农业就有了回升。但是在1958年，搞“大跃进”，搞人民公社，大呼隆，吃大锅饭，结果丰产不丰收。那年冬天，毛泽东同志就发现了问题，他指出了头脑发热和“左”的问题，也准备着手解决这些问题，但庐山会议以后，又转而批“右倾”，使农村已经成堆的问题，雪上加霜，更加严重，加上自然灾害，导致了1959年和1960年的连续特大减产，引出了3年严重的经济困难时期。1984年，农业大丰收，出现了全国性的卖粮难、卖棉难，农业要出问题的迹象已有表露，但我们有些同志还盲目乐观，以为农业已经过关了。有位主管部门的同志甚至说，棉花3年不种都够用的。1985年粮棉大减产后，又没有及时调整政策，贻误了时机，农业由此徘徊了4年。

现在又出现了与1984年、1985年相类似的状况。究其原因，如果要写一个诊断书的话，那就是“老毛病复发”。这几年家庭联产承包责任制是稳定的，双层经营、社会化服务有所发展，农田水利建设有进展，农业科技进一步推广，农机、化肥、农药、薄膜等农用生产资料供应也有所改善（但质次价高问题未解决），所以主要问题不在农业内部。问题出在，这几年农村经济向城市倾斜，农业向工业倾斜，出现了工业过热，摊子过大，基建战线过长的问题。新中国成立40多年来的经验是：农业与工业增长速度的比例，一般保持在1∶2.5—1∶3较合适。1991年全国农业产值增长3.7%，工业产值增长14.5%，农业、工业增长速度比为1∶3.92。1992年农业预计增长3%，工业预计增长21%，农业、工业增长速度比为1∶7。工业发展超过了农业这个基础所能承载的能力，在目前的体制下，其必然结果就是挤占农业的资源，侵犯农民的利益。这几年农村里产生的种种问题和矛盾，就其主要方面来说，说到底，还是我们重犯了向农村拿得过多、“把农民挖得过苦”的老毛病。农民很有意见，严重打击了农民种粮种棉的积极性。明年以后，农业可能会出问题，出问题的根子就在这里。

解决问题的方案，就是要早下决心及时调整政策，该降温的要降温，该缩短的要缩短，要下决心向农村倾斜，向农民倾斜，向农业倾斜，使失衡了的天平变平衡。现在应明确提出：要保护耕地，要保护农民利益，要保护农业。保护了农民的利益，农民得到了实惠，就保护了农民的生产积极性，也就保护了农业这个基础，实际上也就保护了国民经济，使整个经济能够持续、稳定、协调地发展。

第三，在建立社会主义市场经济体制的过程中，要有保护农业的政策和措施。下一步经济体制改革的目标，是要建立社会主义市场经济体制。要充分发挥市场机制的作用，使市场在国家宏观调控下对资源配置起基础性的作用，把有限的资源配置到最合理、最需要的方面，充分发挥各种资源的作用，推进经济和社会的发展。市场经济有内在的竞争机制，各种产业、行业、企业、商品乃至人员都将在市场运行中受到检验，优胜劣汰。农业作为一种产业，由于它本身是和动植物生长直接联系在一起的，受到自然资源和气候的影响，在市场竞争中常常处于脆弱的地位，所以，农业是国家宏观调控中需要加以保护的产业，这已为近代经济发展史所证实。综观世界各经济发达国家，都有各自不同的保护本国农业的法规和政策。我国的农业还处在从单纯经验的传统农业向现代农业转化的过程中，它的地位更加软弱，所以更应受到国家宏观决策的特别保护。我国的社会主义市场经济体制正在通过改革逐步建立，在新体制建设中，一定要考虑我国农业的特点和地位，把保护农业放到恰当的位置上，制定出好的保护农业的政策和措施。

所谓保护农业，最重要的是在财政上要有支持农业的拨款，在资源配置上要保证农业发展的需要，在分配上要保护农民的利益。目前，粮食和主要农产品的购销体制正在改变，原来财政对粮食、棉花的各种补贴和优惠政策不应取消，而应转为补贴粮棉等主要农产品的生产、科研和流通等方面，使农业生产者、经营者都得到实惠，促进农业生产的发展。这是当前我们应优先考虑的问题。

第四，抓住机会，集中力量，解决问题，推动明年的农业发展。现在已近年关，春耕迫在眉睫，几个紧迫的问题不能再久拖不决了。要早下决心，断然处置，争取在春耕前解决一批问题。如压在农民手中的白条，要在年关前兑现。向农民收提留款，要按照国务院规定的不超过上年纯收入的5%执行，超过了的话既不合理也不合法，农民有权拒付。重申严禁乱占滥用耕地，已挤占但实际撂荒的要在查实后重新耕种。各地要在春耕前分别宣布明年粮食、棉花、油料等主要农产品的保护价格，这是安民告示，使农民放心种田，有所遵循。所有这些，都需要国家和地方财政部门拿出一笔钱来，要动用相当的资金。这个钱是应该用的，有的不过是还了前几年的欠账。这个钱用了是值得的，这叫花钱买人心，买农民的积极性，买明年的粮食，买明年的棉花。也可以缓解农村社会矛盾，干群矛盾，使社会安定。如果前述种种问题再不解决，拖过了春耕，农民伤了心，种田没有积极性，农业一旦掉下来，真的又重走扭秧歌的老路，付出的代价将会更大！

（原载于《中国社会科学院要报》，1993年增刊第1期）

走出“城乡分治，一国两策”的困境*

几年来，我国经济出现了市场疲软、增长速度下降、物价连续下跌、通货紧缩等问题。虽然政府已经采取了积极的财政政策，降低存款利息，增发职工工资，提高城镇居民收入，以求扩大内需，启动经济，但效果总不显著。原因当然是多方面的。但是，1997年以来，占全国总人口70%的农民的购买力在逐年下降，农村市场不仅没有开拓，反而在逐年萎缩，使城市和工业的发展失去了基础，这乃是当今经济发展遇到问题的主要症结所在。可以说，我们现在患的是城乡综合征，单就城市论城市，单就工业论工业，而且有些措施还损及农村的发展，问题就更难以解决。

目前在中国经济社会生活中有两个非良性循环在困扰着我们：

一是工农业主要商品普遍过剩，销售困难，市场疲软，使企业投资积极性下降，不再上新的项目，加上银行惜贷，国内总投资减少，企业不景气，开工率不足，工资性支出减少，一部分企业不得不裁减职工甚至关厂停业，使大量职工下岗，最终导致居民购买力下降，消费减少，出现了生产与消费之间的非良性循环。

二是城市经济不景气，商品积压，企业压缩生产，工人下岗，当地政府排斥外地民工，好安排本地下岗者再就业；同时农业增产不增收，乡镇企业滑坡，外出农民工回流，税负加重，使农村经济

---

* 此文是陆学艺先生观察1996—1999年出现的市场疲软、物价下跌、通货紧缩、经济增长速度下降等问题写就的。文章认为造成这些问题的症结是，我国目前存在“城乡分治，一国两策”的城乡二元社会结构，造成占全国总人口70%的农民购买力不足，农村市场萎缩，最终使城市和工业的发展失去了基础。

陷入困境。农村不景气，农民没有钱购买生产资料和生活用品，购买力下降，农村市场萎缩，农民无钱进城购物消费，又使城市经济不景气更加严重，出现了城乡关系的非良性循环。

当然这两个非良性循环是互相联系的，本质也可归纳为一个，就是在经济发展新阶段，出现了农业和工业的生产能力大量过剩，而城乡的投资需求和居民消费需求不足，形成了非良性循环的状况。这里要强调的是，我国因长期实行“城乡分治，一国两策”，使农村的剩余劳动力特别多，农村的资金特别短缺，城乡的差别特别大，现阶段3个农民的消费才抵得上1个市民。

20世纪50年代以后，我国逐步建立了一套城乡分割的二元体制。这一体制的理论基础是所有制的不同：城市以全民所有制为主，农村以集体所有制为主。这一体制的运行，在诸多方面是两套政策——对城市、居民一套政策，对农村、农民是另一套政策。几十年来逐渐固定化，加上以户籍、身份制作为划分标准，就形成了“城乡分治，一国两策”的格局。

在经济层面，在所有制及其流通-交换、分配、就业、税赋等方面，对城市居民和农民的政策是不同的。例如就业，政府对城市劳动力，在改革前采取完全包下来统一分配和安排工作的政策，而对农村劳动力则认为有地种自然就是就业，政府就不做安排；政府的劳动部门，只管城市劳动力的就业，而没有管理和安排农村劳动力就业的职能。

在社会层面，在教育、医疗、劳动保护、社会保障、养老、福利等方面，对城市居民和农民的政策也是不同的。如教育，同是实行义务教育，城市中小学的教育设施是由政府拨款建设的，而农村的中小学则要乡村筹集资金来建设，所以教育集资成为农民的一大负担。有一个阶段，在大中专考试中，城镇居民子弟和农民子弟的录取分数线都不同，城镇居民子弟的录取分数线低，农民子弟的录取分数线高。现在在校的大学生中，城镇居民的子女约占70%，农民子弟约占30%。这同全国总人口中农民占70%、城市居民占30%

的格局正好倒置。

“城乡分治，一国两策”是在当时实行的集权的计划经济体制下逐步形成的。当时要集中力量进行国家工业化建设，适应当时的短缺经济，牺牲农民的利益，把农民限制在农村，是不得已而为之的，但却压抑、打击了农民的积极性，使农业生产长期徘徊——“8亿农民搞饭吃，饭还不够吃”，使短缺经济更加短缺，越短缺就越加强“城乡分治，一国两策”的体制，形成恶性循环。

改革开放以后，农村率先改革，实行家庭联产承包责任制，解散人民公社，把土地的使用权和经营权还给农民，使农民得到了自主和实惠，调动了农民生产的积极性，促进了农业生产大发展。农业连年丰收，粮食等主要农产品已经由长期短缺转变为年年有余，解决了农产品的供给问题。乡镇企业的发展，改变了农村的经济结构，农民生活有了极大改善。

但是，近几年农产品销售不畅，市场疲软，价格下跌，乡镇企业滑坡。虽然1996年以来农业连年丰收，但农民收入下降，农村市场难以启动。自1996年冬季以后，粮、棉等农产品就出现销售难、价格下降的情况。到1999年夏季以后，不仅是粮、棉，几乎所有的主要农产品都出现了销售困难，市场疲软，价格连续下跌，由短缺变为过剩，由卖方市场变为买方市场的问题。农产品价格全面连续大幅度下跌，使农民的收入成了问题。农民的年人均纯收入中的粮食收入部分，在1999年要比1996年下降300多元。1996年农民人均从棉花中得到的收入为68.07元，1999年只有36.68元。在当今中国农民的收入结构中，农业收入还是主要来源。1996年，农民人均纯收入中来自农牧业的收入占55%，而在农牧业的收入中，粮棉收入又占绝对多数。特别在中西部地区，粮棉的收入更是主要的收入，在相当多的地区，要占农民人均纯收入的60%以上。这3年，粮食棉花的价格下降了30%—40%，农民的实际收入也下降了很多。

1996—1999年这几年，乡镇企业也不景气。国内市场竞争和亚洲金融风暴的冲击，使乡镇企业的出口下滑，产品销售困难，贷款难度加大，发展相当困难，并出现了吸纳劳动力能力减弱、发展速度回落、效益下降等问题。约40%的乡镇企业处于停产半停产状态。乡镇企业困难，使整个农村经济发展受到阻碍，使农民的经营性收入和工资性收入大量减少。

在进行国家机构改革、国有企业改革的同时，城市里大量辞退外地民工，有些城市还制定了不少限制外地民工就业的规定。农民在城里打工越来越困难，许多已在城里工作多年的农民也不得不又返回农村。据有关部门测算，民工最多的年份为1995年，达8000多万人，近几年逐年减少，1999年估算，只有约6000万人。以平均每个农民工一年在城里净赚2000元计，农村一年就要减少400多亿元的现金收入。

从这几个方面看，农民，特别是以农业收入为主的中西部地区的农民，这三个实际收入不是增加，而是逐年减少。改革以来这样的状况还是第一次发生。政府从1997年就提出要开拓农村市场，两年过去了，农村市场并没有扩大。据各部门多方调查，最重要的原因就是广大农民没有钱，而不是农民不需要这些商品。

农村发展遇到障碍，是农村第二步改革没能进一步冲破计划经济体制和城乡二元社会结构束缚的结果。20世纪90年代以来，城乡差别扩大，农村问题日益严重。本来农村率先改革，实行家庭联产承包责任制，解散了人民公社，促进了生产力大发展。但在农产品大量增产的同时，大量农业剩余劳动力涌现出来。迫于城乡分隔的户籍制度的限制，农民创办了乡镇企业，离土不离乡。但中国的农民数量巨大，农村实在容纳不了这么多劳动力，到20世纪80年代后期，就有大量的农民工进城打工。由于城市也需要他们，进城打工者的数量到90年代中期达到高峰。但受户籍制度的限制，他们的职业改变了，农民的身份却未改。所以，许多民工有的已在城里工作了10多年，还是农业户口，众多的农民工像候鸟一样，春来冬去，形成了所谓“民工潮”。问题的实质在于，计划经济体制下形成的城乡二元社会结构格局及户籍制度，至今没有改革。于是出现了这样的怪现象——改革开放20年来，我国进行了大规模的工业化建设，经济突飞猛进，而农民却越来越多。要换了别的国家，在工业化高速发展阶段，必然是农民大量进城，具有农民身份的人大量减少。我国则不然：1978年我国有农业人口79 014万人，而到了1998年，农业人口反而增加为86 868万人，改革开放20年增加7854万人，平均每年纯增392.7万人。据国家统计局数字显示，1994—1998年我国城镇人口占全国总人口的比重只增加了1个多百分点！就工业产值在国民生产总值中的比例来说，我国已是工业化国家，而从人口–劳动力的比重看，却还是以农民为主体的社会，以致出现了城市化严重滞后于工业化、社会结构与经济结构不协调的城乡失衡局面。这是目前产生很多经济和社会问题的重要原因。

20世纪80年代中期以来，乡（镇）村两级党政机构日益庞大，干部队伍膨胀，权力越来越大，但又没有财政支撑。官多扰民，这是农民负担越减越重、农村社会冲突频发的主要原因。人民公社时期，政社合一，一个公社党委和管委会只有20多个干部，大一点的有30多人，每个大队只有4—5个干部。实行家庭联产承包责任制后，解散了人民公社，成立了乡（镇）政府，大队改为村委会，干部的名称改了，人数并未变。农村实行“大包干”以后，在5—6年的时间里，乡村两级干部（特别是村干部）组织集体生产经营的职能没有了，一时无所适从，村干部也多数回家种承包田去了。“土地包到户，还要什么村干部”是这一阶段的写照。上面县（市）的干部下乡，很难找到村干部，农村出现了所谓瘫痪、半瘫痪的问题。但恰恰是这段时间，农民负担是最轻的，农民负担并没有成为农村的社会问题。

到了20世纪80年代中期以后，再次强调在农村要加强领导，强调要做好农业生产的社会化服务。特别是在1985年取消统购实行合同定购之后，市场粮价猛涨，定购价低于市场价很多，政府通过乡村干部动员农民完成定购任务。农村基层组织、乡村两级干部，又在新的形势下逐步加强、逐步增多。这一段时间，县（市）以上的领导，注意力都主要集中在发展工业化、发展城市经济、解决城市问题上。农村实行家庭联产承包责任制之后，农村基层政权应怎么建设，机构需怎样配置，人员编制要多大规模，编制外可以容纳多少人等，都没有明确的安排和规定。在这样的状况下，在10多年的时间内，农村乡（镇）村两级干部队伍迅速膨胀起来，机构越来越大，达到了空前的规模。这几年乡（镇）级干部大量增加，除了党委书记、乡（镇）长外，又增加了若干副书记、副乡（镇）长，增设了人大常委会主任（还有人大办公室）。现在一个乡（镇）仅副乡级以上干部就有近10个或10个以上。在一些经济比较发达的乡（镇），因为乡镇企业赚了钱，有了财力支撑，机构就越设越多，例如设置了经济委员会、工业办公室等。一些欠发达、不发达地区也逐步仿效。原来乡政府里的8个助理，被逐个升格为七所八站，如财政助理升为财政所，公安助理升为派出所，水利助理升为水管站，文教助理升为文教办，计划生育助理升为计生办，还新增了土地管理所、交通管理站、电力管理所等。由于任用农民身份的干部和工作人员没有编制限制，乡（镇）主要责任人可以任意安排和调用，所以这些年，乡（镇）政府里的各种办公室人员、办事人员，以及司机、服务员、炊事员大量增加。现在一个乡（镇）政府，少则数十人，多则百余人，甚至有200—300人的，超过正式编制几倍乃至十几倍，比20世纪50年代一个县政府的机构还大。在村级组织，行政村里有党支部、村委会，此外，还设有第一副村长、工业副村长、牧业副村长，还有人数不等的支委、村委、民兵连长、团支部书记、妇联主任、治保主任、调解主任，还有计划生育员、电工、水管员等。一个村里，少则十几人，多则数十人。而凡是有个头衔的，都要拿补贴，都比农民有权，都比农民生活好。乡（镇）村两级有这么多官，有这么多管事的人，有这么多人拿钱，国家又没有对这些人的财政开支，只能从农民那里用各种名目收取，农民负担又怎么能减轻呢？

20世纪90年代以后，各地陆续建起乡（镇）级财政，普遍建立财政所。乡（镇）财政所统管乡（镇）干部、中小学教员、卫生院医务人员，以及大批不在编人员的工资、医疗、差旅、福利以及日常经费等的开支。这类财政支出是刚性的，但财政收入却无固定来源和固定数量。特别是1994年财税改革之后，实行了分税制，较稳定和较好的税源都由地（市）级以上逐个收上去了。所以，这些年，地（市）以上的财政状况，一般都是很好和较好的。但县以下多数不行，因为好的财源、税源，到县（市）以下就所剩无几，县（市）再留下一些，到乡（镇）一级则多数财政困难，几乎就没有什么税源和稳定的收入。在这样的条件下，乡（镇）长们要维持政府运转的功能，一是举债度日，向各方面、各渠道去借钱，有的是借银行、信用社的，有的是挪用，有的则是借高利贷；二是用各种方式向农民和乡镇企业摊派，乱收费、乱罚款、乱集资就这样被逼出来了。

在计划经济体制下形成的城乡二元结构和户籍制度，保留的时间太长了，几乎很少改革。由此带来两个问题：一是阻碍了社会流动，使城市化严重滞后于工业化，经济结构和社会结构不协调；二是阻碍了社会主义市场经济体制的孕育和成长。改革开放20年来的实践表明，把8亿多农民限制在农村，农民富不起来，农村也现代化不了。农业容纳不了5亿多劳动力，也不需要这么多劳动力，按我国现有的农业生产水平，有1.5亿劳动力就可以保证农产品的生产和供给，满足国民经济发展和全社会的需求。办乡镇企业是成功的，转移了1亿多劳动力，但完全靠“离土不离乡”不行，长期搞“半工半农”并不好，不利于专业化，不利于工人队伍素质的提高。乡镇企业主要是第二、三产业，发展到一定阶段要向小城镇乃至城市集中。

打开镇门、城门，放心大胆地让农民进来，这是经济发展到今天的必然要求，现在的农村不仅是农产品全面过剩，农业劳动力也大量过剩。在农村范围里调整经济结构和产品结构，怎么调整也不行。要跳出农村、农业的领域，进行战略性的社会结构调整，让相当多的农民转变为居民，转变为第二、三产业的职工，改变目前我国“工业化国家+农民社会”的现状。

20世纪80年代后期，特别是1992年以后，在经济大发展的潮流中，为适应城市经济发展和农村的剩余劳动力的转移的需要，有大批农民工涌进城里来打工、拾荒、经商，他们干的是最重最累最危险的活，而工资和劳保福利是很低的。他们为输入地创造了大量的财富，为当地繁荣做出了很大贡献，但因为户籍制度的限制，在城里打了十几年工的民工，工作再努力，表现再好，也还是民工。他们得不到输入地政府的认同，打工多年，也融入不了当地的社会。他们付出了极高的代价。有些用民工单位，对民工进行超经济的剥夺，给他们的待遇非常低。就整个国家来说，只要有政治上、经济上的风吹草动，首先裁减的是外地民工。这几年经济调整，全国的民工已降到5000万人以下。这样大的队伍，因为是这种用工方式，招之即来，挥之即去，培养不出训练有素的、有技术、有纪律的工人队伍来，产生不出相应的干部和管理人员来。而且，由于民工过着候鸟式的生活，无序、无规则、无组织地流动，由此产生了种种社会问题，给交通运输、公安、民政等部门造成了很大的压力，社会为此付出了极高的成本。

从民工潮的涌动这个侧面，也说明户籍制度到了非改不可的时候了。

现在，农村发展到了一个新阶段，需要深化改革，进一步把农民从计划经济体制的束缚中解放出来，改革城乡二元社会结构，大力推进城镇化，形成城乡一体的社会主义经济体制，促进第二、三产业发展，使更多的农业剩余劳动力到城镇就业，使农民更加富裕。

现在的农村问题，在农村以外；现在的农业问题，在农业以外。要解决目前的农村、农业问题，必须跳出农村、农业的圈子。同样，研究城市、工业发展，不能就城市论城市，就工业论工业，而要考虑农村、农业的状况和问题。

我们到了必须考虑如何走出“城乡分治，一国两策”的格局的时候了！

（原载于《读书》，2000年第5期）

中国“三农”问题的由来和发展前景*

一、“三农”理论的由来

一个国家要实现现代化，从传统的农业国家、农村社会转变为一个现代化国家，都要有一个实现工业化、城市化的过程。

中国的工业化、城市化、现代化真正走上快速发展的道路是在十一届三中全会实行改革开放以后。改革开放25年来，在马克思列宁主义、毛泽东思想和邓小平理论的指导下，在党中央的正确领导下，我们取得了一个又一个伟大胜利。1978—2001年，我国的国民生产总值由3624亿元增长到94 346亿元，按可比价格计算，平均每年递增9.3%，人均GDP从379元（折合253美元），增长到7543元（折合912美元）。综合国力已经从第14位上升到第6位。

众所周知，我国的改革是从农村开始的，农村率先实行家庭联产承包责任制，实际是第一个冲破计划经济的束缚，解散人民公社，农业生产力得到了大解放，农业生产连年大丰收，到1984年粮食产量登上8000亿斤的高峰，初步解决了温饱问题。那几年农民得到了自主和实惠，农民生活有了极大的改善，城乡差距有了明显的缩小。那时就提出了农村要进行第二步改革。

但从1985年起，我国的城乡战略有所改变，国民经济收入分配

---

* 此文是陆学艺先生应用中国的“三农”理论来系统阐释和分析中国“三农”问题而写就的。文章系统论述了中国“三农”理论的由来、中国“三农”问题的现状及成因，并给出了解决中国“三农”问题的良方。

的格局又开始向城市倾斜，工作重心又向城市转移，农村改革的力度削弱了。1985年农业减产，其中粮食减产7%。

从此农村形势的发展，时好时坏，时晴时阴，农村又走上了曲折发展的道路。20世纪80年代后期，中国的一些学者在总结社会主义现代化建设的经验和教训的过程中，依据中国的特有国情，把农村问题分解为农业、农村、农民问题，分别进行研究。既分析三者的关系，也研究三者各自要解决的问题，提出了“三农”问题的理论，作为认识中国实践、分析现实问题的理论框架。经过10多年的实践和宣传，现在已成为中国政界、学界的共识。

“三农”理论，这是中国特有的，是中国改革开放以来的产物，在国外是没有的，在改革开放以前也是没有的。从已经实现现代化的国家的发展轨迹看，一个国家、一个地区实现现代化，首先是从农业、农村取得资金，取得原始积累，取得农产品、农产工业原料，然后大办工厂、企业，发展工业。与此同时，农村的劳动力，就大批进入工厂，工厂一般都建在交通要道，工厂聚集起来，商业、服务业发展起来，城市也就兴起了，大批农业人口转变为城市人口，所以工业化和城市化是同步的。等到工业化、城市化发展到一定程度，就反哺农业，用现代化的农业生产资料（农机、化肥、农药）武装农业，使农业现代化。与此同时，一方面农村的农民已经成为少数了，市场的作用（有些是政府干预）使农产品价格提高，农民的收入也逐步提高，接近城市居民收入的水平（有的还高于居民）。待城市工业发展了，国家财政积累大了，再反哺农村，对农村进行道路、水利、电力、电讯等方面的基础设施建设，使农村也现代化起来，实现城乡一体化。所以这些发达国家在发展过程中，并没有把“三农”问题联系起来，他们只有就农业问题、农村问题、农民问题分别的研究，至多也只是把农村、农民或农村、农业问题联系起来研究。中国在改革开放过程中特有的城乡关系和特有的城乡发展过程，产生了中国特有的“三农”问题的理论。

关于“三农”问题的理论，是中国改革开放过程中形成的理论，可以说是中国社会科学理论界的一个重要成果。运用这个成果的理论框架对于深入认识我国的基本国情，用以指导社会主义现代化建设的实践，很有意义。一个比较长的时间以来，我们特别重视解决我国的农业问题，要着力解决粮食和主要农产品的生产问题，以保证有效供给。但是当1984年取得改革开放以来的第一个特大丰收以后，农村出现了卖粮难、卖棉难等问题，随后又出现了打白条、农民负担重、干群矛盾冲突增加、农村社会不安定和城乡差距扩大等问题。这诸多问题的出现，使一部分学者和实际工作部门的同志，意识到农村工作不仅要解决农业问题，与此同时，还要解决农民问题、农村问题，并且对农业、农民、农村这三个方面的问题，联系起来做了分析和研究。

1998年10月，在十五届三中全会上，江泽民同志指出：“农业、农村和农民问题是关系改革开放和现代化建设全局的重大问题。没有农村的稳定就没有全国的稳定，没有农村的小康就没有全国人民的小康，没有农业的现代化就没有整个国民经济的现代化。稳住农村这个大头，就有了把握全局的主动权。”

所以在20世纪90年代中期以后，一部分学者和中央领导已经把农业、农村、农民问题联系起来做了研究和分析论述。“三农”问题的理论就在全国达成了共识，被引用到文件、媒体和各种论著里。运用“三农”理论，对其他国家的一些问题进行研究也很有意义。

1998年，我应日本早稻田大学的邀请，到日本访问。在一次学术会议上，我用“三农”理论对中日两国的农村问题进行了比较分析，确实能说明很多问题。

日本的现代化道路，同欧美等发达国家是基本相似的。日本先通过高额农业税等方式，从农业、农村取得积累，使大量的资金和农产品进城办工业，搞工业化。与此同时，大量农民也进城了，转变为第二、三产业职工，同时也成为城市居民。所以日本的工业化、城市化、现代化是同步的。而当工业化搞起来之后，积累了资金，有了钱，就反哺农业，用农机、化肥等现代生产资料武装农业，使农业现代化，大幅度提高农产品价格，给农业补贴，使农民富裕起来，基本达到城市居民的收入水平，也就解决了农民的问题。20世纪70、80年代以后，国家运用第二、三产业积累的资金，对农村进行大规模的基本建设，修道路、修水利，通电、通电话，整治环境，使农村也现代化起来，逐步消除城乡差别，使城乡一体化。把农村问题也解决了。

但是，日本是个人多地少的国家，加上20世纪60年代后，日本政府为了要大规模出口工业产品，开拓工业品市场，不惜牺牲本国农业，大规模进口农产品。所以20世纪70年代以后，日本的食品和棉花等工业原料，大部分或全部要进口。现在日本50%以上的食品和农产工业原料都是进口的，所以日本的食品是全世界最贵的，这使人民的生活质量不能不受到一定的影响。日本作为一个经济大国，农业是一个问题，用“三农”理论来分析，当今日本，农民问题解决了，农村问题也基本解决了，但农业问题还没有解决。

中国正好相反。改革开放以来，我国的农业执行“一靠政策，二靠科学”的方针，通过改革和发展，使我国的农业连年获得大丰收，1996年粮食超过1万亿斤，棉花超过8400万担。自此，中国的粮食和其他主要农产品的供给已经由长期短缺，转变为总量基本平衡，丰年有余。中国用近世界总耕地的10%，供养了世界上超过21%的人口，并且自1997年以后，每年农产品纯出口约50亿美元，所以用“三农”理论来分析，当今中国，农业问题基本解决了，但农民问题、农村问题还没有解决。

二、当今中国的“三农”问题

为什么说中国的农业问题已经基本解决了，农村问题、农民问题还没有解决？下面来分析一下这几个问题。

（一）农业问题

对农业、农民、农村问题的要求，或者说当前农村工作的任务有三条：“保证有效供给，增加农民收入，保持社会稳定。”保证有效供给是指农业要能提供足够的粮食棉花和其他各种农产品，以满足人民群众生活和国民经济建设的需要。从历史上说，自从苏联实行社会主义计划经济体制，农村实行集体经济体制以后，粮食和农产品的供给一直未能很好地解决，这是长期困扰社会主义国家的一根软肋。

中国在实行合作化以前和合作化初期（1958年以前），曾经是粮食和农产品的纯出口国。但1961年以后，我国就开始吃进口粮，成为粮食棉花等主要农产品的进口国。从1959年起，我们国家就提出了农业是国民经济的基础，粮食是基础的基础。以后，就一直把发展农业放在国民经济工作的首位，投入了巨大的人力、物力和财力。但是，一直到人民公社解体，粮食和农产品短缺的问题始终没有解决好。第一代领导人，从毛主席到管经济的陈云，到李先念，老百姓的吃饭问题，一直是压在他们心头的大包袱。毛主席在晚年的时候，在经济上可以说是个重农主义者，“农业八字宪法”“农业是国民经济的基础”“以粮为纲”“农业学大寨”“要实现农业机械化”都是他第一个提出来的。陈云同志甚至说道：“手中有粮，心中不慌。”有个时期，李先念同志曾亲自指挥粮食列车的调运。

实践证明，不是我们的党和政府不重视农业，也不是我们的土地不够，更不是我们的农民不会种田，而是人民公社集体劳动、统一经营、平均分配这套体制不行。十一届三中全会以后，改革开放，在党的领导下，农村率先改革，实行家庭联产承包责任制，农民得到了经营自主权，得到了实惠，农业生产的积极性调动起来了，农业生产连年大丰收，到20世纪80年代中期就基本解决了粮食和棉花等主要农产品的供给问题，初步解决了温和饱问题。

当然，改革开放20多年来，农业发展并不是一帆风顺，也是有波折的，但总的趋势是不断前进、不断发展的。到1996年，中国的农业问题，或者说农业在保证有效供给上的问题就基本解决了。

表1–2　1978—2002年我国粮、棉、油主要农产品的情况

年份	粮食（万吨）	人均（公斤）	棉花（万吨）	人均（公斤）	油料（万吨）	人均（公斤）
1978	30 477	317	216.7	2.25	521.8	5.42
1980	32 056	327	270.7	2.8	769.1	7.8
1985	37 911	361	414.7	3.9	1578.4	15
1990	44 624	393	450.8	4	1613.2	14.2
1991	43 529	–	567.5	–	1638.3	–
1992	44 266	–	450.8	–	1641.2	–
1993	45 649	–	373.9	–	1803.9	–
1994	44 510	–	434.1	–	1989.6	–
1995	46 662	378	476.8	3.8	2250.3	17.6
1996	50 454	412	420.3	3.43	2210.6	18.1
1997	49 417	–	460.3	–	2157.4	–
1998	51 230	–	450.1	–	2313.9	–
1999	50 839	–	382.9	–	2601.2	–
2000	46 218	366	441.7	3.5	2954.8	23.4
2001	45 264	356	532.4	4.17	2864.9	22.5
2002	45 711	355	492	3.83	2900	22.6

从改革开放到1996年我国农业发展的轨迹来看（见表1–2），大致是每6年一个特大丰收，上一个大的台阶。1978年粮食总产是6095亿斤（30 477万吨），人均317公斤。农村实行包产到户后，连年丰收，1984年粮食总产突破8146亿斤，第一次出现卖粮难。1985年取消统购，实行粮食合同定购，实际是降低粮价，打击了农民的生产积极性，当年粮食减产7%，出现了新的徘徊。1986年后又调整政策，到1990年农业获得第二次特大丰收，粮食总产8925亿斤（44 624万吨），接近9000亿斤。这年粮食丰收，出乎许多人的意料，中央也有很多人不相信，国务院发言人开始报8400亿斤，后来又报8500亿斤，但国家统计局年终报了8925亿斤。有关领导怕虚报了，开常务会议定，报8700亿斤（国家统计局有意见，因为在1991年《中国统计年鉴》上报8700亿斤，既没有尾数，也没

有稻谷、玉米等分类数。虽然1991年安徽大水灾，全世界赈灾搞得轰轰烈烈，但到秋后一统计，粮食总产仍是8706亿斤，并没有减产，这样才在1992年统计年鉴上更正成“8706亿斤”)。

1991年粮食减产，1992年、1993年略增。但自1992年小平同志南方谈话后，各地经济建设掀起了新高潮，各地大搞开发区，农民工大量进城，城市居住人口增加，对粮食和农产品的需求增加，粮食和农产品市场价格从1993年秋后开始猛涨，有的省区已经取消了的粮票又重新使用。不得已从1994年又大规模进口粮食，同时又大幅度提高收购粮价。1995年增产430亿斤，农业形势已经开始回升。有关领导还怕靠不住，1995年还决定1996年再大幅度提高粮食收购价格，并且预先发布了有关消息，由此进一步调动农民的种粮积极性。有些农民工返乡种田了，再加上1996年风调雨顺，这一年取得了农业的第三个特大丰收。当年粮食总产50 454万吨，也就是突破了1万亿斤。据推算，这个1万亿斤就是20世纪50年代毛泽东同志领导制定的《农业发展纲要四十条》里，要求各地分别达到亩产400斤、500斤、800斤的总产量。这个目标到1996年终于达到了。

1996年，是中国农业发展史上的一个里程碑。从此，改变了中国农产品的供求格局，由长期短缺、供不应求转变为供求平衡、丰年有余的格局；从此，中国的主要农产品由卖方市场转变为买方市场；从此，中国的农产品由追求数量的阶段转变为数量质量并重、主要追求质量的阶段；从此，中国的农业生产进入不仅受资源约束，而且也受到市场约束的阶段。所以说，1996年特大丰收以后，中国农业发展进入了一个新阶段，中国的农村发展进入了一个新的阶段。

中国农业、农村进入了新阶段之后，我们的认识、我们的政策，却没有与这个新阶段、新形势相适应的改变，以致现在的农业、现在的农村又出现了一系列新的问题。由于对粮食和主要农产品的供求关系已经变了，已经由长期短缺，变为供求平衡、供过于求的形势，缺乏充分的认识，因而也就没有相应的政策改变。我们被长期短缺害苦了，害怕了，所以总怕不够，总考虑再短缺怎么办？

至今，学术界、有关部门还没有说明白，为什么1996年粮食超过1万亿斤以后，至今已经7年了，除了1998年、1999年两年超过1万亿斤以外，每年都在9000亿斤到9800亿斤徘徊，今年有可能减到9000亿斤以下。而这7年人口增长了7000多万，对粮食、农产工业原料和其他农产品的需求显然是大幅度增加了。但为什么粮食等主要农产品仍还是供过于求，粮食库存仍然有4000亿斤，粮价不涨反降（大米、玉米、小麦的价格比1996年降了30%），这是为什么呢？

就粮食问题来说，有一种解释，就是1996年的大丰收，不仅是粮食的大丰收，而且是农产品的全面大丰收。由于1996年粮食的形势变了之后，畜牧业、水产、蔬菜、水果都是大幅度增产，从以下数据（见表1–3）中可以得到证明：

表1–3　1978—2001年我国农副产品等产量的情况

年份	肉类总产量（万吨）/（人均公斤）	水产品总产量（万吨）/（人均公斤）	水果总产量（万吨）/（人均公斤）	每个农民出售蔬菜量（公斤）
1978	856.3	465	657	–
1980	–	449	679	–
1985	–	705	1163	53.7
1990	2857	1237	1874	65
1995	–	2517	4214	80
1996	4584	3288	4652	97
1997	5269	3601	5089	106
1998	5724	3906	5452	108
1999	5821	4122	6237	111.6
2000	6125/38.3	4278/33.9	6225	132
2001	6334/39.5	4381/34.4	6658	132.9

2001年粮食总量比1978年增长48.5%，人均增长12.3%。但是油料总产量增长449%，人均增长315%。

2001年肉类总产量比1978年增长640%，人均由8.9公斤增加到39.5公斤，增长3.44倍。

2001年水产品总产量比1978年增长842%，人均由4.7公斤增加到34.4公斤，增长6.32倍。

2001年水果总产量比1978年增长913%，人均由7.3公斤增加到52.2公斤，增长6.15倍。

中国人的传统是把粮食称作主食，其他食品称作副食，而这些副食品都是成倍、几倍地增长。现在大多数城市居民和农村的富裕农民已经反副为主，主要是吃鸡鸭鱼肉、蔬菜水果，粮食的直接消费大大降低了。这说明中国的食品消费结构，主要是城镇居民的食品消费结构已经发生了根本性的变化。所以1996年以后，粮食产量虽然有所下降，但仍然销售不畅，价格低迷。

总体说来，1996年以后，我国的农业进入了一个新的阶段，就保证有效供给这个主要任务，已经基本上实现了。或者说，中国的农业问题已经基本解决了。之所以说基本实现、基本解决，是因为农业问题并没有一劳永逸地从根本上解决，还潜伏着不稳定的因素，诸如土地、水等资源短缺，农业生态环境恶化，水利等基础设施建设还不理想，抗大灾能力不强，农业科技推广系统不健全，农业的产前产后服务体系也未能较好地建立起来。主要是靠千家万户的小农经济在生产，劳动生产率、农产品的商品率都很低，离现代化的农业的目标还有很大距离，我们还有很多工作要做。

（二）农民问题

农业问题基本解决了，但农民问题、农村问题还没有解决。农民问题是“三农”问题的核心问题。农业是农民从事的产业，也可说是职业，农民是从事农业的劳动者，农村是农民生产、生活和居住的社区。

农民问题在中国这样一个传统的农业大国有特殊重要性，毛泽东同志在1950年就说过：“中国的主要人口是农民，革命靠了农民的援助才取得了胜利，国家工业化又要靠农民的援助才能成功。”[①]

实践证明，这个说法是完全正确的。新中国成立50年来，我们的社会主义现代化建设经历了多个阶段，有晴有阴，风风雨雨，有顺畅，也有曲折。有一条经验是很鲜明的。凡是党和国家的政策符合大多数农民群众的愿望和利益，这个阶段的社会主义事业就顺利发展（如土地改革，改革开放，实行家庭联产承包责任制，发展乡镇企业等），而当这个时期党和政府的政策不符合实际，乃至有损于农民群众的利益，那这个阶段的工作就困难，经济建设等事业就缓慢、停滞，社会问题就增多。实践还证明，与农民顶牛是顶不过的。

十一届三中全会总结了一条很重要的基本经验：在政治上要关心农民的民主权利，在经济上要保护农民的经济利益。这样才能调动农民群众的积极性，这是“确定农业改革和农村政策的首要出发点。”

现在的农民问题表现在哪些方面呢？

1. 农民人口众多

中国至今还有9亿多农民。中国本来是农业大国，农民多是客观存在。我这里说的农民多，是指在工业化过程中，农民是理应减少的，但我们一面在工业化、城市化，一面农民在大量增加，这是同工业化发展规律不相符的。由此引起了种种社会问题。

1949年，我国总人口是54 167万人，农业人口48 402万人，占89.4%。

1952年，我国总人口是57 482万人，农业人口50 319万人，占87.5%。

1958年，我国总人口是65 994万人，农业人口54 704万人，占82.9%。

1978年，我国总人口是96 259万人，农业人口79 014万人，占82.1%。

---

① 《毛泽东选集》，第5卷，人民出版社1977年版，第26页。

1958—1978年，这20年农民增加了24 310万人，平均每年增加1215.5万人。

1998年，我国总人口是124 810万人，农业人口86 868万人，占69.6%。

这20年农村绝对人口又增加了7854万人，平均每年增加392.7万人。

1999年，我国总人口125 786万人，农业人口82 038万人，占65.2%。

2000年，我国总人口126 743万人，农业人口80 837万人，占63.8%。

2001年，我国总人口127 627万人，农业人口79 563万人，占62.3%。

1999年以后，从公布的城乡人口数据看，农村人口下降得很快。3年农民少了789万人，平均每年减263万人。但这是按城乡分，如果按农业户口和非农业户口分，中国的农业户口一直到1999年都是逐年增加的。2000年农民的绝对量才开始减少。所以说，现在农民仍有9亿多。

一个正在快速工业化的国家，一面是大规模的工业建设，一面是农民的大量增加（1952年是5亿农民，2002年是9亿农民，50年增加4亿多）①。而耕地等主要生产资料增加不多，这是当今农民问题严峻的根源。一个工业化、现代化国家，总不能是一个农民占75%的绝对多数的国家。如何减少农民，这是我们今后要面临去解决的重大任务之一。

2. 农民太穷，农民太苦

关于农民的穷苦要说两句话。第一，改革开放以来，农民的生活有了极大的改善，收入有了很大的提高，绝大多数人解决了温饱

① 说2001年农业人口79 563万，是按城乡人口分布说的。2000年全国第五次人口普查：农业人口占75.21%，非农业人口占24.79%。所以说，农民仍有9亿多。见2000年全国第五次人口普查资料。

问题，这是历史上从未有过的。1978年农民人均纯收入134元，2001年，农民人均纯收入2366元，扣除物价因素，每年递增4.6%。应该说，这是很大的成就，很大的进步。

第二，农民穷、苦是相对于城市居民比较而言的，相对于我们的经济成就而言的。十六大说我们要建设惠及十几亿人的全面的小康社会，从1978年到2001年，我国的GDP（国内生产总值）翻了三番多，年递增9.35%，但农民的收入却没有得到应有的增加。

特别是1997年以后，由于农业发展进入了新阶段，农产品供过于求，销售不畅，价格低迷，农民的收入增幅逐年下降，1996年为9%，1997年为4.6%，1998年为3.3%，1999年为3.8%，2000年为2.1%，2001年为4.2%，2002年为4.6%。近几年之所以还略增，主要是靠打工和非农经营收入增加来弥补的。事实上中国现在还有62%的农民单靠农业收入生活，这部分农民的收入，这些年是减少的。已经连续7年了，大部分农民的收入是减少和停滞的。相比而言，2002年与1995年相比，城镇居民的可支配收入增加了3415元，平均每年增加487元。同期农民人均纯收入从1995年的1577元增加到2002年2476元，只增加899元，平均每年增加128元。于是差距扩大了，城乡差距1995年是2.72∶1，2001年扩大为2.92∶1，2002年又扩大为3.1∶1。

我们从20世纪90年代中期开始就说要千方百计增加农民收入，千方百计减轻农民负担，保持社会稳定。后来又说要“多予、少取、放开”，好几年过去了，政府也想了好多法子，采取了不少措施，但农民的收入就是上不去，负担实际上也是下不来，城乡差别在继续扩大，社会怎么能稳定得住？2001年，我在上海参加一个小的研讨会。会上，中西部的一位县委领导说，总的说来，20世纪90年代的农村无论是改革和发展都不如80年代的，而1997年以后，中西部的农村是一年不如一年。上海的同志说，相比而言，20世纪90年代的上海大大好于80年代的，而1995年以后，上海一年比一年好。我是研究农村问题的，我在上海工作过，经常去上海，这两方面的情况我都熟悉，可以证明，这两句话都是真的。问题就出在这里，一个一年比一年差，一个一年比一年好，而且这种差距扩大的趋势还在继续。

3. 农民内部分化了

农民的分化从20世纪80年代实行家庭联产承包责任制以后就开始了。首先是职业分化了，已经不是单一的农民了。1989年，我以职业为标准把农民划分为8个阶层：农业劳动者、农民工、雇工、个体工商户、农村知识分子、乡企管理者、私营企业主和农村管理者。这些年农民的阶层分化更加迅速了。

其次表现在收入上。前面讲的农民收入是平均数，在平均数下面隐藏了很多问题。以2001年为例，当年农民人均纯收入为2366元，其中在平均数以下的占58%。有13.22%的农民年均收入在1000元以下，也就是说还有11 950万人为贫困农民，其中2268万人是年均收入在500元以下的绝对贫困农民。国家现在定的贫困标准是年收入等于（或低于）625元，按此计算则贫困农民为3000万人。另外还有约9000万农民徘徊在温饱线上。

这些年有一部分地区先富起来了，有一部分人先富起来了。从全国来看，2001年农民人均纯收入超过平均数的只有10个省市，依次是上海（5871元）、北京（5026元）、浙江（4582元）、天津（3947元）、江苏（3784元）、广东（3770元）、福建（3381元）等。在平均线以下的有21个省市区，垫底的是西藏（1404元）、贵州（1412元）、陕西（1491元）、甘肃（1509元）、云南（1534元）、青海（1557元）。最高的上海是最低的西藏的4.18倍。

在一个县内、一个乡内、一个村内，农民与农民之间的收入差距也很大。在农村，特别在东部的农村和在大中城市郊区，有少数农民由于经营非农业，确实富起来了，有些则是暴富了。而这些地方，还仍有贫困户，贫富悬殊就更严重。20世纪90年代就曾有过一个说法，说最富的人在农村，最穷的人也在农村，这是有根据的。

4. 农民太弱

当前农民正遇到一个极大的问题，有不少地区在“加快城镇化”“经营城市”“以地生财”等口号下，规模空前地侵夺强占农民的承包地，只按计划经济时期规定的标准给极少的土地补偿费，并且对失地农民不做适当的安置。这种不平等、不等价的交换，一方面使失地农民数以千万计（有人估计在4000万左右）；而另一方面有些地区的政府、官员、不法房地产商从中渔利，客观上形成了“土地征占越多，政府利益越大，部门福利越好”的现实。这就是为什么这些年中央三令五申要保护耕地这个基本国策得不到贯彻落实的根本原因。

据国土资源部主办的《中国土地》杂志2001年第9期，刘田在《想想农民利益……——关于农民土地财产权的历史思考》一文中说：“近20年内，国家向农民征用的土地约1亿多亩。……国家……利用垄断一级市场的制度和征地价格‘剪刀差’（征地价和市场价之差），总共拿走农民土地资产达2万亿元以上（这显然是一个保守的估计）。”这2万亿元以上的资金，成了这些年不少政府的第二财政，主要用于城市建设、城市扩张上，对农村、对农民则是莫大的损失。有人推算，这笔资金如果大部分能用到农村的公共产品和基础设施建设上，那么，农村的发展将大为改观，城乡差距就不会像现在这样悬殊。

值得严重注意的是，如今新一轮的“圈地运动”正在各地特别是东部地区疯狂地展开。据24个省（区、市）不完全统计，目前已经圈地的各种开发区有3500多个，占地3.6万平方公里（5400万亩）。大家都看好土地价格未来会飙升，大利所在，一些没有国家责任心的官员和不法商人（包括外商）内外勾结，以各种名目侵占农民的耕地。他们所到之处，毁农民的庄稼，拆农民的老屋，挖农民的祖坟，强占农民的耕地，逼迫农民迁移。美其名曰“成片开发”“国家建设”“城市化需要”。现在的农民是弱势群体，无权无势、无组织，只好任人驱赶。在地方求告无门，只好到省到中央告状，近几年农民上访的问题中，土地问题已居首位。

农民承包的土地，具有生产资料、家庭财产、生活保障三种功能，侵占农民的土地，也就剥夺了农民生产生活的来源，又不做合理的安置，这几千万人怎么生存，怎么发展？据调查，这次圈地占的5400万亩土地主要集中在长江三角洲、珠江三角洲等东南沿海和大中城市城郊等经济发达地区，这些是上好的膏腴之田，这里人多地少，涉及4000万人以上。这里的农民原来因为靠近城市，一般都比较富裕。一旦失去土地，有相当一部分农民将会由富裕农民变为贫民，成为无地、无业、无收入的三无游民。这么大的一个群体，会产生诸多的社会问题，国家能安宁吗？近几年，还多少有些原来的积蓄和少量的土地补偿金，一旦这些钱用完了，他们唯一的出路就是涌向政府。这几千万人的冲击，社会忍受得了吗？近代以来，一个国家或地区要实现现代化、工业化、城市化，城市规模必然要扩大，都要占用农民的农田。但是，占用的方式，政府或者企业都是通过等价交换的方式，用地一方以市场价格买得土地，农民一方卖出土地，得到相应的资金。农民用得到的资金或投资于第二、三产业，或到另外的农村购置土地，有安身立命之所，双方平等自愿，一般都没有买卖后的纠纷。

我们现在已经实行社会主义市场经济体制，但是在占用农民的土地问题上，仍沿用着计划经济体制那一套办法（有些变化，实质未变），用不平等、不等价和行政命令的办法侵占农民的土地。从近期看，这种办法既省事（不用平等协商）、省钱（低偿），又快捷（一纸命令就可以了），就可从农民那里得到土地，但是，失地的农民将来会怎么样？他没有职业要找你，生活困难要找你，生老病死要找你，子孙后代有了问题也会找你。因为土地是农民的命根子，你把他的生产生活之源无偿或少偿地拿去了，他当然要找你（20世纪50年代，我们建大水库，或无偿或少偿地占了农民的土地，直到现在水利部还在接待上访的农民）。房地产商人、外国商人赚了钱走了，不管了。我们是人民政府，能脱得了干系吗？能不管吗？这种计划经济体制模式的征地办法，现在看是多快好省的，实际上后患无穷。既对农民不利，对农村发展不利，对国家对城市发展也是不利的。因为这是不符合经济规律的，是违背大多数农民利益的。另一方面，一些地方干部已经总结出了“以地生财，以财建市，以市引商，以商发财，以财升官”的道路，因为这已成为一种风潮，财产数以千亿万亿计，有多少干部会堕落，是可以想见的。君不见成克杰、胡长清、慕绥新、马向东、于飞、李嘉廷，哪一个不是以地生财的？而这两方面的问题最后都会冲到我们的党和政府面前来，我们能坐视不管吗？

2004年，温家宝总理已经就当前严重的土地问题做过多次批示，仅6月、7月两个月长篇批示就做过4次。暴利所在，仅靠说话是不够了，看来，不采取更严厉的断然的措施是刹不住了。

（三）农村问题

清代以前，中央政府只管到县，向县派出行政长官。乡镇以下不派官吏，靠乡绅和类似今天的自治组织管理。中华民国成立后，还是提倡乡村自治，但在一部分省的县以下设区分所、乡公所，由县政府任命区长或乡长。新中国成立之后，开始也是承前制，在县以下设区、乡，1954年宪法实施后，乡一级是政权组织，建立乡人民委员会。1958年公社化之后，实行政社合一，行政职能也由公社委员会承担。人民公社实行“三级所有，队为基础”。在公社下设生产大队，大队下设生产队，也是政社合一的，既是集体经济组织，又是行政组织。

1983年撤销人民公社，政社分开，公社改为乡镇人民政府，生产大队改为村民委员会，生产小队改为村民小组。改革开放20年来，乡镇和村都有合并或变动的，2001年全国有乡镇40 161个，村民委员会709 257个，村民小组500多万个，自然村365万多个。有农户24 432.2万个，农民（农业户籍）94 175万人。行政机构的基本框架还是人民公社时期留下来的。

现在应该研究的问题是，这个农村基层政权的架构，适合不适合已经改变成了一家一户小农生产的格局，也就是这个上层建筑同经济基础是否适应，以及和将来农业现代化生产是否适应。

农村实行家庭联产承包责任制之后，曾有过一个平静的阶段，干部和群众相安无事——“土地到了户，何必要干部”。1984年大丰收以后，农村出现了卖粮难。1985年粮食由统购统销改为合同定购。当年粮食减产，市场粮价涨了，比合同定购的定价高出不少，于是就有了基层干部催农民交粮的任务。乡村两级干部的任务量又加重了，权力也就大了。20世纪80年代中期以后，随着城乡经济建设的发展，农村的各项建设各项事业发展起来，例如修路、水利建设、义务教育、扫除文盲、绿化村镇建设等，各种任务一项项布置下来，干部们又忙碌起来。在东部沿海地区和大中城市郊区，乡镇企业兴起了，那时多半是乡办村办的集体经济。随着乡镇企业的发展，乡、村两级有了可观的经济收入，乡镇领导干部有了好的经济做后盾，可以自主增加乡镇政府的办事人员，于是经济委员会、工交办公室、交通管理站、电管站等自设的机构陆续增加。原来的乡镇助理，如计生、民政、文教、林业、土地管理等助理被升格为七所八站，乡镇不脱产干部大大增加，致使有的乡镇由30多个干部膨胀到上百人或更多。20世纪80年代后期，在有些发达地区的乡镇建的办公大楼，最高的有十几层。

这些乡镇机构，在发达的乡镇办了，就逐渐传播到中西部地区。这些地区经济并不发达，但七所八站却也建起来了，乡镇干部成倍、几倍地增加。这些地方的乡镇并没有经济来源，上级对编制外的人员，没有财政拨款，于是就只好向农民摊派，农民的负担就一年比一年重。

到1992年，各地关于农民负担沉重、干群关系紧张、矛盾冲突不断的状况被反映到中央。1992年冬，刚开完十四大，江泽民同志就亲自到湖北召开干部会议，研究解决农民负担重、农村社会不稳定的问题。随后有一批关于减轻农民负担和农村增收减员的政策出台。解决了一部分这方面的问题。

1993年，国家实行宏观经济调整，实行财政税收、外汇外贸等方面的重大改革。以提高财税收入在GDP中的比重，提高中央级财政在中央和地方财政总收入中的比重。实践证明，这项改革是必要和正确的。从此使国家财政收入大量增加，中央级财政收入大量增加，这对加强中央的宏观调控能力，保证经济健康发展，抵御后来的亚洲金融风暴起到了积极作用。

这项改革的问题是，虽然解决了中央和省级财政的划分问题，但并没有完全解决好省级同地级、地级同县（市）级、县（市）级同乡镇的财政和事权的划分问题。总的情况是凡是好的稳定的财源、税源都向上收了，而困难和包袱都放到下面去了。乡镇是最基层的政权，国税所、地税所设立了，财政所也设立了，但中西部地区的乡镇多数没有什么第二、三产业的税源，几百人的工资需要发，钱从哪里来？一是向农民摊派，二是借债，农民的负担因此又加重了。这个问题已经持续了7年了，现在仍有相当多的乡镇不能按时足额发工资，多数乡镇背着沉重的债务。

现在农村的问题主要有以下几个：

第一，机构庞大，存在大量的半脱产、不脱产人员。中央1998年开始的机构改革，这两年贯彻到乡里了，一再申明要精减这些人（一个乡镇正式编制平均只有30人左右，实际平均在100多人，还不包括乡村教师），全国超编人员在300万人以上。要裁减这些人很困难，一是现在各级布置下去的如此多的工作，客观上没有完全减掉。要减，首先要减事、减任务，而且这些人在乡镇工作，是就业，减掉这些人，这几百万人的就业也是问题。

第二，乡镇债务沉重。据1998年农业部等六部委调查，中西部地区的乡镇平均负债是400万元，村级负债是20万元。财政部财政所的统计是乡村两级2000年的债务是3200亿元，有学者估算，现在实际已超过5000亿元。

现在的财政体制不改，不仅老债还不掉，实际也无财政保证乡镇的正常运转，因为乡镇干部要自己去收钱给自己发工资。现在许多乡镇长、书记在借债、还债、躲债中过日子，他们是“风箱中的老鼠”，两头受气。有一部分乡镇，收不到钱，无力运转，只好放假让大家自谋生路，实际是瘫痪了。国务院发展中心有几个干部到宁夏一个偏僻的乡镇去调查，去了三次，乡政府大门锁着，第四次去，还是锁着。门外不远有个老汉在放羊，上前询问，乡干部到哪里去了，老汉说好久不见他们了。后来又补了一句：“看样子共产党好像要撤了。”

第三，农村干群关系紧张，农村社会矛盾冲突严重，群体事件时有发生。前面说过，在发达地区，不少乡村干部为了搞政绩，以地生财，要率先实现现代化，搞开发区、工业园区，乱占滥用农民的耕地，有些地方为了成片开发，不惜拆农民的老屋、挖农民的祖坟，由此引起了严重的社会矛盾，正在酝酿着更大的矛盾，有人说这几千万无地的农民，是一颗定时的经济炸弹！

在中西部地区，乡镇财政拮据，债务沉重，只好向农民摊派。政府搞了费税改革，农民减了负担，中央政府投入了300亿元，但从实际运作看，是不够的，不少地方不久就出现了反弹。

在上述农村，干群关系紧张，冲突屡有发生，现在民告官的案件日益增多，2000年农民上访上告的总数第一次超过了城镇。2000年上半年群众向国土资源部反映征地纠纷的，占信访总量的73%，其中40%的上访人是诉说征地纠纷问题的，40%中的87%是反映补偿、安置不当问题的。国家信访局2002年受理土地征用的初信初访4116件，都是农民反映失地失业问题的，其中浙、苏、闽、鲁、粤5省占41%。农业部的来信来访中，2001年、2002年两年反映有关土地征用、流转问题的都在50%以上。

三、中国“三农”问题的原因分析

对新中国成立50多年以来，特别是改革开放20多年以来的农村工作要做两方面的评价。一方面，我们的农村工作成果显著，可以说是取得了历史性的进步。我国的农业问题已经基本上得到了解决，而且我们是在一家一户小农经济的基础上解决的。广大农村发生了翻天覆地的变化，广大农民的生活水平有了普遍提高，一部分农民已经富裕起来。对这方面的成就怎样评价都不过分，这方面的成功经验需要进行全面深刻的总结。但是另一方面，面对我们要在21世纪中叶建成中等发达的社会主义现代化国家，面对今后20年要全面建设惠及10多亿人民的小康社会的要求，我国的农民问题和农村问题还很严重，需要进行深刻的检讨，找准造成这些问题的原因，制定出相应的方针和政策。

为解决农民问题和农村问题，首先必须分析引起这些问题的原因。这些原因归结起来大体上有以下几个方面。

（一）我国目前正处于由计划经济体制向社会主义市场经济体制转变的时期

现在的这些农民问题和农村问题，都是计划经济惹的祸，都是计划经济遗留下来的问题。改革开放25年的实践表明，不管是地区、单位，还是个人，谁在改革开放中率先成功地突破了原来计划经济体制的束缚，成功地实行了社会主义市场经济体制，那个地区、那个单位就发展得快，那个个人就富得快。比如深圳，就是由于它在改革开放中率先实行了市场经济体制，大力发展个体经济、私营经济和三资企业，它才在不长的时间内迅速地发展了起来。农村的发展也是这样。1978年到1984年这几年，由于实行了家庭联产承包责任制，摆脱了计划经济的束缚，农民的积极性得到了极大的提高，农业经济就得到了迅速的发展。

我国从十四大以后，明确提出要建立社会主义市场经济体制。但农村自1985年以后，这种制度层面的改革基本上就中断了。1985年以后，农村进入第二次改革时期，但实践表明农村的第二次改革没有成功。农村的第二次改革究竟应该改什么，是发展乡镇企业，是搞产业化，还是发展小城镇，直到现在也没有个说法。可以说农村的第二次改革就没有改，因为农村的户籍制度没有改，流通制度没有改，土地制度也没有改。计划经济体制下的人口问题、土地问题、粮食流通问题、农村借贷体制问题等都保留了下来。而计划经济本身对农民是不利的。在计划经济体制下，农民被斯大林定义为是“专给国家作特殊纳贡的对象，是为工业化作原始积累的”。苏联一开始是实行余粮收集制，农民要义务交售余粮。虽然后来是国家定价收购，但粮价一直压得很低，农民被剥削得很厉害，生活很苦。我国一开始学习苏联，搞计划经济，实行合作化，农民丧失了自主生产经营权，农业的任务就是保障供给，保证满足国家对农产品的需要。农民向国家交售的粮食和农产品的价格是由国家来定的，农民卖粮给国家叫作给国家做贡献，是卖爱国粮，根本不是等价交换。因此，从根本上说，农村问题和农民问题的主要根源还是在于计划经济体制下所形成的一套农村、农业政策，还没有得到改变。解决农村问题和农民问题，从根本上说，还是个深化改革的问题。

（二）计划经济体制下长期实行城乡分治的户口制度，形成了我国城乡二元的社会结构。这种社会结构至今没有改变，是造成目前城乡差距越来越大的重要原因

我国长期实行城乡分治的户籍管理制度，农业人口被集中在农村，非农业人口大部分集中在城市，形成“城乡分治，一国两策”的局面。而这种局面对城市人口有利，对农业户口的人是不利的。在经济上，农业人口和城市人口在税赋、所有制、就业等方面所享有的国民待遇不同。而这种不同在政治上表现得尤为明显。选举全国人大代表时，城市人口是24万人选举产生一个代表，而农村人口却是96万人产生一个，是城市人口的4倍。在社会上，农村人口在教育、医疗、社会保障等方面与城市人口所享有的国民待遇也是不一样的。有人统计过，农村人口和城市人口在国民待遇方面有14种不一样。长期实行的结果，就形成城乡二元社会结构，城乡差距越

来越大。

（三）国民收入分配的格局不利于农村和农民

为什么农村的义务教育问题长期解决不好，原因在什么地方？其根源就在于现有的义务教育经费分配格局严重不利于农民和农村。《中华人民共和国义务教育法》规定，农村的义务教育实行中央领导、地方负责。至于地方具体由哪一级来负责，却没有明确的规定。据国务院发展研究中心调查，现在农村的义务教育经费中央只负担2%，省地两级负担11%，县级负担9%，78%的经费要由乡镇这一级来负担。现在有些社会团体在搞“希望工程”，这是做好事，应该赞扬，但义务教育不能这样办。有人说这样搞“希望工程”本身就没有希望，这样说是有道理的。因为既然是实行义务教育，就应该是城乡一体的，都应该由国家来承担，至少由省级财政主要来承担，不能往下推的。靠30元、40元地从社会上募集经费，怎么能解决义务教育问题？

义务教育经费的分配格局是这样不利于农民，国家卫生经费的分配格局也存在相同的问题。国家每年的卫生经费支出是几千个亿，但是85%给城市，只有15%给农村。现在农村的合作医疗防治体系基本上已经垮掉了，很多地区的农村缺医少药，有的乡镇连卫生院都卖掉了。这次“非典”爆发，中央命令禁止大学生和民工返乡，是十分英明的。如果“非典”传到农村去，凭农村现有的医疗条件，可能引起的后果是不堪设想的。我们经常说1978年以后经过改革开放许多方面都好了，但事实上有些事情是不如1978年以前的。比如农村的医疗卫生。人民公社期间，农村还有个合作医疗，还有个卫生站，现在却没有了。

（四）近几年我国经济基础和上层建筑的改革有许多方面是成功的，但也有一些是不成功的

近几年农村进入第二次改革，但究竟应该改什么并没有搞清楚。

乡镇这一级究竟应该怎样改，乡镇财政应该从哪里来，乡镇这一级究竟应该管些什么，这些都没有搞清楚。我们这些年的改革，有许多是成功的，但也有一些是不成功的，反而加强了计划经济，对农村的发展特别不利。

前些年兴起了一股县改市、地改市的热潮。比如北京昌平县改昌平区，江苏江阴县改江阴市，形成了我国省级、副省级、地级、副地级、县级五级市长同时并存的特有格局。而这样做的结果，一是使得原来的干部级别提高了，干部队伍也大大地增加了；二是改为市或区以后，征用农民的土地搞开发区变得更加便利。这种做法对城市是有利的，而对农民本身是不利的。对农村发展和农民更加不利的是地改市。在地改市之前，地区管辖着所属的县，同时负责保障这些所属县有一定数额的财政经费。地改市之后，中央拨付的文教、卫生等方面的资金大部分乃至全部被该地级市留用，不再下拨所属的县。大家可以看到，几乎所有的地级市都建设得很好、很气派，有现代化的设施，有高级宾馆等，也从未听说过哪个地级市的干部和教师领不到工资，道理就在这里。这样做的结果，就是进一步拉大了城市和乡村的距离。

（五）认识上的严重滞后

1996年以后，我国的农业，已经从单纯地增加生产、提高产量、保障供给这一阶段发展到了一个新的阶段，而我们有些干部并不能适应这种新的变化，认识上严重滞后。1999年我去参加一个农业系统的会议，遇见东北一个省主管农业的负责人。我向他问起当地的收成如何，你们猜他如何回答我？他说：“弄不好今年又增产了。”这说明他的认识还没有跟上来。他是抓农业生产的，应该为农业增产而高兴，但现在不同，农业增产对他反而是个压力。因为收购这些农产品需要资金，还牵扯到运输、农产品价格等一系列问题。他是负责这方面工作的，他为这些事情发愁，因为他还没有农产品加工增值和建立农产品流通体系等相关方面的实践经验，他不知道增产了怎么办。这是认识滞后的一个表现。

另一个问题是，我国是否已经到了该反哺农业的时候了？从新中国成立到现在已经有50多年的时间了。这些年里，我们一直是从农业和农村获取工业化建设所需要的资金和原料。那么现在50多年过去了，我们已经搞了十个五年计划，工业化也基本上建成了，是不是应该反哺农业了？所谓反哺就像鸟儿一样，一开始是老鸟给小鸟觅食，等小鸟长大以后再给老鸟觅食，以回报老鸟的养育之恩。第二次世界大战以后发展起来的工业化国家和地区，一般是在20多年以后就开始反哺农业，日本、韩国是这样，我们的台湾也是这样。台湾从1973年、1974年就开始反哺农业。而我们现在已经过了50多年的时间了，却还在大量地向农民索取。我国的城乡差距这些年不仅没有逐步缩小，反而是通过下列两个渠道越拉越大，表现为城乡之间的剪刀差越来越大。

一个渠道是通过农民工。据农业部统计的数字，2002年我国有农民工9460万，这些农民工在城市里从事着第二、三产业的工作。他们虽然也是工人阶级的一部分，但他们的政治地位和经济地位与城市工人相比，相去甚远。农民工即使是和城市工人干一样的活，也是同工不同酬的。按当年的第二、三产业的劳动生产率计算，平均每个农民工为城市每年创造2.5万元的价值，但他们的年平均工资却只有8000元。每个农民工为打工的城市每年做了1.7万元的贡献。2002年，9460万农民工共给国家和城市做了16 082亿元的贡献。农民工老了、病了、残疾了，就被送回农村，农民工的老人在农村养着，农民工的孩子在农村接受义务教育。城市只管占有农民工的劳动，将农民工的一切社会保障、社会福利全推给农村。存在着这样的不平等、不等价交换，农村焉得不穷，农民焉得不苦。实践证明，这样的一种农民工体制，哪个城市用农民工越多，哪个城市的发展就越快。深圳是这样，上海、北京也是这样。深圳是几百万个农民工创造出来的。

另一个渠道是通过征地。据国土资源部统计，2002年全国各种名目的征地共计295万亩。实际上还远不止这个数。这些土地按计划经济时代定的办法，以低价格从农民那里征来，然后再以高价出售，每亩地平均赚几万元到数十万元，全国就是好几千个亿。当然这些钱一部分是上缴给国家的。但是各级地方政府通过征地所获得的利润是很大的，所以许多地方有以地生财的说法。哪个地区征地越多，富得也越快，干部的福利也越高。这就使得城乡之间本来就很大的差距变得更大了。

四、中国“三农”问题的前景和对策

我国“三农”问题总的情况是农业问题已经基本上得到了解决，但由于没有从根本上解决体制性的束缚问题，我国的农民问题和农村问题还远没有得到解决。而且由于这几年农业的继续增产，供过于求的矛盾日益增加，农产品的价格持续低迷，主业务农的农民的收入减少，致使农民问题和农村问题反而变得更加复杂。党的十六大报告指出，我国城乡二元经济的结构还没有从根本上发生改变，城乡差距、地区差距逐年扩大的趋势还没有从根本上得到扭转，农村贫困人口依然为数不少。因此，千方百计增加农民收入，千方百计减轻农民负担，千方百计保持农村稳定的任务依然十分艰巨。

党的十六大提出了新的发展目标和解决“三农”问题的新的思路。一是提出了要全面建设惠及十几亿人口的小康社会的发展目标，并且强调指出，如果农村没有实现小康，就没有全面小康目标的实现。二是提出了解决“三农”问题的新思路，主要有“统筹城乡经济社会发展”“加快城镇化步伐”以及“加快农村劳动力向城镇二、三产业转移”等。三是提出了做好“三农”工作的新要求，强调要“更多地关注农村，更多地关心农民，更多地支持农业”。要求把解决农村和农民问题作为一切工作的重中之重。这些新思路和新方针的提出，为下一步解决“三农”问题指明了方向。我相信，有党中央的坚强领导，只要我们实事求是，审时度势，把党中央提出的这些新的方针政策具体地贯彻落实下去，我国的农村问题和农民问题也会像农业问题一样得到解决。但同时我们也应该看到，由于我国的农民占全国总人口的3/4，占世界农民总数的1/4，要解决我国的农民问题，实现农村的现代化，这是一个伟大的实践。这一艰巨任务的完成需要经历一个长期的奋斗过程。

下面，我就在新形势下如何解决农民问题和农村问题谈几点建议。

（一）要继续深化农村体制改革

农村的第二次改革应该继续进行。要通过深化农村体制改革，实现农村的经济和社会体制由计划经济体制向社会主义市场经济体制的转变，进一步把农民从计划经济体制的束缚中解脱出来。只有这样，才能逐步破除城乡二元经济的结构，实现城乡一体化。城市率先实现现代化不能以牺牲农民为代价。如果只在城市实行市场经济体制，而农村还基本上是实行计划经济体制；只是城市繁荣，而农村贫困，或者说城市的繁荣是建立在农村的贫困基础之上的，那我们的社会主义市场经济体制就建立不起来，即使建立起来了也不是一个完善的社会主义市场经济体制。

（二）要下决心改革户籍制度

我们现在的户籍管理制度是计划经济体制下的产物，它把人口人为地划分为农业人口和非农业人口，限制人口的自由流动。这种体制是形成城乡二元结构的主要原因，已经不再适应现在变化了的新形势，成了实现城乡一体化的严重障碍，必须下决心对现行的户籍制度进行彻底的改革。

（三）要改革现有的土地承包制度

农民问题和农村问题的核心是土地问题。土地定，天下定。虽然我国政府一再重申保持现有土地承包制度不变，1998年再次重申

30年不变，但实践证明，我国的农村土地制度一直处于不断的变动之中。因为现有的土地承包制度没有从根本上解决土地的所有权和使用权问题。我建议实行土地国有制，把土地的所有权收归国有，使用权归农民，再不变更。农民可以转让自己承包的土地给别人耕种，以实现农村土地的合理流动。另外，我还建议把宅基地还给农民。现在农民的宅基地属于集体，农民既不能出售，也不能抵押，这种情况应该得到改变。

（四）改革现有的国民收入分配格局

我国现有的国民收入分配格局是向城市倾斜，对农村和农民不利，这种分配格局应该进行改革。要缩小城乡之间的差距，从根本上解决农民和农村问题，必须使国民收入分配格局向农村和农民倾斜，特别是在教育、卫生、文化等公共服务方面。

（五）改革乡镇现有的政权体制包括财政体制，建议恢复农村工作部

现在乡镇一级负债累累，干群矛盾尖锐，这不是哪一个干部的问题，而是我们的基层政权体制包括财政体制方面的问题，应下决心进行改革。另外，在中国这样一个大国解决“三农”问题，只靠发文件是不能从根本上解决问题的。中央应该有一个专门的机构来具体领导和指挥。因此，我建议恢复农村工作部。

（原载于《当代中国史研究》，2004年第3期）

破除城乡二元结构体制是解决“三农”问题的根本途径*

党的十八大报告指出：“解决好农业农村农民问题是全党工作重中之重，城乡发展一体化是解决‘三农’问题的根本途径。”这是我们开展农村工作的指导方针。最近，有位外国朋友拿着十八大文件，指着这两句话问我：“第一句话，我明白，第二句话，我不懂，为什么说城乡发展一体化是解决‘三农’问题的根本途径？”我向他做了解释。中国的“三农”问题长期解决不好的重要原因，是因为城乡二元结构体制的障碍，“推动城乡发展一体化的实质是破除城乡二元结构的体制”①，目的是从根本上解决好“三农”问题。

一、城乡二元结构的由来

20世纪50年代初期，我们国家进行大规模经济建设，那时，我们学习苏联社会主义模式和经验，逐步建立并形成了计划经济体制。这个体制是一个庞大的体系，城乡二元结构体制是其中的一个重要组成部分，是为计划经济体制服务的。

---

* 此文是陆学艺先生根据党的十八大报告提出的“解决好农村农民问题是全党工作重中之重，城乡发展一体化是解决‘三农’问题的根本途径”的重要论断写就的。陆学艺先生在长期从事“三农”问题研究中较早认识并形成分析和解决中国“三农”问题的体制化、结构化思想，即城乡二元经济社会结构体制是中国“三农”问题的根本症结，而解决中国“三农”问题的根本途径在于根除城乡分治的户籍制度，改革集体所有制的土地制度，推进财政体制改革等城乡二元经济社会结构体制的改革。

① 本书编写组编：《十八大报告辅导读本》，人民出版社2012年版，第180页。

所谓中国的城乡二元结构体制，是指：在全国实行城乡分治的户籍制度，把全部居民分成农业户口和非农业户口，一经登记入册，一般就不能变更。非农业户口的人从事第二、三产业，基本上都居住在城镇，称为城市居民；农业户口的人，从事农业活动，绝大多数都居住在农村，称为农民。20世纪60年代初以后，严格限制农业户口、农村人口转为非农业户口、城市人口。政府对城市、对市民实行一种政策，对农村、对农民实行另一种政策。例如，在城市实行生产资料的全民所有制和大集体所有制，在农村则实行生产资料的集体所有制；再如医疗卫生，在城市对公务员、干部实行公费医疗，对工人实行劳保医疗，在农村对农民则实行合作医疗，农民自费。还有像就业、教育、社会保障、住房、基础设施等民生事业方面的政策也都是不一样的，学者将此概称为“城乡分治，一国两策”。[①]

这种中国特有的城乡二元经济社会结构始发于计划经济体制初建时期。早在1949年6月毛泽东写的《论人民民主专政》里就说：“严重的问题是教育农民。农民的经济是分散的，根据苏联的经验，需要很长的时间和细心的工作，才能做到农业社会化。没有农业的社会化，就没有全部的巩固的社会主义。”[②]他当时的设想是按苏联集体农庄的模式，把农民组织起来。1951年中共中央做出了在农村推行农业互助合作的决定，为此专门成立中共中央农村工作部。通过互助组、初级农业合作社、高级农业合作社、人民公社，一步步地把亿万农民组织了起来。在经济上实行全部生产资料集体所有制，集体经营、集体劳动，按劳动工分分配。在政治上实行“政社合一、一大二公”，人民公社既是政权组织，也是集体经济单位。又通过城乡分治的户籍制度，严格限制农业人口转为非农业人口，确立了城

① 参见陆学艺《陆学艺文集》，世纪出版社集团、上海辞书出版社2005年版，第392页。

② 《毛泽东选集》，第4卷，人民出版社1991年版，第1477页。

乡分割的格局，实际也就是城乡二元经济社会结构体制的形成。

这种体制，来源于苏联集体农庄体制，但并不相同。苏联的集体农庄，规模只相当于人民公社之下的生产大队，不实行政社合一，也没有我们城乡分治的户籍制度。我们的城乡二元结构体制和刘易斯的经济二元结构也是不同的。刘易斯的二元结构，是从产业范畴讲的，主要是论述劳动力从农业流向第二、三产业的原因和过程及其后果。但城乡二元结构这个概念及其分析框架和方法对我们学界有影响。城乡二元结构这个概念，在20世纪80年代才被引用，到80年代后期就有学者引来分析中国的城乡关系问题，到90年代以后，这类研究就比较多了，逐渐成为学界、政界的共识。

二、城乡二元结构的本质特征

中国的城乡二元经济社会结构的本质特征，是把全国的公民分成两类，对城市居民和农民实行不平等的政策。这个思想来源于苏联。苏联在城市实行全民所有制，工人阶级是领导阶级，是建设社会主义的主体。在农村、在集体农庄实行集体所有制，集体农庄未来也要过渡、转变为全民所有制。斯大林在《苏联经济社会主义经济问题》中说："农民是应该向社会主义纳贡的。"所以苏联政府制定的国家粮食和农产品的收购价格一贯偏低，实质是通过这种工农业剪刀差向农民征收高额的税。毛泽东1956年在《论十大关系》一文中批评"苏联的办法把农民挖得很苦"[①]，所以农业搞不好。而这正是城乡二元结构体制决定的。我们明知对农民控得很苦不好，但因为也实行了这种城乡二元结构体制，所以我们在以后的实践中，虽然反复强调要保护农民利益，要让农民富裕起来，结果还是对市民实行一种政策，对农民实行另一种政策。例如在1985年以前实行棉布定量供应的政策，城市居民每人每年发18尺布票，而农民只发15

① 中共中央文献研究室编：《毛泽东文集》，第7卷，人民出版社1999年版，第29页。

尺布票；又如车祸中轧死了两个孩子，一个市民的孩子要赔20万元，而农民的孩子只赔6万多元（这种同命不同价的政策，一直到两年前才废止）。

长期实行这种不公平、不合理的城乡二元经济社会结构体制的结果，是严重压抑了广大农民的生产积极性，束缚了生产力的发展，致使农业生产长期徘徊不前，农民生活困苦，连温饱都不能解决，农村落后，城乡差距越来越大。1978年农民人均纯收入只有133.6元，而城镇居民人均可支配收入为343.4元，城乡差距为1∶2.57。当年农村的恩格尔系数为67.7%，处于极端贫困状况。

三、破解城乡二元结构的几次实践

1978年改革开放以来，农村率先改革，实行家庭联产承包责任制，农民获得了土地等生产资料的自主经营权，恢复了农业生产的家庭经营形式，农民得到了实惠。不久又解散了人民公社，重建乡镇村的体制，这是对城乡二元结构体制的一次冲击，极大地调动了农民的生产积极性，农业连年丰收，农民收入大幅增加。但农村改革进入到流通领域、城乡关系等重要方面时，就遭到了强烈的抵制，曾有几次农民要求改革户籍制度，都遭到了否决。城乡二元经济社会结构体制被保持了下来。

生产力总是要发展的。城乡二元结构的本意是要把农民固定在农业上，把农民限制在农村里。农村实行了家庭联产承包责任制之后，出现了两个结果：一是农产品大量增产，二是农业剩余劳动力大量涌现。这应该是发展工业化、城市化的大好时机。但这时城市的经济体制改革才刚刚启动，城市的待业劳动力还很多，特别是户籍制度改革还没有动，城门还对农民紧闭着。于是就有了三项中国特有的新生事物的产生：一是乡镇企业，二是农民工，三是小城镇。这是在户籍制度改不动、城乡二元体制不变革的背景下，不得已而为之的权宜之计。20世纪80年代初期到90年代，乡镇企业的崛起使农村经济发展得很快，农村剩余劳动力有了出路，农民收入也有很大增长，一大批小城镇空前繁荣。乡镇企业被誉为“农民的第二个伟大创造”。不少学者（包括我本人）对小城镇也推崇备至。

20世纪90年代，城市经济体制改革逐步取得成效，特别是邓小平南方谈话发表之后，城市的第二、三产业大发展，需要大量的劳动力。于是数以千万计的农民工涌入城市，涌向东部经济发达地区。原来的农民工是以离土不离乡为主的，到20世纪90年代中后期，则以离土又离乡为主了。到2012年，有关部门统计，农民工总量为2.626亿人，其中离土又离乡的农民工超过1.633亿人。这么大量的农民工进入城市，为中国经济发展注入了活力，创造了巨大的财富，这是中国经济持续繁荣的一个重要原因。但是，农民工们干的是工人的劳动，却还是农村的户籍、农民的身份，收入很低，过着两栖的生活。农民工在城里得不到应有的公共服务，享受不到应有的社会保障和权利，也融不进城市。从体制上分析，原来的城乡差别在空间上是分开的；现在农民工常住到城里，同一个空间，但由于对有户籍的市民实行一种政策，对农民工实行另一种政策，实际就成了城市内部的二元结构。这样不公平、不合理的体制，致使社会问题、社会矛盾乃至社会冲突多发、频发，成了中国特有的城市顽症。

进入21世纪，党的十六大以来，党中央明确把解决好“三农”问题放在全党工作重中之重的位置，提出统筹城乡经济社会发展的方针，建立“以工促农，以城带乡”的长效机制，彻底废除农业税费，给种粮农民多种直接补贴，大量增加对农村的投入，进行了大规模农村基础设施建设，恢复推行新农村合作医疗，实行农村义务教育，在农村推行低保和新型工伤保险制度。所有这些强农、裕农、惠农政策的密集出台，调动了农民的生产积极性，推动了农业生产的发展，实现了粮食总产九连增，农民收入实现九连加。农民的生活水平有了很大的提高，农民是满意的，对此给予了很高的评价。

这10年，党和政府一开始就把解决好“三农”问题列为全党工作的重中之重，并付诸实践，贯彻落实了，也切实解决了一部分问题，这是应该充分肯定的。但是，还应该看到：我们虽然取得了很大的成绩，我们为此投入了很多力量，做了很大努力，付出了很大的代价，但成效却不如我们的预期。例如，早在2002年党的十六大报告中，就提出要逐步扭转工农差别、城乡差别和地区差别扩大的趋势。十几年过去了，这三大差别不仅没有缩小，反而是扩大了。2001年的城乡居民收入差距为1∶2.9，2012年扩大为1∶3.13。又如，我们想解决农民工的问题，为此，2006年还专门发了文件，确实也解决了一部分问题，农民工的处境有所改善。但是，现在农民工越来越多，在新形势下，农民工问题越来越复杂，由农民工引起的社会矛盾和问题也越来越多，就因为农民工体制并没有从根本上得到改革。更有甚者，随着经济快速增长，城镇化加速发展，人民生活水平不断提高，再加上我国总人口众多，每年仍有600多万人口的纯增长，对粮食和农产品的需求增长很快，对农业生产的压力很大。近几年，我国每年纯进口6000多万吨粮豆，有人折算，相当于进口了6亿亩耕地的产量。现在农产品的供求状况已相当严峻，既定的粮食和主要农产品基本自给的方针，受到了严重挑战。

四、破除城乡二元结构体制是解决“三农”问题的根本途径

自从我们开展大规模经济社会建设以来，从第一个五年计划开局，至今正好60年，一个甲子。党和历届政府，一贯重视农业，关注农村、农民问题的解决，为此投入了大量的人力、物力和财力。因此，取得了很大成就，保证了粮食和主要农产品对十多亿人口的生活和国民经济发展需要的供给，才有了今天中国的繁荣和兴旺，这可以说是发展中国家实现现代化的一条基本经验。但是，直到现在，我国的“农业基础仍然薄弱，最需要加强；农村发展仍然滞后，

最需要扶持；农民增收仍然困难，最需要加快”[1]。2012年，全国仍有34%的劳动力在从事农业，生产的粮食和主要农产品已不敷供给，当年只创造了10.1%的国内生产总值，占总人口近50%的农民人均纯收入只有城镇居民可支配收入的31.9%，农村和城市的差距仍然很大。这一切同我国已是世界第二大经济体的地位，同经济结构已处于工业社会中期阶段的水平，同我国整个经济仍在持续快速发展的要求，是很不相称的。

我们如此重视解决“三农”问题，为什么总是解决不好，解决不了呢？历史的经验表明，凡是一个问题不是一地一县存在，而是普遍存在，不是一时存在，而是长期存在，而且是久而不决的问题，那就不是一般的工作问题，而一定是体制性问题、结构性问题。这类问题靠改进工作、加强领导是解决不了的，必须通过改革体制，调整结构才能解决。“三农”问题就是这样一类的问题。

“三农”问题难解决，就是我国农村从土改以后就按照计划经济体制的要求，把农民组织到高级农业合作社、人民公社的体系里，逐步形成了城乡二元经济社会结构体制的结果。这种城乡二元结构体制，是为计划经济服务的，限制、束缚了农业、农村、农民的发展。改革开放以后，中国实行社会主义市场经济体制，经过30多年的努力，在城市和在第二、三产业方面已经破除了计划经济体制的束缚，已经基本建立了社会主义市场经济体制，但因为各种原因，城乡分治的户籍制度和集体所有的土地制度等重要体制还没有改革，所以在农村城乡二元结构的体制还在继续实行着，这就是我国“三农”问题久解不决的根本原因。

党的十八大报告指出：“城乡发展一体化是解决‘三农’问题的根本途径。……加快完善城乡一体化体制机制，促进城乡要素平等交换和公共资源均衡配置，形成以工促农、以城带乡、工农互惠、

① 本书编写组编著：《〈中共中央关于推进农村改革发展若干重大问题的决定〉辅导读本》，人民出版社2008年版，第5页。

城乡一体的新型工农、城乡关系。”在完善的社会主义市场经济体制条件下，这应是题中之意。城乡的体制机制理应是一体的，城乡要素理应平等（等价）交换，公共资源理应在城乡均衡配置。十八大之所以要强调这几条，就因为现在的体制机制还不一体，要素交换还不平等，资源配置还不均衡，这就是还存在着城乡二元结构的体制。因此，要实现城乡发展一体化，就一定要破除城乡二元结构的体制，这是解决“三农”问题的根本途径。

早在20世纪80年代后期，我国的学者就提出城乡二元结构是农业、农村、农民问题的症结所在，并提出了要破解的建议，至今已20多年了。2002年，党的十六大报告中就指出“城乡二元经济结构还没有改变”的问题；2003年党的十六届三中全会明确提出要“建立有利于逐步改变城乡二元经济结构的体制”；2007年党的十七大报告提出“要形成城乡经济社会一体化的新格局”；2008年党的十七届三中全会专门讨论“三农”问题，并就若干重大问题做了决定，指出“特别是城乡二元结构造成的深层次矛盾突出”，明确点出了城乡二元结构是“三农”问题的病根，并且指出“我国总体上已进入以工促农、以城带乡的发展阶段，加快进入改造传统农业，走中国特色农业现代化道路的关键时刻，进入着力破除城乡二元结构，形成城乡经济社会发展一体化新格局的重要时期”。这是一个很重要的解决“三农”问题的文件，可以说是21世纪以来最好的一个“三农”文件，可惜，文件刚刚传达、公布，国际金融危机接踵而至，人们都转向应对金融风暴去了，这个会议的文件精神和任务就没有来得及被很好地贯彻落实，有些应该解决的问题又拖延了下来。

五、根除城乡二元结构的三项重要举措

总体来说，经过多年探索，“三农”问题的病根是城乡二元结构，解决好“三农”问题的根本途径是必须破除城乡二元结构，实现城乡一体化。这几点，在实践第一线的同志们，在学界、政界，

上下之间，已经逐步达成共识，应该说这是一大成就。至于如何破除这个城乡二元结构，实现城乡一体化，我们现在还在探索，还存在不同的意见和做法。多年来的实践表明，城乡二元结构已经渗透到中国经济社会的方方面面，特别是还同城乡社会各阶层的利益关系纠结在一起，真可谓是根深蒂固、盘根错节。城乡二元结构体制可以说是计划经济体制在农村的最后一个堡垒，改革的难度很大、阻力很大，但又非改不可。不破除城乡二元结构，"三农"问题就解决不好，解决不了。必须从根本上彻底地破除城乡二元结构，才能使农村也转到社会主义市场经济体制的轨道上来，实行城乡一体化的体制机制，才能从根本上解决"三农"问题。这里用一句古话——鲁难未已，国无宁日——来形容当今中国存在的城乡二元结构的状况，是很恰当的。

前面讲过，我们曾经实践过，在城乡二元结构的框架下采取权宜之计，用变通的办法，办乡镇企业、建小城镇、用农民工体制，虽然一时取得了很大的成绩，但付出了很大的代价，产生了很多问题，留下了很多很严重的后遗症，实践证明，这并不是成功的，因为这不符合经济社会发展规律。前述十六大以来，我们采取了诸多强农、裕农、惠农政策，投入了很大的力量，但效果也并不理想。好比一个人得了重病，不先治病，而是给他吃大补的营养品，最多是事倍功半，治不好病的。针对城乡二元结构体制，也有过几次改革。早在20世纪90年代中后期，主管户籍的公安部门，就酝酿并探索过户籍制度的改革，石家庄、郑州等城市也实践过本地户籍制度的改革，打开城门，实行城乡统一的户籍制度，但是因为城乡分治的户籍制度是全国性的，一省一市放开，马上就会引来很多问题，只好又把城门关上。2007年，经中央批准，在成都、重庆成立统筹城乡综合配套改革试验区，做了不少城乡融合的工作，2010年成都推出户籍制度改革方案，在本市范围内实行城乡统一的登记制度，农村、农业人口可以转为城镇户口，还可以保留农村自留地、宅基地，城市户籍的人也可以转到农村去。但响应者寥寥，比预想的要少得多，结果也没有解决问题。近几年出现的新情况，是城市户籍的人要转为农村户籍也难了，特别是要转到经济发达地区的农村就更难，许多考上北京等大城市高校的农村籍大学生，一般都不肯转户口，主要是因为实行物权法后，农村的承包地和宅基地值钱了，一旦转出，以后想转回去，就难了。

回顾总结改革开放30多年来我们在农村改革发展中的实践，可以得出以下几点认识。

第一，“三农”问题之所以久解不决，主要是因为存在城乡二元结构体制的障碍。不破除这个障碍，“三农”问题就不可能解决好。

第二，城乡二元结构体制已渗透到经济社会的方方面面，企图绕过城乡二元结构，或采取变通、权宜之计等办法，就把“三农”问题解决好，最后都是不成功的。要解决好“三农”问题，就必须破除城乡二元结构体制，使农村领域也转变为实行社会主义市场经济体制，实现城乡一体化，所以城乡一体化既是发展的目标，也是破除城乡二元结构的手段。

第三，城乡二元结构体制是自上而下建立起来的，是由法律、法规、政策支撑形成的一整套体制、机制，而且是全国性的。某省、某市、某县可以做试点、做实验，但要从根本上破除城乡二元结构，必须由中央做出决定，做好顶层设计，有计划、有组织、有步骤地进行，才能有效地实现。

第四，城乡二元结构体制是由城乡分治的户籍制度、土地集体所有制、财政制度这三项主要体制和一系列经济社会的体制、机制形成的庞大体系。现在正在进行的就业、教育、医疗、社会保障等方面的改革，对实现这些方面的城乡一体化，是有意义的，也有一定的效果，但不可能破除城乡二元结构。实践证明：户籍制度、土地集体所有制、财政制度这三项是城乡二元结构体制的基本框架、基本制度，不通过改革，实现城乡一体化的户籍制度、土地制度和财政制度，城乡二元结构体制是破除不了的。

经过这么多年的实践探索、研讨、比较，我们已经积累了破除城乡二元结构体制的认识和经验，要从根本上破除这个体制，应该而且必须从改革户籍制度、土地集体所有制和财政金融体制这三项制度入手。

第一，改革城乡分治的户籍制度。这是8亿多农民翘首盼望了半个多世纪的愿望，他们中的很多人要实现中国梦，第一步就是解掉束缚在身上的户籍绳索，这样才能和城里人站到同一条起跑线上。改革的条件也正在成熟，许多城里人也认识到必须要改革掉这种落后的户籍制度。现在的争论，主要是先剥离掉附着在户籍上的各种福利等权益条款，再改革；还是先改户籍制度，再逐步去改掉这些本不该附着在户籍上的条款。这本来是个方法问题，但确实反映了不同社会阶层的利益关系。应该先改户籍制度，再逐渐剥离附着的条款。如果要等到剥离了再改，那就不知等到猴年马月了，这实际是不想改革的借口，这应该由决策部门做决策，否则还会拖，是会误大事的。

第二，要改革集体所有制的土地制度。所谓集体所有制，是苏联搞计划经济体制时的杜撰，名为公有制的一种，明确定为是过渡性的，将来是要转变为全民所有的。谁是“集体”，集体成员的边界是不定的。集体内部成员之间是不平等的，谁是领导，对集体的财产就有支配权、决定权。现在我们农村的土地实行集体所有制，名为本村农民集体所有，但农民只有承包使用权，而村支部书记、村主任对土地有实际的支配权。这些年来，时常有村支部书记、村主任把土地卖了，农民还不知道的现象。这种土地所有制，引出了许许多多的矛盾，必须改革。根据我国的国情和社情，实行“土地国有，永包到户”的方案比较好。把土地的所有权统一收为国有，实行城乡一体化的土地国有制；针对农村土地承包、转让、租借、转变用途、征占都要制定法律，由相关的管理机构负责。“永包到户”，考虑到农村土地已经基本都承包到户的事实，国家可确定某一个时间，经过核实确定谁承包的地块，确权颁证，国家和农民签订承包的契约，从此就不再变了。从此就生不增，死不减。农村现在有些地方还在不停地调整土地是不对的。土地永包到户以后，农民的土地承包权就是物权、财产权，再发生变动，应制定相关的法律、法规加以规范。

第三，实行财政体制的改革。我国现行的财政体制，是在城乡分治的格局下逐步形成的，虽然经过几次改革，但对城市、对居民实行一种政策，对农村、对农民实行另一种政策的格局没有根本改变，对农业、农村、农民发展很不利。应该按照十八大报告提出的“要加大统筹城乡发展力度，增强农村发展活力，逐步缩小城乡差距，促进城乡共同繁荣。坚持工业反哺农业，城市支持农村和多予少取放活方针”。通过调整改革，逐步实行城乡一体化的财政体制。应该看到，城乡分治的财政体制是计划经济体制的产物，是城乡二元结构体制的经济支柱，不调整改革这种财政体制，城乡二元结构就不可能根本破除，农业的弱势地位就不可能改变，农民也富裕不起来，城乡差距不可能缩小，更谈不上城乡共同繁荣。改革是需要成本的。在近期，财政更应向农村倾斜，财政部门要加快财政体制改革的步伐，彻底破除城乡二元结构体制，实现城乡发展一体化，使长期困扰我们的“三农”问题从根本上得到解决，使农村走上社会主义市场经济体制的康庄大道。诚如是，农业才有望实现中国特色的农业现代化，农村才有望成为城乡一体化的美丽和谐乡村，农民才有望成为现代农业的经营者，成为现代社会主义国家的公民。

（原载于《“三农”续论：当代中国农业、农村、农民问题研究》，重庆出版集团、重庆出版社2013年版）

县域现代化的中国意义*

——晋江模式发展30年改革调研

一、晋江模式新发展：县域现代化道路的探索

晋江经济社会发展取得显著成就的背后是晋江人开拓创新、艰苦创业、敢为人先的奋斗历程。今天我们回过头来审视改革开放以来近30年晋江经济社会发展进程，以1992年撤县建市为标志，大体可以概括为前后两个阶段：1992年之前的14年，晋江成功地探索出了一条适合晋江实际的乡村工业化道路——晋江模式，在20世纪80年代它成为中国乡村经济工业化道路的四大模式（其他三个模式是苏南模式、温州模式和珠江三角洲模式）之一而享誉海内外。在晋江模式下，晋江经济实现了历史的跨越式发展，这是晋江发展的第一次飞跃。1992年以来的15年，是晋江在解决乡村工业化问题的基础上，在工业化、城市化、社会事业现代化的发展进程中，统筹城乡协调发展、统筹经济社会协调发展，全面推进区域现代化建设，带动晋江模式新发展，实现了晋江发展的第二次飞跃。

在1992年撤县建市以后，晋江广大干部群众探索出了一条符合晋江实际情况的县域现代化发展道路，实现了晋江模式的新发展，

---

* 此文是陆学艺先生根据对长期蹲点、跟踪的调查点——福建晋江的县域现代化的全面考察而写就的。作为见证者、参与者，陆学艺先生全面回顾了晋江县域现代化的探索之路，归纳出晋江模式新发展的“三化促两协调”的现代化阶段性特征。但这并不意味着晋江的现代化事业已经完成，相反，晋江在工业化、城市化、社会事业等方面还有很多现代化的功课要做，以便为全面、高质量实现晋江县域现代化奠定坚实的基础。

这是晋江模式的继承与升华，是晋江模式发展的必然结果。从内涵上看，与晋江模式乡村工业化道路不同，晋江模式新发展的内涵实质上是探索一个县域能否实现和怎样实现现代化的问题；而从特征上看，与“三为主、一共同”的晋江模式也不同，晋江模式新发展的特征为“三化促两协调”，即通过产业集群、品牌经济的工业化，城乡互动、功能优化的城市化，关注民生、共享和谐的社会事业现代化，促进城乡协调发展和经济社会协调发展，逐步实现县域现代化。

（一）晋江模式新发展的内涵：县域现代化道路探索

一个县域能否实现现代化，这是当前中国现代化进程中需要关注的一个重大命题。在区域现代化的问题上，存在着不同的争论。有观点认为现代化是一个整体的发展概念，在大多数地区尚没有实现现代化的情况下，一个地区不可能率先实现现代化。但是在中国这样一个城乡与区域差异极为显著的国家，实现现代化是否要遵循整体性与平衡性的规律？我们认为，在中国现代化道路问题上，区域不平衡发展的基本国情决定了中国现代化道路是由个别区域率先实现进而推进整体实现。原因在于，现代化虽然是一个国家和地区的整体现代化，而非某个局部范围的现代化，但是，一个国家和地区内部的发展不可能是整齐划一的、均衡的与同质的，而是某一局部地区率先发展，影响并带动整体范围的发展。特别是在中国，地区间差异性很大，地区间经济社会发展很不平衡，这种差异性与不平衡性必然会使一些地区率先进入较为发达状态。那么，就中国广大的县域地区而言，能否在区域不平衡的格局中实现现代化？如果能够，那么又如何实现现代化？

在中国的现代化进程中，广大落后的县域地区能否实现以及如何实现现代化，甚至能否以赶超的速度向现代化迈进，这是个极富理论与实践意义的重大命题，也是我们所要探索的问题所在。通过对晋江的调研，我们认为，晋江的实践生动地证明这种发展是可能的。在改革开放之初，晋江还是一个农业县，经济社会发展的基础薄弱。但是，在改革开放以后，晋江通过“三闲起步、三资引路、三来一补迈大步”，成功地开拓出一条乡村工业化的道路。尔后，以撤县建市为契机，晋江又在工业化、城市化、社会事业现代化领域实现了新的发展，在县域现代化进程中向前迈进了重要的一步。晋江的发展表明，基础薄弱的县域是可以实现现代化的。那么这种发展又是如何实现的呢?

我们至少可以从晋江的现代化实践中看到中国县域现代化的一条重要路径：农村工业化→区域工业化→城市化→社会事业现代化→城乡协调发展与经济社会协调发展。当然，不同方面的现代化变迁之间并不存在线性的关系，而是存在着重要的相互影响的关系。晋江的现代化实践表明，没有工业化不可能有现代化，工业化对各地现代化来说是必不可少的。实际上，中国早期研究现代化的一些学者就把现代化当作工业化；而在20世纪60年代我国提出的“四个现代化”概念中，工业现代化也被放在首位。晋江现代化同样也是从乡村工业起步的。实际上，不论是苏南模式、温州模式，还是珠江模式，也都是从发展工业起步的。工业化是大多数地方实现现代化所难以逾越的环节。但是工业化不等于现代化，当一个县域实现工业化发展以后，城市化以及社会事业现代化的及时跟进就会成为现代化进程的内在要求，工业化、城市化、社会事业现代化相辅相成、相互促进，三位一体。晋江的发展表明，工业化为城市化和社会事业发展奠定了经济基础；城市化大大地提升了晋江的工业化水平，并对社会事业发展提出了要求；而社会事业的发展又有力地支撑起了工业化和城市化。在工业化、城市化、社会事业现代化的实践中，晋江模式的新发展又富有鲜明的地域特征。

（二）晋江模式新发展的特征：“三化促两协调”

需要强调的是，大多数国家和地区的现代化在内容上都表现出较强的同质性，不外乎是工业化、城市化与社会事业现代化等。但是，在实现现代化的具体路径上，不同国家之间却存在着差异。作为县域现代化道路的一种模式，晋江现代化的特征亦是如此。

1.工业化：产业集群、品牌经济

晋江模式新发展阶段的工业化道路特征，可以概括为“产业集群、品牌经济”。

1978年改革开放后，晋江人以“三闲”（闲资、闲房、闲人）起步，兴办联户集资企业。在工业化初期，形成了产供销企业在地理空间上的集聚，并初步形成了服装、制鞋、食品等产业，“一村一品，一镇一业”的产业格局初现。进入20世纪90年代，在原有的区域内小规模生产企业聚集的基础上，晋江开始出现一些规模渐渐做大、具有一定区域影响力的企业。90年代中后期开始，随着中国进入买方经济时代，市场环境发生逆转，晋江各大企业在这样的背景下，纷纷致力于创造品牌，由此一批企业得以做大做强，脱颖而出，成为行业的龙头企业，并带动着相关产业的发展。在龙头企业的示范效应及带动下，晋江各主要产业中的大大小小企业开始走上专业化协作道路，形成了配套齐全和完整的产业链。目前，晋江在制鞋、服装、食品、拉链等行业已经形成了极具影响力的产业集群。其中，制鞋行业2005年拥有鞋类企业3000多家，规模以上企业302家，鞋的年产量达9亿多双，休闲鞋产量占全国总产量的40%，占世界总产量的20%，被誉为“中国鞋都”；纺织行业拥有企业3000多家，规模以上企业429家，年产值242亿元，被授予“中国纺织工业基地”称号；拉链行业已经成为全国拉链产品生产、加工基地和主要集散地，产量全国第一，世界第二，被授予“中国拉链之都”称号。产业集群的形成极大地提升了晋江工业化水平，使得晋江工业发展更具有生产专业化的成本优势，而企业组织网络的形成又极大地增强了晋江县域经济的竞争力。

晋江工业呈现产业集群的同时，品牌经济也逐步形成，这成为晋江工业化的又一重要特征。在晋江工业化的初期，工业产品主要是仿牌和贴牌。但是随着20世纪90年代中后期中国经济开始进入买方市场时代，晋江人意识到品牌与质量的重要性，开始走上了品牌经济的道路。1995年晋江市政府提出了“质量立市”的口号，1998年进一步提出“品牌立市”，2002年又制定了打造“品牌之都”的新举措。围绕着品牌经济做文章，晋江市政府出台了一系列相关政策与措施，如重奖创牌企业，给予品牌企业各项优惠政策，等等。在政府的引导及晋江企业的努力下，晋江品牌经济成效显著。2006年年底，晋江共有中国驰名商标、中国名牌产品、中国出口名牌产品等国字号企业品牌69项，区域性品牌13项，国家免检产品45项，5个品牌入选亚洲500强，7个品牌入选“中国500个最具价值品牌”，3个品牌入选中国行业标志性品牌。品牌群体的形成，使晋江荣获“世界夹克之都”“中国鞋都”“中国伞都”“中国陶瓷名镇”“中国休闲服装名镇”“中国内衣名镇”“中国织造名镇”“中国运动服装名镇”等荣誉称号。品牌经济已经成为晋江工业发展的一道壮丽风景线。

总体来看，相比较于晋江模式时代，“产业集群、品牌经济”是晋江模式新发展阶段中工业化的重要特征，这表明晋江工业化无论是数量还是质量已经实现了纵深发展，这是晋江模式时代的工业化所无法比拟的。

2.城市化：城乡互动、功能优化

现代化经验表明，工业化发展必然推动城市化发展，同时，工业化的进一步发展也需要城市化的相应推进。过去有人主张以乡镇企业发展和小城镇建设作为农村现代化发展的两翼，无疑有其时代的合理性，因为当初中小城市还没有向农村工业化开放。但是，后来的发展经验表明，当企业发展壮大后，小城镇的空间已经太小了，如果没有更大容量的城市化建设和布局，要么会阻碍企业发展，要么会导致企业外迁。因此，加强城市化建设以推进工业化发展，显得非常迫切和重要。城市化建设以城市为平台，可以更好地整合人力资源、政策资源和土地资源，与外部建立起更好、更快的信息联系，充分发挥城市的集聚效应和辐射功效。在晋江县域现代化进程中，这一规律同样得到了体现，但是晋江城市化具有自身的特色，这就是“城乡互动，功能优化”。

20世纪80年代，乡村工业的发展为晋江城市化奠定了重要基础与方向。由于整个80年代晋江各镇乡村工业发展呈现齐头并进的态势，晋江也一直在整个县域范围内布局工业化发展，因此，在1992年撤县建市以后，晋江的城市化也立足这一实际，即城市建设中的城乡互动。对此，晋江市委、市政府从实际出发，经过充分研究，提出了建设珠链式侨乡新型城市的构想。在这个构想中，立足于把晋江649平方公里的区域都作为城市来建设，坚持工贸结合、转型外向、城乡一体、协调发展的方向，努力建设青阳、安海、晋江三个各具特色的经济区，并用高等级公路和现代通信设施把三个经济区和各个镇连接起来，沿途布设工业小区和旅游服务网点，把晋江建设成为三足鼎立、三星拱照、珠联璧合、城乡一体、空间大、余地多、辐射力强的侨乡新型城市。

1992年撤县建市以来，晋江的城市功能不断得到优化，在县域城市化中颇具特色。1996年晋江市提出“引导耕地向规模经营集中，企业向工业园区集中，人口向城市和集镇集中，住宅向现代社区集中”，确立了在20世纪末实现“三强”（经济强市、科技强市、教育强市）、“三先”（计生先进市、文化先进市、体育先进市）、“三城”（双拥模范城市、卫生城市、文明城市）的目标，通过优化城市功能，推动晋江经济社会持续向前发展。在优化城市功能方面，晋江市坚持基础设施先行，充分利用综合配套改革试点市的优势，积极改革城镇建设投融资体制，多渠道、多形式、多层次地筹集建设资金，初步建立国家、集体和个人共同投资的多元化投资机制，同时充分发挥侨乡优势，调动海外侨胞投资、捐资兴建基础设施和公益事业的积极性。1992—2004年全市累计完成固定资产投资370.92亿元，交通、供水、通信、电力和市政设施五大基础设施网络日趋完善，形成了纵横发达的市域交通、通信网络，构筑起城镇体系基本框架。市域内各镇之间全部建成高等级道路，385个行政村（居）都通水泥路。2003年年底，全市拥有公路968条，通车里程达1721.69公里，公路密度位居全国前列。邮电通信超前发展，2003年年底全市固定电话用户53.57万户，公用电话29 369部，小灵通用户21.8万户，移动电话用户27万户。2003年年底，全市有220千伏变电站3座，主变容量1080千伏安，110千伏变电站15座，主变容量1396千伏安，35千伏变电站3座。目前拥有110千伏输电线路251.089公里，10千伏配电线路1735公里，形成以110千伏电压等级为主网架和10千伏配网组成的供电网络。基础设施的大力建设为晋江城市功能优化奠定了基础。

在城乡互动、功能优化的城市化路径下，今天晋江市已初步构筑起现代化城镇体系框架，逐渐形成以青阳、安海、晋江等各具特色的三大经济区域为龙头，一批开发区、工业区和专业市场为骨架，“众星捧月”的城镇发展格局。2001年，福建省委、省政府批准晋江为（规划）中等城市。以此为契机，晋江确定了“现代化制造基地、著名侨乡、生态型滨海城市”的城市发展定位，“高标准规划、大手笔建设、高效能管理”的原则以及“晋江全境城市化”的发展格局。至2004年，晋江已完成城市总体规划编修，启动“三组团”，即城市中心团、产业组团、滨海组团三大功能区规划，编制城市近期建设规划。以中心市区和中心城镇为重点，稳步推进新区建设、旧城改造、道路交通、电器燃气、城镇建设等系列工程。城乡互动，城市功能正在不断优化。

总体而言，相比于晋江模式，城市化可以说是晋江模式新发展中的全新内容。在晋江模式时代，农村工业化造成的村村点火处处冒烟的工业布局，以及小工厂小作坊的小规模生产，无法为城市化提供人口集中、商品集中、服务集中的基础条件，同时也不会为了降低成本、分享信息而产生对公共基础设施的需求，因而城市化也不会成为这一时期地方政府和社会各界的战略选择。当然，那个时代对严格的城乡二元化体制的坚持，对农民进城的种种限制，也是城市化战略难以被提上议事日程的重要原因。随着新型的市场化和工业化的发展，随着企业规模的扩张和产业集群的形成，城市化战略就不仅获得了必要的客观条件，成为晋江进一步发展的内在要求，从而也成为晋江模式新发展的应有之义与显著特征。

3.社会事业现代化：关注民生、共享和谐

人民共享改革发展成果，需要大力发展社会事业。经济发展会促进社会发展，但并不能使社会发展自动实现。相对于经济发展而言，社会发展更多地依赖于政府的行动，依赖于各种社会力量的努力。在经济社会发展的初期，经济发展被突出强调，社会事业发展滞后于经济增长，这是普遍的现象，晋江也不例外。但是，在经济社会发展进入中期以后，加大社会事业的发展成为必然的选择。在这一时期，社会事业发展能不能适时地跟进，不仅对经济社会协调发展有着积极的意义，也直接决定了经济能否可持续健康发展。晋江历届政府多管齐下，强力推进社会事业发展，促进社会与经济之间、城乡之间、区域之间和阶层之间的协调发展，取得明显效果。其中，尤以教育事业、社会保障事业以及慈善事业的发展为着力点。

在教育事业发展方面，晋江市突出了政府责任，持续大力投入，改善办学条件，提高教师待遇和教学质量。20世纪90年代中后期以来，晋江市对全市中小学布局进行了合理化调整，大力改善学校教学设施，同时鼓励外地晋江籍大学毕业生回乡投身教育事业，引进优秀教学人才。在很短的时间里，实现了晋江市全部中小学的高水平建设，教学质量显著提高，城乡教育资源配置日益均衡。2006年，政府的教育投入达到4.95亿元，占财政总支出的24.1%。特别值得一提的是，晋江市的教育资源不仅在本地人中实行均衡配置，而且还向外来人口覆盖，目前凡是在晋江务工经商的外来人口子女都能享受晋江的免费公共义务教育，11万外来人员子女在晋江小学就读。在不少学校中，外来人口子女人数已经超过本地孩子。考虑到部分外来人员子弟上学的困难，晋江市保留了在小学布局调整过程中空置的校舍，交给社会办学力量办学，为外来人员子弟提供方便的上学条件。通过这些努力，目前，晋江市青年人口的教育水平得到大

幅度提高，这为晋江现代化奠定了重要的人力资源基础。

在社会保障方面，1998年晋江市在福建省率先实行城乡一体的最低生活保障制度，2006年又在福建省率先实行城乡一体的新型合作医疗制度，覆盖率达100%，“参合”人数为77.73万人，“参合”率达80.78%。在开展社会保障工作方面，晋江市坚持从实际出发，高标准研究设计工作方案。在出台的《农村居民最低生活保障制度实施办法》中，对保障范围和保障标准的确定与调整、家庭收入的计算、低保资金的管理等都做了明确具体的规定，除低保资金全部自筹外，低保人员每人年均保障水平达到3000元，比全省平均水平高出1800元。在推进新型农村合作医疗工作中，也确定了高于全省水平的筹资标准，并指定福州、厦门、泉州等转外就医定点医院，增强了工作的可比性、可行性与可信度。另外，晋江市的扶贫济困工作多管齐下，实施城乡贫困家庭医疗救助，2005年8月以来发放救助金约57.5万元；推广建立“爱心慈善援助中心（站）”，在各镇（街道）、村（社区）建成176个中心（站），慈善总会资助低保户加入新型农村合作医疗体系，同时资助部分60周岁以上被征地的低保人员参加养老保险；实施廉租房补贴政策，对城乡低保对象中租房居住的家庭实施货币补贴等，促进社会救助体系的逐步形成。

慈善事业对于社会财富的再分配以及协调社会阶层关系具有重要的功能。为了更好地动员晋江社会慈善资源，更好地发挥济困扶危的社会功能，2002年，晋江市正式建立了统一的慈善机构——晋江市慈善协会。慈善协会成立以来，多方动员，广为宣传，积极鼓励先富起来的人士向慈善事业捐赠。到目前为止，晋江市慈善协会收到捐赠款物折合人民币2.68亿元，较好地发挥了济困扶危、协调社会关系的作用。

在实现上述重点突破的同时，晋江市还努力推进其他社会事业的协调发展。城乡卫生事业发展稳步推进，公共卫生应急体系进一步完善；现代科技、文化、体育事业体系初步建立起来，图书馆、博物馆、文化馆、体育场馆等文体设施不断得到更新和完善；环境治理力度逐年加大，企业污染治理投入逐年增加，整体环境状况不断改善。

4.城乡协调发展和经济社会协调发展

城乡发展以及经济社会发展中的不协调、不平衡，农村发展以及社会发展滞后，是中国现阶段发展的基本特征，也是中国当前现代化进程中诸多社会问题和社会矛盾的症结所在。因此，统筹城乡以及经济社会协调发展是实现现代化的应有之义，并且已经成为新一届中央政府提出的科学发展观和构建社会主义和谐社会理念的重要内涵。就晋江的实践来看，工业化、城市化以及社会事业现代化的发展有力地促进了城乡协调发展和经济社会协调发展。

就晋江城乡发展来看，在晋江模式发展时期，由于农村工业化发展的推动作用，农村经济社会发展也取得了比中国其他大多数县域农村更大的成就。但与晋江城镇相比，晋江农村的发展，尤其是社会发展，仍然显得不协调不均衡。例如，农村的公共服务供给就远比城镇少，城乡教育资源配置、城乡基础设施建设、城乡医疗与社会保障体制建设等，都存在明显的不平衡、不协调，农民的公共负担也比城镇居民大得多。在晋江模式新发展时期，工业化、城市化、社会事业现代化的快速发展，为城乡协调发展创造了良好的基础。在教育资源配置方面，经过近年来的努力，晋江市已经基本解决城乡失衡的问题；农村新型合作医疗体系已经基本建立起来，覆盖了所有农村人口；农村社会保障制度建设首先在最低生活保障制度建设方面取得突破性进展，基本实现应保尽保，对于工业化、城市化过程中出现的失地农民，初步建立起以征地补偿换养老保险的制度；农村劳动力就业培训力度逐年加大，推动农村劳动力转移就业的工作不断得到强化，农民的非农就业率不断提高，农村人口城市化速度加快，许多位于城镇周边和工业园区的农村社区被整体建制地转为城镇居民社区，为最终实现真正意义上的城市化奠定了基础。

从晋江经济社会协调发展来看，工业化、城市化、社会事业的齐头并进，也使得二者的协调发展正在彰显。在现代社会中，经济社会的协调发展表现在方方面面。从结构层面看，主要表现为产业结构与职业–社会阶层结构的相互适应，各社会阶层利益关系的协调，政府、市场与社会组织关系的相互适应和协调，在晋江市还有外来人口与本地户籍人口之间的利益关系协调，等等。从发展层面看，主要表现为经济建设与社会建设的协调，经济增长与环境保护的协调（环保并不单纯是一个环境问题，从根本上看也是一个社会发展问题，环境保护工作做得不好，迟早会引起社会矛盾甚至冲突），各项社会事业发展之间的协调，等等。归根结底，经济社会协调发展问题本质上是如何处理好效率与公平的关系问题，从政府角度看也就是经济政策与社会政策的协调问题。

就晋江市而言，经济社会协调发展问题也经历了一个演变过程。在晋江模式时期，经济发展被摆在核心位置，对晋江模式的“三为主、一共同”的概括，也只有经济发展的内容，而没有涉及社会发展。当然，这有历史必然性与合理性，毕竟，经济发展在当时具有根本的重要性。但是，经过十几年的发展，经济社会不协调问题也逐渐凸显出来，社会事业发展相对滞后，如教育相对不受重视，劳资关系存在一定程度的紧张等，这些问题不仅制约了社会和谐发展，也影响到经济健康发展。对此，晋江市委、市政府以及社会各界高度重视，在“坚持经济建设和社会事业并重，努力增创文明和谐、安定繁荣的人文优势”的方针指导下，不断加大教育、新农村建设、科技文化卫生领域的投入；企业则不断改善员工的工作生活条件，提高员工工资报酬。通过这些努力，晋江市的各种社会结构和社会关系逐步得到调整，相互变得更加适应与协调，晋江人的全面发展和人的现代化也取得进展。晋江经济社会协调发展趋势变得越来越明朗。

二、晋江模式新发展的前瞻性思考

晋江模式的新发展使得晋江基本实现了县域现代化。但是，这并不意味着现代化事业已经完成，相反，晋江还需要以更大的努力去面对未来可能出现的新问题与新挑战。根据经济社会发展不同阶段、发展主题各有侧重的原则，我们对晋江模式新发展的未来方向进行初步的前瞻性分析。

（一）工业化发展方向：培育世界级品牌

今后晋江是以巩固、提高现有的主导产业为主继续发展，还是转向高科技产业发展，还是兼而有之，共同发展？目前，晋江第三产业发展是否存在着不适应工业发展需要的问题？第三产业是否将取代制造业而成为晋江经济发展的方向？这些问题已经引起晋江市委、市政府和社会各界的思考。实际情况表明：一方面，晋江原有的主导产业已经开始通过不断引进和研发先进技术而提高了现代化水平；另一方面，晋江政府也在不断引进高新技术产业，以提高晋江商品的高技术含量，抢占世界产业的前沿；此外，晋江还非常重视第三产业的发展，比如在拓展会展经济方面取得了较好的效果，物流经济、文化及体育产业也有相当的规模。还需要指出的是，晋江尚需动员现有各种资源，在创造世界级品牌上多做文章。目前，晋江已经有全国性知名品牌，缺的是世界级品牌，可以考虑通过政策支持、市场遴选、企业努力，在现有的全国知名品牌中培育出两三个世界知名品牌。有了这样的品牌，晋江的经济长期保持强劲的发展势头是没有问题的。

（二）城市化载体功能面临挑战

我们看到晋江未来的城市发展目标是成为“现代化制造基地、著名侨乡、生态型滨海城市”，这对城市的载体功能提出了更高的要求。虽然晋江现有的城市建设为这种发展奠定了坚实的基础，但是这并不等于没有问题。

一是资源瓶颈问题。由于自然资源的不足，晋江土地开发成本较高，加上生产力布局还不合理，一定程度上存在资源浪费现象，限制了发展的空间。目前，影响晋江城市化最突出的问题是土地资源受到限制。由于晋江城市化是在乡村基础上进行的，因此在城市中存在着大量的城中村。未来晋江在进一步构建城市框架、厘清城市功能分区时，必然会面临着城中村改造的问题。这一方面会带来巨大的城市改造成本压力，另一方面也必然要涉及各种利益关系。对此，有关部门应高度重视，统筹考虑。

二是环境承载问题。环境污染治理是晋江城市化发展中不可回避的问题。由于晋江拥有的大多是劳动密集型、能耗比较高的工业企业，如何减少能耗、降低污染，不仅仅是工业化，也是城市化进一步发展需要着力解决的问题。对此，应积极加大对晋江企业的现代技术改造，大大降低能源的消耗，减少环境污染。

三是城市基础设施建设问题。虽然晋江城市基础设施建设取得了显著的成绩，但是与经济社会快速发展的需要相比较，还有一定的滞后性，特别是在医疗、文化、高等教育等方面，城市还缺乏明显的聚集与辐射作用。这无论是对城市功能还是对城市品位的提升都是一种制约，同时也影响着晋江城市竞争力的提升。与其他发达城市相比较，晋江的人才吸引力不强，与城市建设尚待加强是有关系的。

四是外来人口管理问题。晋江城市规模不断扩大与大量外来人口的流入有着密切的关联。在晋江常住人口中，外来人口已经占到了一半的比例。晋江的发展离不开外来劳动者的贡献，如何使外来人口能够在晋江市获得好的生活和发展条件，是一个亟待解决的问题。晋江市目前正在积极探索外来人口管理问题的解决之道，并在外来人口子女教育等问题上已经取得了积极的成绩。但是如何让外来劳动者心系晋江，根留晋江，尚有大量的问题需要解决，这也是未来晋江发展需要高度重视的问题。

（三）社会事业：建立合理有效的调节不同阶层、不同群体的利益关系机制

在现代化进程中，社会事业发展对于整合秩序、实现社会和谐

具有重要的作用。晋江社会事业发展时间不长，因此社会事业发展的数量与质量尚需要进一步提升。要进一步强化以公平原则为先导，把建立合理有效的调节不同阶层、不同群体的利益关系机制作为今后提高晋江全面现代化水平的重要任务。

首先，继续优先发展教育，加强职业教育与高等教育事业发展，提高晋江综合竞争能力和可持续发展能力。教育是经济社会发展的基础，教育先行是发达国家和地区的基本经验。改革开放以来，晋江教育事业的发展为经济社会发展奠定了坚实的基础。但是需要看到晋江教育体系并不完备，基础教育虽然取得长足发展，但高等教育与职业教育还相对滞后，这对于晋江未来发展对人力资源的需求极为不利。在这个问题上，不能单纯地依靠外来人才的引进，自身培养人才才是最根本的途径。因此，加强职业教育与高等教育事业的发展应是晋江未来社会事业发展的首要切入点，这不仅能够培养高素质、复合型的人才，而且也是提高市民素质、提升城市品位的重要途径。

其次，推进社会保障制度建设，构建一个覆盖城乡居民不同阶层、不同群体的社会保障体系，正如党的十七大报告所指出的要努力使人们学有所教、病有所医、老有所养、住有所居。对于晋江而言，在社会保障具体操作层面上，还要注意如何让外来人口享受同等待遇，这对于晋江经济社会健康持续发展至关重要。

再次，要积极鼓励社会各界参与社会事业的发展，培育社会各界的社会责任意识和相互关爱的社会氛围。继续鼓励社会慈善基金的发展，鼓励社会民间组织的发展及其对推动社会进步活动的广泛参与。

最后，要不断加大社会事业发展的投入比重。经济发展的目的是为了实现人的全面发展与社会进步。从这个意义上看，经济发展是手段，社会发展是目的。当经济发展起来以后，不断加快社会发展，是经济社会协调发展的必然选择，是构建和谐社会的内在要求。近年来，晋江在社会事业发展方面的投入不断加大，但与现实情况相比，这种投入尚需进一步加大，以便更好地适应发展的需要，更好地实现经济社会的协调发展。

（原载于《社会科学报》，2008年2月21日第001版）

把东北平原建成中国未来的大粮仓*

天佑中国！今年美国不下雨，俄国不下雨，雨都下到中国来了，下到最缺水最需要水的西北、华北、东北来了。北京的密云水库，1998年怕大水，放掉了库容，连旱14年，库容一直补不起来。今年，2012年，天好，暴雨加大雨，灌进了十几个昆明湖的水，不光今年不缺水了，还可以用几年，地下水也补了不少。

中国是个缺水怕旱的国家。哪一年雨水多，哪年农业就丰收。农口同志有个判断农业的经验：八月十五（阳历）定灾情，八月中秋定丰歉。今年雨多，我料定是会增产的。2012年9月8日，我在中国社会科学院的一次形势分析会上说："今年粮食可能会增产300多亿斤。"最近我去了一次黑龙江，看了、听了那里特大丰收的情况，喜出望外。

一、黑龙江省今年粮食特大丰收，全国可望增产600亿斤

2012年9月中旬我到大庆开会，22日在哈尔滨参加了两个座谈会。上午黑龙江省农垦局的领导介绍：垦区今年粮食播种面积4192.7万亩，粮食总产预计436亿斤，可销售商品粮400亿斤。下午

---

* 此文是陆学艺先生调研东北四省区，尤其是黑龙江省农垦局及粮食产量后写就的。文章认为黑龙江省粮食大丰收，农垦局，尤其是其家庭承包和统分结合、双层经营体制起到了关键作用，粮食产区已经从湖广向东北转移，而且东北四省区粮食生产还有很大潜力（现有耕地中40%以上的是中低产田、开荒地、荒漠之地等），建议加强政策力度，把东北平原建成中国未来的大粮仓。

省社会科学院的同志介绍：今年全省粮食播种面积20 913万亩，粮食总产预计为1250亿斤，比去年增136亿斤。院领导说："老天帮忙，全省农业大丰收，今天是秋分，还没有来初霜，'自老山'了！总产比省里预计的还会多，可能会超过1260亿斤！"[①]

黑龙江一省粮食增产136亿斤，大大超过了我的预料。黑龙江省的粮食总产占全国的10%，是全国产粮最多的大省，也是调出商品粮最多的大省。黑龙江粮食特大丰收，增产12%以上，为全国今年粮食大丰收奠定了好的基础。今年全国雨水多，基本上风调雨顺，又无特大的病虫灾害，大丰收已成定局。中国今年不仅可以实现九连增，而且是连续两年增产都在4.5%以上，两年共增产1060亿斤，两年连跨1.1万亿斤和1.2万亿斤，两个万亿的大台阶。这在中国粮食发展史上还是从来没有过的，堪称是中国农业生产的奇迹。这对当今中国的经济大局、社会大局、政治大局都是一个很大的贡献。

全国粮食大丰收，黑龙江省立了头功。据上述估产，全国两年共增产1060亿斤，黑龙江省两年共增产240亿斤，占22.6%。全国31个省市区，黑龙江一个省做了1/5强的贡献，功莫大焉！

黑龙江省2007年粮食总产693亿斤，2012年总产1250亿斤，5年增产557亿斤，增产80.4%，翻了近一番。这5年全国粮食共增产2012亿斤，黑龙江省有27.7%的贡献。黑龙江省在20世纪90年代中期以前，只是一个农业大省，粮食总产、商品粮贡献在全国并不突出。为什么十来年工夫，黑龙江能如此突飞猛进，一跃成为全国第一产粮大省（连续三年总产占10%以上）和调出商品粮最多的强省呢？原因是多方面的。党的政策好、广大干部和群众积极努力、天帮忙，这些因素和全国是一样的。黑龙江省这些年之所以能够在农业和粮食增产方面脱颖而出、独领风骚，一个特别的原因，是黑龙江省有一个不断改革创新、已经实现农业现代化的农垦总

① 管建涛：《黑龙江省有望增粮140亿斤实现"九连增"》，新华网，2012年9月24日。

局。这个很大的农业系统的改革、发展和进步，对黑龙江省农村农业和粮食发展，起到了带领、示范、帮助、推动的特殊作用。

二、在黑龙江大丰收中，农垦总局起了特别关键的作用

黑龙江省农垦总局，是1947年在战争年代组建的在一个农场基础上发展起来的大型国有农场系统。现在对外又称北大荒集团，是一个国际化超大型现代农业企业集团。下辖113个农牧场和数百个企事业单位，分布在全省74个市县区，总面积5.54万平方公里，总人口166万人，各类从业职工90.1万人，有耕地4000多万亩，还有2000多万亩林地、草原和水面。耕地面积占全省20%，人口占全省4.3%。

20世纪90年代中期以前，黑龙江省农垦总局同全国其他省的农垦系统没有什么差别。1995年农垦总局按照中央和省委的指示，重启体制改革，再次推行家庭农场联产承包责任制，实行“两自理”（生活费用、生产费用自筹），“四到户”（土地、农机、经营核算、盈亏自负）。从此，把家庭农场职工的积极性调动了起来。同时实行统分结合的双层经营，大农场这边主要做产前、产中、产后的服务，大田作业，实行统耕、统种、统灌、统管（治虫、施肥）、统收、统销（售），做到宜统则统、宜分则分，统分结合。这样就使小农场和大农场的两个积极性都得到了充分发挥。

在生产力方面，20世纪50年代，黑龙江农垦总局就被定格为国营大型谷物农场，从苏联引进了很多农业机械。1954年苏联援助建了友谊大型谷物农场，机械化程度就比较高。1978年国际友人韩丁提出搞现代化农场的建议，试点定在友谊农场五分场二队，引进了全套美国设备和耕作技术，20个人种2万亩地，开始做农业现代化试点。以后又在三江地区建了几个现代化农场，用美国机械和技术，职工集中居住，2000人种30万亩，生产小麦和大豆。这些实验性农场，起了开路、探索的作用，但限于当时的体制，效果都并不理想。垦区真正大规模实现农业现代化，是在上述农场实行双层经营体制

改革之后，国家也有了较大规模的投资，还引进了世界银行的贷款，进行了大规模的水利和农业基础设施建设，从美国、德国购进了大批最先进的成套农业机械（如美国凯恩公司570马力的拖拉机），用了十几年工夫，在垦区实现了以大水利、大农机、大科技为标志的农业现代化。2011年，黑龙江农垦区内，农业综合机械化率达97%，农业技术贡献率达67%，劳动生产率也有了极大的提高。2011年，农业职工人均生产粮食42.7吨，粮食综合亩产1000斤以上。据统计，1995年粮食总产为100亿斤，而从2005年突破200亿斤，到2009年突破300亿斤，只用了3年的时间。2011年粮食总产达407.2亿斤，销售商品粮363亿斤。今年粮食总产将超过436亿斤，销售商品粮将超过400亿斤，对国家、对省的贡献越来越大。

有学者总结：黑龙江农垦系统是一个人口大县的人口（166万），一个地区级的国土面积，一个中等省份的粮食产量，一个大区的商品粮贡献。

黑龙江农垦系统，不仅是生产了这么多粮食——占到黑龙江全省总产量的1/3以上，而且他们的农业现代化和科学生产的实践，直接间接地带动影响着农场周边农民的粮食生产，起到了重要的帮助和示范作用。例如，农场用美国凯恩公司570马力拖拉机，可以深翻40公分以上，使耕地既平整又松软，种子用的都是优良品种，庄稼长得又好又整齐。周边农民就跟着学，有的农民要求农场代耕代种。省委顺应民意，要求“垦区领跑全省农业现代化，领跑全省城乡一体化”。按照省委要求，垦区这几年开展场县共建，管理局与很多县乡镇签订合作协议，开展农机服务、良种销售、新技术推广等活动，大大推进了当地农业现代化的进程，特别是农场直接为农民开展代耕、代种、代收的服务，增产效果特别明显。“三代”农田2011年已达到4000多万亩，2012年接近5000万亩，加上农垦自种的4000多万亩，高产的农田占全省总耕地的45%以上，效益明显。结果是，粮食增产，农民增收，一举多得，皆大欢喜。这也是今年农业大丰收的一个重要原因。

三、黑龙江省的粮食增长潜力还很大

中国的粮情，自20世纪80年代中期以来，发生了本质上的变化。过去常说“湖广熟，天下足”。1985年以前，湖南、湖北、广东、广西、海南五省区，粮食总产占全国总产的20%—23%，或更多，每年有大量商品粮调出，当然是举足轻重的。那时黑龙江、吉林、辽宁、内蒙古四省区的粮食只占11%—13%，每年需要调进粮食，叫作“南粮北运”。但自1986年以后，粮情就逐渐发生了变化，湖广五省区的粮食生产，虽然总产还略有增长，但在全国的比重则逐年下降，而东北四省区的粮食大幅增长，在全国总产中的比重逐年增大。到1993年，湖广五省区的粮食总产占全国的比重只有17.72%，而东北四省区的总产已占15.54%。到2003年，东北四省区的粮食总产在全国的比重已超过湖广。到2011年，东北四省区粮食总产13 163万吨，占全国总产的23.04%，湖广五省区的总产8306万吨，只占14.54%。今年东北四省区的粮食总产将超过1.44亿吨，占全国总产的24%。湖广五省区的粮食今年也是增产的，但占全国的比重将下降到14%。所以，中国的粮情已经发生了根本性的变化，原来的“湖广熟，天下足”的说法，也应改了，实际已经是“东北熟，天下足”。（见表1–4）

从未来发展的前景看，东北四省区的粮食生产还会大幅增长。湖广五省区的粮食生产还会有发展，但增幅不会太大，所以两个大区在全国粮食总产中的比重，差距还会拉大。在前述座谈会上，黑龙江省社科院院长曲伟同志说：“黑龙江粮食增产的潜力还很大。到2020年，全省粮食总产达到2000亿斤，是完全有可能的。干到2025年，达到2500亿斤，也有可能。”他说：“全省公布的今年粮食播种面积为20 913万亩，实际可能还不止这个数。其中，农垦总局粮食播种4000万亩，总产436亿斤，平均亩产可达1100斤。如果全省农村播种的1.7亿亩，粮食亩产能达到农垦总局总体的水平，全省粮食

表1-4　1949—2011年中国粮食变化情况　（万吨）（%）

省区\年份	1949	1962	1978	1989	1999	2001	2007	2009	2011
辽宁	398	460	1194	944	1648	1394.4	1835	1591	2035
吉林	449	437	903	1357	2305	1953.4	2435	2460	3170
黑龙江	546.9	583	1462	1621.5	3074	2651.7	3462.9	4353	5570
内蒙古	172	326	510	691.8	1428	1239.1	1810	1981	2388
小计	1566	1806	4069	4608	8455	7237	9561	103 855	13 163
占全国总产比重	13.84	11.7	13.35	11.3	16.63	15.9	19.6	19.56	23.04
湖北	619	956	1849.5	2370	2451	2138.5	2185.4	2309	2389
湖南	641	1025	2218.5	2648	2725	2700.3	2692	2902	2939
广东	740	1108	1738	1827	1967	1600	1284.7	1314	1361
海南	–	–	–	126	148	158	177	189	188
广西	558	487	1173	1270.8	1575	1511	1396.6	1463	1429
小计	2558	3568	6979	8115	8866	8108	7735	8177	8306
占全国总产比重	22.6	23.06	22.9	19.91	17.15	17.91	15.42	15.40	14.54
全国	11 318	15 441	30 476	40 755	50 838	45 263	50 160	53 082	57 121

资料来源：《中国统计年鉴》相关年份数据。

总产就可以超过2000亿斤。当然，这就需要相应的政策，要有很大的人力、物力、财力投入。这就要有中央和省委的决策了。”曲伟同志是黑龙江本地的资深学者，又有实际工作经验，当过省委政策研究室主任，对省情很熟悉。他关于粮食问题的这个预测，是很有见地的，值得重视。

四、把东北平原建成中国的大粮仓

1996年，中国粮食大丰收，总产首次超过1万亿斤，人均824斤，粮食达到自给有余。1998年、1999年粮食总产又连续两年超过

1万亿斤以后，从1999年到2003年，连续减产5年。2003年粮食总产只有8614亿斤，人均667斤，总产退到1991年的水平。2004年后党和国家采取了一系列政策和措施，扭转了局面。2004—2011年，实现粮食“八连增”。2007年粮食总产重新超过万亿斤大关，2011年达到11 424亿斤，人均848斤。2012年有望超过1.2万亿斤，人均可能超过890斤，粮食总产和人均产量都达到空前的最高水平。这是农业战线巨大的成就，为社会主义现代化建设做出了重大贡献，这个业绩来之不易。

从1996年到2011年，15年的工夫，中国的人口从122 389万人，增加到134 735万人，纯增12 346万人，平均每年纯增823万人。所以人均只增加12斤粮食，增长1.46%。而就在这15年里，中国的经济有了极大的发展。1996年人均GDP为5846元，折合672美元，还算低收入国家；2011年，人均GDP为35 083元，折合5432美元，已经算是中等收入国家了。经过15年，中国人民的收入有了很大提高，中国人民的生活普遍有了很大的改善，各种消费品都有很大的增加。1996年生产1万亿斤粮食，秋后不少地方出现卖粮难、粮食爆仓，市场粮价下跌。2011年就不同了，当年产粮11 424亿斤，同年还纯进口5694万吨粮豆和457万吨食用油。1996年及以后几年，中国是粮食和农产品的纯出口国，近几年已经变为纯进口国。2011年的农产品进出口逆差超过300亿美元。

中国是个人多地少水缺的国家。随着经济的持续发展，人民生活消费水平不断提高，对粮食和农产品的需求必然将大幅增加。从未来10—15年的情势看，到2025年中国总人口将达到14亿左右①，按每人每年1000斤粮食需要计，2025年需要7亿吨。按2012年生产的6亿吨计，未来13年还需要增产粮食1亿吨，需要每年平均增产800万吨，才能保证国家粮食自给、基本自给战略的实现。

从我国粮食增产的历史看，到2025年粮食总产达到7亿吨，是

---

① 参见左学金《中国人口峰值2025年达14亿》，新华网，2012年10月2日。

有可能实现的。1949年粮食总产1.1318亿吨，到1965年超过2亿吨，用了16年；到1978年超过3亿吨，用了13年；到1984年超过4亿吨，只用了6年；到1996年超过5亿吨，用了12年；2012年粮食总产如果达到6亿吨，就算用了16年。从1949年到2012年，粮食总产从1亿多吨到6亿吨，前后63年，跨过了5个亿吨的大关，每增加1亿吨粮食，平均需要12.6年。最长的16年，最快的只要6年，其中的经验和教训，很值得总结。（见表1–5）

表1–5　1949—2012年粮情变动情况

年份	粮食总产（万吨）	增长1亿吨的时间（年）	备注
1949	11 318	–	–
1965	20 345	16	1958年总产达到2亿吨，但仅此一年，且统计数据多次变更，故用1965年数据
1978	30 476	13	–
1984	40 564	6	–
1996	50 454	12	–
2012	60 100	16	此为预产数

资料来源：《中国统计年鉴》相关年份数据。

从现在起到2025年，还有13年时间。按以往的历史经验来看，只要我们抓得好，也是有可能实现的。

自1990年以后，中国的粮食生产结构逐渐发生变化。粮食的主产区逐渐从南方转到东北平原。1989年，东北平原四省区的粮食总产只有4608万吨，占全国总产的11.3%，2011年东北平原四省区总产13 163万吨，今年可能达到1.44亿吨，占全国总产的24%。1989年到2012年，东北四省区的总产纯增9800万吨，平均每年增加426万吨。其中仅黑龙江一省就纯增约4600万吨，平均每年增加200万吨。

同期（1989—2011年），湖广五省区粮食总产22年只增加191万吨，平均每年增加8.3万吨。其中广东省2011年比1989年还减少了

466万吨。每年平均减少21万吨。

从今后中国粮情10—15年的发展趋势看，在粮食生产结构中，这种南减北增的趋势还将继续。湖广等地区是如此，华东等地区也是如此。这些原来是中国粮食的主产地区，自20世纪90年代以后，经济高速发展，第二、三产业都很发达，目前工业化还在继续进行，正处在城市化的高潮之中，不仅会继续占用大量耕地，而且还会继续扩种蔬菜瓜果等经济作物。如果没有大的政策调整（如大幅提高粮食作物的价格），那么这些地区粮食生产徘徊的趋势还将继续下去。

中国未来的粮仓在哪里？党和政府经过多年的经营，东北平原这个粮仓已经初步建立起来了。2012年东北四省区的粮食总产占全国总产的24%，提供的商品粮占全国40%以上，已经初步起到了替代原来主产区的作用。更为可喜的是，东北四省区粮食增产的潜力还很大。未来粮食生产仍呈大发展的趋势，据有关部门介绍，第一，黑龙江省现有耕地中，中低产田还占40%以上。第二，还有大片荒漠之地可以开垦种植，近几年农场职工在北纬49.5度附近引种德国玉米品种成功，亩产也达1000斤。只要水利建设到位，耕地面积还可扩大（这几年实际已经开垦了不少）。第三，黑龙江农垦系统以大水利、大农机为标志的农业现代化建设很成功（垦区的粮食单产比一般农村高1倍），如果把农垦系统的统分结合、双层经营的模式和经验，有条件有选择地推广到农村，对推动粮食增产将会起到很大的作用。

再经过若干年的努力，把黑龙江省的粮食生产潜力发掘出来，到2025年使总产达到1.25亿吨，是有可能的（前述，省里已经有了这方面的调研和预测）。其实，东北平原的吉林、辽宁、内蒙古三个省区的粮食生产潜力也很大，特别是内蒙古的东四盟和吉林，同样有40%以上的中低产田，同样有大片可望开垦的荒漠之地。如果有相应的政策，大规模的水利建设和大农机的投入，把这三个省区的生产潜力也发掘出来的话，那么，东北大平原的粮食产量，就将从现在2012年的1.44亿吨（占全国总产的24%），提高到2025年的2.2亿吨以上（占全国总产的31%以上），成为未来中国的最大粮仓。

把东北平原建成中国未来的大粮仓，这是国情、粮情发展的必然要求。既有需要，也有可能。真正实现了可以增产0.6亿—0.7亿吨粮食，满足国家到2025年需要增加1亿吨粮食中60%以上的供给。这是农业生产布局方面的一项重大战略，需要从长计议，需要多方调研、协商，制定相应的战略方针、任务和实施方案。

第一，就全国来说，我国的农村、农业政策是统一的，这是完全正确和必要的。各地执行的情况比较好，保证了农村社会的稳定和农业与粮食生产的健康发展，实践证明是成功的。考虑到今后要建东北平原大粮仓，要增加0.6亿—0.7亿吨的粮食生产能力，应对东北平原四省区和相关市、县、区，在财政投入、农田水利、农机化建设和粮食购销等方面采取一些特殊政策、给予相应的优惠和支持。例如，可否在东北平原建一个农业现代化生产的试验区，先选几个市县做试点，取得经验后再逐步推广。

第二，根据黑龙江垦区改造中低产田和垦殖荒地的经验，最主要的是两条。一是兴修水利进行农田基本建设，二是购置大型农机具，实现机械化作业。而这两条都需要大量的投资。据黑龙江省有关部门测算，要增加1000亿斤粮食生产能力，大约需要投入2000亿元资金，今后13年，东北平原四省区要增加0.6亿—0.7亿吨粮食，需要12 000亿—14 000亿元的投入，每年约需1000亿元。这当然是一笔很大的投入，但能增加0.6亿—0.7亿吨的生产能力，产出总量以亿吨计的粮食，还是合算的。而且这个粮食大增产的过程，实际上也是在东北平原地区的农村实现农业现代化的过程，将彻底改变这些地区广大农民群众生产生活的面貌，其现实意义和历史意义就更加重大。

第三，要全面总结黑龙江省农垦总局改革创新的经验。垦区实行以家庭农场承包经营为基础，统分结合的双层经营体制，实行了“两自理、四到户”的家庭农场和大农场进行“六个统一”管理的制度，既发挥了家庭农场经营的积极性，又发挥了大农场组织化程度高的优势。10多年来，这种双层经营体制不断完善，使农业生产和其他经营活动蒸蒸日上，粮食产量连创新高，给国家的贡献越来越大。正是在这种双层经营的背景下，从体制机制方面保证了农业现代化的实现和发展。

这种家庭承包和统分结合、双层经营的体制，在20世纪80年代就倡导过，在党的许多文件中都明确提出过，农村实行家庭联产承包、统分结合的双层经营。但实行的结果是，很多农村至今效果仍不理想、不尽如人意。为什么这种统分结合、双层经营的体制在黑龙江省国有农场里能实行成功，取得如此好的成效，并且就在此体制下，实现了农业现代化？这就很值得总结。要总结出这种模式的基本经验，以便在更多的条件相同的国有农场推广。特别要总结出，黑龙江垦区统分结合、双层经营体制的普适性，看能否推广到具有一定条件的农村去。找到在继续坚持集体经济、家庭承包经营的条件下，重建统分结合、双层经营的体制的方式；找到国有农场实行统分结合、双层经营和集体经济的农村实行统分结合、双层经营的对接点；找到在农村推广的方式和方法。这种经验，对于正在全国推进的新农村建设和农业现代化建设，有着十分重要的意义。

（原载于《“统筹城乡经济社会发展论坛”通讯》，
2012年第9期增刊）

中篇

社会结构问题

转型时期农民的阶层分化*

——对大寨、刘庄、华西等13个村庄的实证研究

改革开放以来，我国农村发生了激烈的经济和社会变革，其中农民的阶层分化，大量农民由农业劳动者阶层转变成新的阶层，是这一时期最重要的变化之一。由于农民已经分化成具有不同利益要求和地位特征的阶层，所以研究和认识农民的分层结构，是研究和认识农民的必要方法之一。只有根据农民已经分化的客观现实，识别出农民的分层结构，才能对农民的状况有一个科学的认识。

我们研究的样本是13个村庄。1990年7月至1991年8月，我们对这13个村庄进行了调查。这13个村庄多数全国闻名，分布在7省12县，它们是：曾被树立为全国农村学习样板的山西省昔阳县大寨村，被毛泽东同志赞誉为“我们整个国家形象”的“穷棒子社”——河北省遵化县西铺村，“青石板上种庄稼”的河北省遵化县沙石峪，由全国模范共产党员史来贺担任支部书记近40年的河南省新乡县刘庄，老典型、新贡献的“亿元村”——江苏省江阴市华西村，起草全国第一份包干到户合同书的安徽省凤阳县小岗村，全国第一个武装革命根据地的指挥中心——江西省宁冈县茅坪，80年代以来经济、

---

* 此文是陆学艺先生、张厚义先生、张其仔博士对20世纪80年代末期大寨、刘庄、华西等13个村庄出现的农民阶层分化现象进行系统调查后写就的。针对农民群体内部分化现象，确定分层标准，将农民划分为10个阶层，并结合调查实际，对这10个阶层进行类型化分析，这对认识当时农民群体的内部分化情况和阶层关系具有重要意义，对制定相应的政策指导农民工作具有重要意义。同时，也是研究社会分层问题较早的一篇重要参考文献。

社会发展比较快的河北省迁西县烈马峪、三河县西岭村和安徽省含山县房圩村，改革开放以后跨入“小康村”行列的湖北省洪湖市洪林村、河南省巩县竹林村、河北省香河县娌口村。在这13个村中，有11个行政村，2个自然村（村民小组）；有5个村属于丘陵区，3个村属于平原区，3个村属于山区，2个村属于圩区。这些村庄大部分属于中等发达或发达地区。之所以这样选择，是因为中等发达和发达地区是党的十一届三中全会以来变化较快的社区类型。我们调查不发达村庄的主要目的是为了对照。

一、分层标准

研究社会分层不是研究者按自己的主观意愿对社会成员进行分门别类，唯心地创造一种结构。社会分层是一种客观的结构，研究者只能发现、描述和解释这一结构。因此对于农民分层的标准，不能随研究者的偏好而任意确定，而是从社会现实中科学抽象出来。研究农民分层的关键是从社会现实中发现分层标准的逻辑起点。

在人民公社化时期，13个村庄的农民分层很不明显。农民之间的地位同一性是主要和普遍的。农民之间的差别更多的是一种功能差别。进入20世纪80年代以后，13个村庄的农民不同程度地发生了分层，农民开始逐步向非农民转化，农民之间的地位差别变得日益明显。造成这一变迁的基本原因是农村财产制度和职业系统发生了变化。

财产制度的变化主要表现为财产经营方式和所有制形式的多样化。人民公社化时期的农民没有经营自主权和支配自己劳动产品的权力，生产资料由集体统一支配和使用。农村改革把单一的集体统一经营形式，改变为以农户或承包单位为基础、家庭分散经营和集体统一经营同时并存的双层经营。这一转变在13个村庄中历时6年。最早发生这种转变的是安徽凤阳的小岗村，时间是1979年；最晚发生这种转化的是河北遵化的沙石峪，时间是1985年。家庭承包经营形式的引入，标志着引入了一种新的资产经营形式，即所有权和经营权相分离的资产经营形式。资产经营形式的多样化反映在农民身上，表现为农民对所使用的生产资料的权力差别。

财产制度的另一个主要变化表现在所有制方面。人民公社化时期的所有制结构是单一的集体所有制。农村改革改变了所有制结构的单一化状态，形成了以公有制为主体、多种所有制形式并存的格局。13个村目前存在三种经济成分：集体经济、个体经济和私营经济。大多数村庄只具有其中的两种经济成分，有3个村庄同时具有三种经济成分，另有3个村庄只具有集体经济一种经济成分。集体所有制在13个村庄中都存在，是一种普遍的所有制形式。同集体经济发生联系的农民也最为广泛。

就职业系统来说，20世纪80年代前后13个村庄职业系统的一个明显的区别是单一化和多样化的区别。人民公社化时期绝大多数农民从事的是农业劳动，只有极少数人从事其他职业。相对于农业劳动者来说，从事其他职业的农民地位要高些，但其规模很小，对农村不能发生深刻影响。80年代后，农民的就业空间拓宽了，产业结构由单一的农业向农业和非农业同时并存的格局转化。农业之外的职业开始对农民发生越来越大、越来越深刻的影响。从表2–1可以看出，13个村庄中的劳动力在农业和非农业上的分布发生了明显的变化。1989年和1990年的非农业劳动力比重在绝大多数村庄都超过了60%。

农民的分层正是发生在农村出现多样化的职业、多样化的生产资料所有制形式和多样化的资产经营方式的背景下的。也就是说，当农村在集体经济之外出现了个体经济和私营经济，在所有权和经营权相结合的经营形式之外出现了所有权和经营权相分离的经营形式，在农业之外出现了其他各种各样的职业之后，农民相互之间的地位差别才变得明显起来。上述三者的多样化反映到农民身上就是农民之间的职业、使用生产资料的方式和对所使用生产资料的权力的差别。正是因为这种差别，农民才被分离为不同的阶层。阶层就

表2-1 13个村庄农业劳动力和非农业劳动力的比重变化 （%）

村名	农业劳动力比重		非农业劳动力比重		村名	农业劳动力比重		非农业劳动力比重	
	1978年	1989年	1978年	1989年		1978年	1989年	1978年	1989年
华西	80.7	1.3	19.3	98.7	沙石峪	–	65	–	35
刘庄	40.9	7.8	59.1	92.2	房圩	70.3	27.5③	29.7	72.5③
竹林	88	0①	12	100	大寨	–	43.3	–	56.7
洪林	53.5②	8.5③	46.5②	91.5③	西铺	98.03	39.49	1.97	60.51
雉口	71.7②	3.7③	28.3②	96.3③	茅坪	91.1	89.2	8.9	10.8
烈马峪	95.71	16.19	4.29	83.81	小岗	100	97	0	3
西岭	–	37.7	–	62.3	–	–	–	–	–

注：① 竹林村没有专门的农业劳动力，其农业生产是通过乡镇企业职工利用早、晚和工休日来进行的，因此我们把该村的农业劳动力确定为零，当然这是不准确的。② 1979年的比重。③ 1990年的比重。

是具有相同或相近职业、相同的使用生产资料的方式，和对所使用的生产资料具有同类权力的个体的集合。

以职业、使用生产资料的方式和对所使用生产资料的权力对农民进行分层，同马克思主义的阶级分析方法在根本上是一致的。我国是一个社会主义国家，消灭了一方占有生产资料、以剥削为生和另一方失去了生产资料、以出卖劳动力为生的两极对立，建立了社会主义公有制。这时如果仍以生产资料占有与否为唯一标准对农民进行分层，农民基本上就无层可分。虽然农村在改革之后出现了个体经济和私营经济，但其数量和比例都比较少，不是普遍的经济形式。在公有制经济是主体经济形式的情况下，把职业引入分层标准是合理的。因为在生产力水平还比较低，劳动还是人们谋生的手段时，职业的差别就不可避免地表现为地位上的差别。把职业作为影响个人社会地位的因素之一，没有否定生产资料占有对个人社会地位的决定性影响，相反却是建立在这一根本前提之下和以此为出发点的。在把职业作为农民分层因素的同时，我们所考虑的其他两个因素更直接地反映了我们的分层方法同马克思主义阶级分析方法的一致。把使用生产资料的方式和对所使用生产资料的权力这两个因素引入分层，就是把生产资料的占有影响个人社会地位这一命题纳入分层之中。把这两个因素同职业相结合作为农民分层的标准，是马克思主义的阶级分析方法在我国社会主义初级阶段的具体应用。

二、分层结构

根据农民所从事的职业类型、使用生产资料的方式和对所使用生产资料的权力这三个因素的组合，我们对13个村的农民进行了分类，发现存在于目前农村的有10个阶层：农村干部、集体企业管理者、私营企业主、个体劳动者、智力型职业者、乡镇企业职工，农业劳动者、雇工、外聘工人、无职业者。这10个阶层具有不同的职业类型、不同的使用生产资料的方式和对所使用生产资料的不同的权力（见表2–2）。这三个因素的不同组合决定了各个阶层的地位不同。具体到一个特定的村庄，这10个阶层不一定都同时具备。

表2–2　10个阶层的参数组合特征

序号	阶层名称	参数组合特征	序号	阶层名称	参数组合特征
1	农村干部	社区管理、集体经济、所有权	6	乡镇企业职工	非农业劳动、集体经济、经营权
2	集体企业管理者	企业管理、集体经济、经营权	7	农业劳动者	农业劳动、集体经济、经营权
3	私营企业主	企业管理、私营经济、所有权和经营权	8	雇工	非农业劳动、私营经济或个体经济、经营权
4	个体劳动者	企业管理、个体经济、经营权和所有权	9	外聘工人	非农业劳动、集体经济、经营权
5	智力型职业者	智力型职业、集体经济、经营权	10	无职业者	无职业

（一）农村干部阶层

农村干部阶层包括村民委员会成员、村党支部成员及村民小组主要负责人。他们是农村政治、经济和社会的主要组织者，是集体资产的所有权主体代表和党的各项方针政策在农村的具体执行者。他们具有双重身份，既代表国家利益，行使行政职能，又代表农民利益，对农村经济和社区的发展起着关键性作用。

农村干部的地位和收入水平在社区间是不相同的。一个基本的趋势是，经济发展水平特别是集体经济发展水平越高，农村干部的地位和收入水平越高，威望也越高。在这种情况下，农民对他们的怨言就比较少，他们的工作开展得也就比较充分。

农村干部的相对规模比较小，13个村的农村干部占本村劳动力的比重都在5%以下。比重最大的是竹林村，为4.2%，最小的是大寨村，只有1.37%。因此农村干部的管辖幅度是比较大的。即使不包括无职业者和外聘工人，其管辖幅度也在20人以上，大部分在50人以上。如果把无职业者考虑在内，则管辖幅度更大，大部分在100人左右，最大的接近200人，如西铺村。考虑到农民居住的分散性，这样的一种管理幅度是很宽的。由此我们不难看到农村干部工作的困难程度。

（二）集体企业管理者阶层

集体企业的管理者包括集体企业的经理和厂长、会计、科室负责人、供销业务人员。他们对企业的人、财、物和产、供、销有决策权，与企业职工的关系是管理者和被管理者的关系，与农村干部的关系是生产资料经营委托者和生产资料所有者代表的关系。他们对集体企业资产有经营权，没有所有权。这部分人的收入较高。如华西村，1989年有集体企业管理者115人，他们租赁和承包了23个企业，厂长和经理得超额利润10%的奖励，有的厂长和经理因此能得数万元甚至10多万元的奖金。这些奖金不以现金付给厂长或经理，而是采取入股记账的方式留在企业内。

（三）私营企业主阶层

私营企业主阶层是指由雇工8人以上、占有企业生产资料的私营企业所有者所组成的群体。私营企业主是雇主，占有雇工的剩余劳动，拥有对企业人财物的支配权、生产经营的决策权和企业内部的分配权。

私营企业主一出现就以其较高的收入而引人注目。西岭村刘保金经营的藕料场、石灰场和运输队，1989年的固定资产和流动资金总值达330万元，总产值达335万元。竹林村的一家私营耐火材料厂，有3名经营者，雇工20人，固定资产总值达20多万元，1989年的产值是30万元，利润是10万元。不过私营企业主的声望却不和他们的收入一样高。尽管他们为地方做出过不少贡献，但是村内的农民对他们仍有反感情绪。他们中一部分人内心比较矛盾，感到政治上没地位，不光彩，怕露富，赚了钱不敢理直气壮地消费，家庭陈设甚至比不上集体企业管理者的。

（四）个体劳动者阶层

个体劳动者阶层是指由拥有某种专门技艺或经营能力，使用自有生产资料和家庭劳动力，从事某项专业劳动或自主经营小型工业、运输业、建筑业、商业、饮食业、服务业、修理业等行业的农民所组成的社会群体。他们多为农村的能工巧匠，在人民公社化时期没有施展才能的机会。其规模在各村不等。13个村中规模最大的是房圩村，1989年为230人，占本村劳动力的29.4%。有4个村根本没有个体劳动者。

个体劳动者的经营活动方式各有差别。有的摆摊设点，有固定的场所或门面，有一定的经营范围，在当地工商行政管理部门登记、注册，领有营业执照；有的请一两个帮手，三五个学徒；有的走村串户，肩挑手拉，小本经营，没有固定的经营场所和经营时间，散居村中，一般没有营业执照。个体劳动者思想不稳定，他们有后顾之忧，不敢扩大规模。房圩村的张帮余经营酱油生意已有八九年的历史了，有丰富的加工制作经验和经营管理经验，加工所需原料也供应充足，又有广阔的市场，按条件完全可以雇一些农民，开办一家初具规模的私营企业。但他“怕政策变”，“怕当资本家，牵连子孙”，不敢扩大生产规模。他不让自己的子女跟自己干个体经营，却让儿子、儿媳每人自带4000元资金进集体企业，做乡镇企业职工。

（五）智力型职业者阶层

智力型职业者阶层是指由具有一定的专门技能，在农村从事教育、科技、文化、医疗卫生、艺术等智力型职业的工作者所组成的社会群体。阶层的成员都具有一定的知识或技能，他们和农村中的其他阶层相结合能产生巨大的生产力。其人数和收入水平在不同的村庄差别很大。竹林村有智力型职业者105人，分布在村中不同的岗位上。其中，企业科技人员63人，他们有丰富的科学知识和较高的专业技术水平，享受优厚待遇；幼儿园和中小学教师30人，平均月工资130元，享受村干部的所有福利待遇；医务人员8人，月工资在100—160元，其他福利待遇和村干部一样，少数医术高明的月工资在200—300元；文化站4人，负责村民的文化教育，组织书法、武术等活动，编辑村内刊物，月工资150多元，享受村级干部的各种福利待遇。有的村庄智力型职业者的待遇是远不如竹林村的。房圩村有8名教师，他们的月工资只有50—60元。

（六）乡镇企业职工阶层

乡镇企业职工阶层是一个由乡村集体企业中的非管理人员所组成的社会群体。他们以非农劳动为主，使用集体的生产资料，对所使用的生产资料具有所有权。这些人户口在农村，不吃国家平价供应的商品粮，也不享有城市居民所享受的各种补贴和劳保待遇。

乡镇企业职工多数人还经营着一小块土地，和农业有或多或少的联系。他们8小时以内是工人，8小时以外是农民，“工业三班倒，农业早、中、晚”就是他们生活的真实写照。刘庄的青年在初中或高中毕业以后，“能和城里人一样进工厂”。他们分布在技术性较强的岗位上，有严格的劳动纪律。在农忙季节，要根据村里的规定，到指定地段从事农业生产劳动。人均只有0.7亩耕地的竹林村没有农业专业队，乡镇企业职工以非农劳动为主，兼营农业，他们在白天轮休时到地里干农活。

（七）农业劳动者阶层

农业劳动者阶层是一个由承包集体耕地，以农业劳动为主的农民所组成的社会群体。阶层成员以分散劳动为主，有比较强的独立性，自主权比较大。这个阶层是农村其他阶层的母体，其人数呈下降趋势。

农业劳动者承担着向社会提供农产品的责任，但他们的生产积极性却很低。这主要是因为农产品不仅价格偏低，而且时有难卖的风险，生产资料经常涨价，挂钩物资难以兑现，各种摊派名目繁多。多数农业劳动者认为，“粮田不可不种，但不可多种”。他们一有务工经商的机会，即使是“背井离乡”也在所不辞。所以，农业劳动者阶层是一个人数极不稳定的阶层。

在一个村庄，农业劳动者人数和他们的经济地位成负相关。农业劳动者人数越少，他们的地位越高。华西、刘庄、竹林、洪林和矬口等5个村的农业劳动者比重都在10%以下，这些村的农业生产机械化程度比较高，农业劳动强度相对较低，农业劳动者的收入水平相对高些。华西村现有农业劳动者78人，其中农业专业队12人，经营养殖业、种植蔬菜瓜果的66人，他们年人均收入为4600元。尽管在农业劳动者比重较低的村庄，农业劳动者的地位相对于农业劳动者比重较高的村庄要高些，但在村内的相对地位也仍是比较低的。这可以通过青年人的职业选择反映出来。青年男女都不愿加入农业生产专业队，专业队里多为中老年人，特别是家庭负担较重的中年人。

（八）雇工阶层

雇工阶层是一个由受雇于私营企业、个体工商户的农民所组成的社会群体。虽然他们对所使用的生产资料没有所有权，但同资本主义制度下的雇工有本质区别。他们不是“除了两只手以外，自由得一无所有”的无产者，而是拥有一份有所有权、可使用和支配的生产资料，但数量不足的“剩余劳动者”。出雇的主要目的不是养家糊口，而是增加收入，学习技术，看一看“外面”的世界。他们的收入同个体劳动者和私营企业主相比，相差悬殊，但和农业劳动者相比，却要高些。

雇工可以分为两大部分。一部分负责企业管理或技术方面的工作，他们或是因为有专门的技术或经营管理能力，或是因为是企业主的亲朋好友、同村近邻。另一部分所从事的是体力劳动，大部分是外村人，是雇工阶层的主体部分。竹林村1989年年底仅存的一家经营耐火材料的私营企业，雇用了20名工人，其中，本村4人，都是企业主的邻居，2个当司机，另2个为技术员。西岭村的一家经营石料、建材、运输等业务的私营企业，雇有工人60多名，90%以上是外村人，本村只有9人，都是后勤管理方面的人员。之所以雇工中大部分是外村人，一方面是因为本村人不愿受雇于本村人，认为这是“低人一等”，另一方面是因为企业主不愿雇本村人，怕很多关系难处理。雇用本村人，企业主要尽量给他们安排一些较轻松或优越的职位，以在本乡本土博得一个好名声。

（九）外聘工人阶层

外聘工人阶层是由一些非农产业比较发达、人均产值比较高的村所招聘的外村农民所组成的社会群体。他们在集体企业工作，根据离家的远近可以分为两类：一类是家住附近村庄、早出晚归者；另一类是家住较远的村庄，甚至隔省隔市，吃住都在受聘村的人。在不同的村庄，其收入和待遇有所不同。华西村有外聘工人690多人，其中邻村邻乡、早来晚去者140人，家住较远、吃住在华西村的550余人，分别来自川、陕、贵、湘、豫、皖、鲁、苏和新省（区）。新聘的工人月工资120元，成为熟练工人的外聘工人年收入在3000—4000元。该村规定，家住附近的，每年休15—20天的农忙假；家住较远的，春节有15—20天的探亲假，路费报销，探亲期间基本工资照发。该村设有外聘人员办公室，除1名负责人是本村人外，余下4人都是外村外省的。竹林村有外聘工人650多人，分别来自川、陕、鄂、湘、晋、皖、鲁、蒙和本省其他乡（镇）村。该村设有集体宿舍、食堂、浴池，对他们一视同仁，量才使用。有40人担任车间主任以上的管理职务。有一位四川青年，在煤矿井下任作业班长，因工作出色，被评为郑州市劳动模范，吸收进了党组织。

就华西和竹林两村的情况来看，外聘工人的地位要优于雇工，但把外聘工人同本村人相比，地位却要低些。他们干的通常是较苦较累的活，不能完全享受本村人所能享受的各种福利待遇，对企业的经营活动缺乏决策权，只有极少数人能进入管理者的行列，对社区生活的参与程度较低，基本上处于受聘村社区生活的边缘。

（十）无职业者阶层

无职业者阶层是由那些没有劳动能力的人所组成的一个社会群体。严格说来，他们在农村目前还不能算是一个阶层。因为无职业者的地位是由其家庭的地位所决定的。我们之所以称他们为一个阶层，是为了穷尽所有的人口。所以严格地说来，农村最基本的阶层是9个。我们把除无职业者阶层之外的其他阶层称为基本阶层，把无职业者阶层称为非基本阶层或从属性阶层。

三、农民阶层分化的基本特征

13个村的农民阶层分化是从同质性较强的农民开始的。由于分化的时间短，迄今还没有达到一个比较成熟和比较稳定的阶段，带有一定的过渡性特征。这些特征反映了农村目前正处于由传统社会向现代社会转化这样一个总的特征。

第一，一方面个人是进入和退出阶层的基本单位，另一方面家庭对个人阶层身份的变迁仍有重要影响。在处于低级发展阶段的社会中，阶层是以家庭为基本单位，是家庭的集合。个人退出某个阶层往往是因为其家庭的社会阶层的变化，而进入某个阶层则往往是因为他是某个家庭的成员。从现阶段农民的阶层分化情况来看，农民进入或退出某个阶层只意味着个人身份的变迁，构成阶层的基本单位是个人而不是家庭。家庭中所有成员都同属于一个阶层的情形是不多见的，主要存在于那种只有夫妻俩组成的家庭或单身家庭。对绝大多数家庭来说，家庭成员可能因为职业、使用生产资料的方式和对所使用生产资料的权力不同而分属于不同的阶层。在我们所调查的13个村，最普遍的家庭内部的“阶层结构”是：农业劳动者、乡镇企业职工和无职业者。当然这并不代表我国农村的现状。由于这13个村总体的经济发展水平比较高，所以乡镇企业职工在家庭间的分布，比全国平均水平要高得多。尽管如此，个人是进入或退出阶层的基本单位的结论却具有广泛的适用性。

个人是进入或退出阶层的基本单位，并不代表家庭对个人阶层身份的变迁没有影响，这也不是由家庭对个人身份变化影响力的下降所造成的。个人作为进入或退出阶层的基本单位，虽然会削弱家庭对个人的影响，但却不是家庭影响力下降的结果和反映。家庭成员之间的身份变迁是相互影响的。这是因为：首先，各种所有制形式的企业所能吸纳的劳动力是有限的，这限制了某些阶层规模的扩大。乡镇企业发展规模对家庭成员分属不同阶层的影响，就是一个生动的例子。当乡镇企业（集体企业）的规模没有发展到足以吸收全村所有的劳动力的时候，村组织就采取按户平均分配的方式在村内招收职工。反映到家庭上，就是有的家庭成员可以进入乡镇企业，有的家庭成员则不能进入乡镇企业。家庭中此部分成员的身份变迁对彼部分成员身份变迁的这种限制，只能随新的一轮招工才能得到部分消除。其次，农户的部分需要是由家庭来满足的，这就迫使家庭不得不为此配置一定量的劳动，家庭内部因而就产生了一种被强制的分工。这集中表现在粮食生产上。由于农民的口粮主要是由农户自身通过生产来提供，而且农业生产实行家庭经营方式，所以农户不得不在家庭中留下部分劳动力从事粮食生产。这种情形同样说明家庭成员之间的身份变迁有较大的相互影响。此部分成员进入一个阶层是以彼部分成员留在另一个阶层为条件的。所以现阶段农民身份变迁的个体性和家庭成员分属于不同阶层，所反映的正是家庭成员彼此之间的较大影响和依赖。

第二，农民中的各个阶层同农业劳动和土地有着或多或少的联系。自20世纪80年代以来，13个村虽然出现了明显的非农化趋势，但完全把土地转让出去，彻底离土、离农的农民却很少。即使是经济十分发达、有专业队负责农业生产经营活动的村（如华西村），村内的每个劳动力也都或多或少地在农忙季节转入农业劳动。在经济发展水平较低或很低的村，非农阶层成员兼农的现象更加普遍。造成这种情况的原因是国家不向农民提供口粮，农民的口粮须靠自身的农业劳动解决，同时农民还负有向国家交售粮食的义务和责任。

口粮和粮食定购任务，就一个村而言，可以采取让一部分农民专门从事农业劳动的方式解决。这样就会发生一部分人专门从事农业劳动、一部分人专门从事其他职业的社会分工。在13个村中，有部分村已经形成了这样一种格局，但并不彻底。原因不是因为各种非农职业不稳固，而是因为农业生产的机械化程度不完全或不高，农业生产的某些环节大量采取手工劳动方式，一到农忙季节，大量非农业人员就回流到农业。

对经济不发达或不十分发达的村而言，非农阶层成员广泛兼农，是因为其非农职业很不稳固，他们不得不以农业劳动来更充分地利用自己的劳动能力。这与发达地区的兼农现象有质的区别。农业劳动之所以成为劳动者充分利用其劳动能力的一个领域，是因为农民进入这个领域没有什么障碍，而且农业劳动可以采取分散劳动和不连续劳动的形式。值得指出的是，在经济比较发达的村，非农业劳动者常常利用早、中、晚干些农活，这同不发达村的非农业劳动者被迫转入农业劳动是大不相同的。前者是自愿的，对他们而言，干农活与其说是一种劳动，不如说是一种闲暇时的安排，而后者则是非自愿的，无可奈何的。

兼农是以拥有一份有经营权的土地为前提的。农民不放弃土地的理由和农民兼农的原因有共同之处，如农民须靠自己的劳动解决口粮问题和负有向国家交售粮食的任务等。此外，农民“恋土”还有其他两个原因：一是农民的非农职业不稳固，有一份土地不至于丢掉饭碗；二是农民在从事非农业劳动的同时，能采取各种方式经营好土地。由于人均占有耕地少，所以一个农户可以在其部分成员转移出农业之后，靠余下的家庭成员经营好同样数量的土地。同时，从事非农职业的农民在农忙季节可以退回到农业之中。这种灵活性有效地解决了农忙季节的用工问题，进一步增加了农民“恋土”的合理性。

第三，个人阶层身份的多重性。目前农村阶层系统的开放性比较高，阶层和阶层的关系不是处于一种完全固定的状态。同样的个体既可进入此阶层，也可进入彼阶层，有的甚至可以同时具有多重阶层身份，如农村干部既可以是集体企业的管理者，也可以是个体劳动者或私营企业主。这种多重阶层身份的特征主要体现在农村干部、集体企业管理者、个体劳动者和私营企业主身上。

个人同时具有多重阶层成员资格，对阶层间关系和阶层内部团结有极大的影响。个人如果仅属于一个阶层，那么阶层成员之间就具有较多的利益一致性，个人将在阶层冲突中立场鲜明。个人同时具有多重阶层成员资格时则不然。个人所加入的每一个阶层都涉及其一部分利益，每个阶层对于其成员都有具体和不同的要求，个人不得不在这些不同的利益和要求之间进行权衡，阶层可能会因此而分裂为不同的集团。如在私营企业主阶层中，具有农村干部身份的私营企业主，将构成一个与纯粹的私营企业主不同的阶层中的小集团。所以个人同时具有多重阶层身份弱化了阶层内部的凝聚力，和个人对阶层及阶层矛盾的参与程度。

第四，阶层意识普遍较弱。阶层意识的强弱主要受阶层成员的沟通状况、阶层成员各种地位的重叠程度、阶层间矛盾的频率及阶层开放性的影响。前三者和阶层意识成正相关关系，第四个因素和阶层意识成负向关系。就13个村来看，农民之间的沟通是少的，主要采取面对面的直接互动形式，这种沟通方式不仅效率低，而且延伸的范围小；农民各种地位的重叠程度是不高的，私营企业主的声望不和他的收入一样高，农村干部处于职业权力的顶端，但经济报酬却不一定与此相符；阶层的开放性是比较大的，阶层成员的流动性比较高，一部分人同时具有多重阶层成员身份，“恋土”所体现的就是这样一个特征；各阶层间的关系一般比较融洽，没有大范围、大规模的阶层矛盾，小范围的矛盾也不多。由于这样一些原因，阶层成员之间缺乏较高的身份认同感和对共同利益的清晰观念。

虽然农民的阶层意识较弱，但却不能因此而否定阶层的存在。阶层的存在不以阶层意识的存在为前提，相反，阶层意识的产生和发展要以阶层的存在为前提。阶层是具有相同社会地位的人们的集合，不同的阶层具有不同的利益要求。阶层成员的相似的社会地位和共同的利益要求，源于成员之间在生产过程中的客观地位。阶层内部成员可能没有完全意识到他们之间的这种共同性，从而在意识和存在之间产生了距离。阶层结构在社会中作为一种潜在结构而发生作用。一旦阶层成员意识到他们之间的共同地位和共同利益，阶层结构就显化了。阶层意识的产生将强化阶层内部成员之间的关系，使阶层成员的行动转化成一种自觉的和有组织的行动。

第五，在经济发展水平不同的村，分层结构是不同的。由于历史和自然条件的原因，13个村的经济发展水平有很大的差别，这种差别也反映到了分层结构上。分层结构的社区差别反映了社区对个人身份变迁的影响。农民对社区的依赖是比较大的，社区也常把属于本社区内的成员置于优于其他社区成员的位置上。社区变迁所影响的首先是社区内部成员的身份变迁。如在经济比较发达的村庄，非农职业岗位首先安排本村农民，只有在本村劳动力供不应求时，才把视野转向村外。对于村内的农民来说，他们之所以从农业中转移出来，和村外的农民相比，是因为且仅是因为他们是村内的农民。村外的农民要进入该村取得某个阶层身份，就需要一些额外的条件。

四、阶层间的矛盾

从总体上来看，农民各阶层间的关系是比较融洽的，没有发生大规模、大范围的激烈阶层冲突，以及持续的阶层对抗和阶层关系紧张。但是农村目前的阶层关系仍没有完全理顺，阶层间的矛盾在小范围内时有所见。按矛盾的起源分，可以分为两种类型：第一种类型的矛盾起源于对某一阶层功能合法性的怀疑和否定；第二种类型的矛盾起源于对阶层间收入分配合法性的怀疑和否定。这两种类型的矛盾同属人民内部矛盾，只要采取适当措施加以疏导和处理，都不会发展成为分裂社会的持续性的对抗行动。

每一个基本的阶层都负有一定的功能，其功能的完成往往要有阶层间的相互合作。合作的好坏和功能完成的好坏，决定于合作一方对履行功能一方的功能合法性的认定。这里所说的合法性不是法律意义上的，而是文化和价值上的。从这个意义上看，一个阶层的功能合法性就是指其功能为社会成员所承认和接受。功能的不合法性是指一个阶层指向另一个阶层的行动，被后者认为不合理、不公正，因而是难以接受的。被认为不能接受的功能不代表它不能完成，它可以依赖于合法性之外的其他力量（如权力）来完成。权力迫使互动中的一方对另一方表示服从，但却会造成互动双方的紧张关系，最终会演化为冲突。

由功能不合法性所引起的矛盾，主要表现在农村干部阶层和其他各阶层的关系中。农村干部和农村中其他阶层的矛盾是农村改革之后最引人注目的矛盾之一，具体表现为农村干部指向其他阶层的三类行动不为后者所乐意接受。这三类行动是指计划生育、催粮和派款。计划生育是我国的基本国策，搞好计划生育是农村干部的一项十分重要的工作。但在农村缺乏有效的文化基础，大多数农民有一种根深蒂固的养儿防老、传宗接代观念。那些有女孩没男孩的家庭对节育和绝育难以接受。催粮是指农村干部催促农民完成国家粮食征购任务。农民对这种行动难以接受的原因是国家的粮食定购价偏低，农民认为这种价格偏低是不合理和不公正的。派款就是指农村干部让农民无偿地分摊各种费用和上缴各种款项。派款行动主要源于公共事业建设和农村的各种补贴需要，它会降低农民的利益。当然，这种暂时性的损失不会必然引起矛盾。只有当农民认为这是一种无意义的损失并且永远无法得到补偿时，矛盾才会产生。

对阶层间收入分配合法性的怀疑和否定，造成了收入水平较低的阶层和收入水平较高的阶层的矛盾。13个村目前收入水平较高的阶层主要是集体企业管理者、个体劳动者和私营企业主。集体企业管理者使用的是集体的生产资料，其收入多少主要由劳动投入的多少决定。考虑到管理劳动的复杂性和管理者负有较大的风险和责任，集体企业管理者的收入比乡镇企业职工高是可以接受的。但存在的问题是，有一部分集体企业的管理者在承包了集体企业之后，获得了高得惊人的收入；个体劳动者和私营企业主的收入也是普遍较高的。农民对他们的高收入之所以不满，一方面是认为他们采用了非法的和非道德的收入获取方式，另一方面则是因为低收入者产生了被剥夺感。

上述两种类型的矛盾在13个村没有表现为大规模、大范围的对抗行动，而是表现为一个阶层的部分成员同另一个阶层的部分成员的冲突，且被分割在不同的村庄，没有被广泛地联结起来。两种矛盾的程度和分布在经济发展水平不同的村庄是不相同的。在经济发展水平较低的村庄，无论是集体经济，还是个体经济、私营经济都不发达，因而农民之间的收入分配比较平等且差距不大，因收入分配不公而引起的矛盾极少。相反，农村干部和农村中其他阶层之间的矛盾却比较多，关系比较紧张。原因是农村干部缺乏必要的经济资源以使其行动合法化。经济中等发达的村庄的农村干部和其他各阶层的矛盾，较经济不发达的村庄程度要低得多，但依然存在。这些村庄由于农业劳动者仍占有一定比例，个体劳动者往往颇具规模，因而收入分配不公所引起的矛盾开始突出起来。对于经济发展水平比较高的村庄来说，两种类型的矛盾都很少，主要原因是这些村庄乡村集体企业的规模发展到了相当高的水平。

乡村集体企业的发展从三个方面有助于农村各种矛盾的解决。首先，乡村集体企业的大量发展，可以把大量农民从农业中转移出去，从而降低单位耕地面积上的劳动力密集程度，使标准劳动力经营的土地规模扩大，单位时间的收益提高。同时，乡村集体企业的发展使农户收入中的农业收入比重急剧下降。这两个因素的共同作用，将弱化农产品价格偏低对农民的消极影响。其次，乡村集体企业的发展，使社区能在不增加农民负担的前提下大力发展公共福利事业和社会保障事业，使社区内的农民生活水平共同提高。如华西村的集体企业十分发达，有雄厚的集体经济基础。目前已实行了退休金制度和医疗费报销制度，集体负担学生从幼儿园到中学的学费，为每户配备了液化气灶具，并实行燃气定量补贴，还为每户装上了电话和闭路电视。再次，乡村集体企业的发展，使农村干部成为一个为农民谋各种福利的阶层。农村干部形象中导入的这种新因素，成为农村干部本身行动合法化的源泉。

农民之间矛盾的分散性和在社区间的差别，是农村的阶层界线不十分明显的一个原因。但矛盾的性质在社区间是相似的。分散性矛盾的效应之一，就是使矛盾双方逐渐找出其阶层归属和最终有组织地联结起来。

五、农民分层结构的演化

13个村庄中的个别村，外聘工人的数量超过了农业劳动者和乡镇企业职工，但由于外聘工人是“外来户”，因此其对村庄内社区生活的参与度比较低。无职业者阶层队伍十分庞大，但其地位是从属于家庭地位的。在农村影响最大、同时人数也比较多的是农业劳动者和乡镇企业职工。我们选择这两者的相对规模大小来对农民的分层结构进行分类。

按农业劳动者和乡镇企业职工相对规模（占本村劳动力的比重），我们把农民的分层结构分为4种类型。第一种类型我们称之为前分化型。其基本特征是，农业劳动者的比重在90%以上，乡镇企业职工的比重不到5%。13个村庄中属此类型的只有小岗一个村。这个村的农业劳动力比重为94.2%，乡镇企业职工的比重为1.4%。第二种类型我们称之为低度分化型。其基本特征是，农业劳动者的比重在70%—90%，乡镇企业职工的比重在5%—20%。茅坪属于这种类型。这个村1989年农业劳动者的比重为74.7%，乡镇企业职工的比重为15.5%。第三种类型我们称之为中度分化型。其基本特征是，农业劳动者的比重在20%—70%，乡镇企业职工的比重在20%—60%。西铺村和大寨村典型地属于这种类型。第四种类型我们称之为高度分化型。其基本特征是，农业劳动者的比重在20%以下，乡镇企业职工的比重在60%以上。华西村、刘庄、竹林村、洪林村、矬口村、烈马峪都属于这种类型。

农民分层结构的4种类型，从纵的方面看，代表着农民分化的4个阶段。从发展的趋势看，我国农村的现代化过程就是农民分层结构由前分化型向低度分化型，经中度分化型最后达到高度分化型的过程。因为这4种分层结构类型的依次变迁，代表和反映了经济现代化水平的提高。

对于什么是现代化，目前有各种各样的观点，衡量现代化的标准也各不相同。普遍存在的问题是，忽视了衡量已经现代化的社会的现代化水平进一步提高的指标，和没有实现现代化的社会逼近现代化水平的指标的差别。对于已实现现代化的社会而言，社会的方面比起经济的方面也许更值得重视。但就正在实现现代化的社会而言，经济发展则更具重要意义。就我国社会发展所处的阶段而言，我们认为经济的发展是最重要和最关键的。把握了农民分层结构和经济现代化的关系，也就基本上把握了农民的分层结构同现代化的关系。所以，要证明农民分层结构的4种类型的依次变化，代表着我国现代化过程中的农民分层结构的演化，只需证明它们的变迁和经济现代化水平的提高存在一种一致关系。根据我们所选择的3个反映经济现代化水平的指标——人均生产总值、产业结构和消费状况的变化和农民阶层结构变化的关系来看，农民的分层结构由前分化型向低度分化型，经中度分化型达到高度分化型的这样一种变迁，是和经济现代化水平的提高基本一致的。

从我们所调查的这13个村庄的情况来看，属于中度分化型的村庄的人均生产总值要高于低度分化型村庄和前分化型村庄，高度分化型村庄的人均生产总值要高于中度分化型村庄。属于中度分化型的5个村庄，除1个人均生产总值在2000元以下外，其余各村都在5000元以上，最高的达到7107元。属于高度分化型村庄的除烈马峪的人均生产总值在10 000元以下外，其余各村都在10 000元以上。值得注意的是属于前分化型的小岗村，其人均生产总值比属于低度分化型的茅坪高。这是否说明农村的经济现代化水平提高和分层结构的变迁不一致呢？我们认为不是。这只是一个特例。造成这种偏离的主要原因是小岗村的人均占有耕地多，约4.1亩。它的人均生产总值高主要是因为人均占有耕地多所带来的人均农业生产总值高。1989年小岗村的人均农业生产总值为965.7元，占人均生产总值的99%左右。

从产业结构看，分层结构越高级，第一产业的比重就越小，第二产业的比重就越大。属于前分化型的小岗村第一产业的比重高达94.7%，基本上没有摆脱单纯经营农业的格局。属于低度分化型的茅坪，第一产业的比重略低，为81.6%，农民仍以经营农业为主。属于中度分化型的村庄，第一产业比重最高的是沙石峪，为56.2%，最低的是西岭村，为11.9%。第二产业的比重都在20%以上，最高的为61.3%。这种类型的村庄，其产业结构基本上已开始向第二、三产业倾斜。属于高度分化型的村庄，第一产业比重最高的为38%，最低的为0.27%，第二产业比重都在60%以上，是产业结构中的主体。

最后，农民分层结构的变化同农民的生活水平成正相关关系。尽管小岗村的人均耕地多，人均生产总值较茅坪高，但其农民的生活水平和中度、高度分化型的村庄比仍有很大差距。大部分农民还住在草房里，电视机的普及率为80%，收录机的普及率为14%，洗衣机的普及率为零。中度分化型村庄的农民住的是砖瓦房，电视机几乎完全普及，收录机的普及率在32%以上，洗衣机的普及率在16%—60%。属于高度分化型村庄的农民已无须对居住投入过多的关注，他们的生活已经赶上甚至超过了城市。电视机已完全普及，收录机的普及率在68%以上，洗衣机的普及率在72%以上，消费已经移向了享受性消费。

农民的分层结构由前分化型向低度分化型，经由中度分化型达到高度分化型是一个必然的过程。这个过程反映了我国农村现代化所面临的一个最基本的问题，就是如何把大量的农业劳动者转入乡镇企业职工阶层。

六、结束语

农村改革所引起的职业多样化、所有制形式的多样化和资产经营方式的多样化，改变了农村的分层结构，使农民之间的地位差别日益明显和广泛。形成这种现象的主要原因是，农民的分化仍具有过渡性特征，阶层间的矛盾是分散和小范围的。这两个因素大大降低了阶层的社会作用。但我们不能因此而否定阶层和阶层研究的意义。阶层成员的行动虽然是分散的，但在不同的村庄之间有明显的相似性。识别出农民的分层结构有助于把农民行动条理化和类型化。其政策上的含义也是十分明显的。针对具体的阶层制定一些具体的政策，非常重要。

（原载于《中国社会科学》，1992年第4期）

21世纪中国的社会结构*

——关于中国的社会结构转型

1840年以后的中国近现代史，实质上是中国人民为实现中国现代化而奋斗的历史。建成现代化社会，跻身世界先进民族之林，这是中国几代人的理想。1978年以来，我国实行以经济建设为中心的方针，实行改革开放，使这个理想正在逐步变为现实。20世纪80年代初，我国制定了实现现代化分三步走的发展战略。第一步，实现国民生产总值比1980年翻一番，解决人民的温饱问题，这个目标在1987年就基本达到了；第二步，到20世纪末，使国民生产总值再增长一倍，人民生活达到小康水平；第三步，再奋斗30—50年，使人均国民生产总值达到中等发达国家的水平，人民生活比较富裕，基本建成现代化社会。现在，我们正在为2000年实现小康社会而建设着，21世纪的上半叶，将是我国全面建成有中国特色的社会主义现代化国家的历史时期。

1978年以来的改革开放，给中国社会带来了巨大的进步和深刻的变化。中国目前正处在社会转型时期，正在由传统社会向现代化社会转化，由农业社会向工业社会转型，由乡村社会向城镇社会转

---

* 此文是陆学艺先生受日本青山学院邀请，赴日参加该院120周年校庆及主题为“二十世纪的中国”的学术会议（团长是国家副主席荣毅仁，代表成员有刘国光、江平、吴敬琏、黄朝翰等）之时，应该院石川子教授出题而写就的。文章阐述了中国由传统社会向现代化社会转变的社会转型时期人口、就业、城乡、区域、结构等几个主要方面的深刻变化、特征及未来发展趋势，以结构化的视角呈现了中国社会的全景，为实现中国社会的现代化提供了量化依据。

化，由封闭半封闭社会向开放社会转化。由传统社会向现代化社会转化的社会结构转型，并不是社会主义社会发展中的特有现象，而是所有经济发达的现代化国家都经历过的现代化过程中的一个过渡性阶段。但是由于中国社会在历史背景、文化背景、经济背景、资源背景等方面的特殊性，使中国社会结构转型表现出若干不同于一般社会转型的特点。具有中国特色的一个重要方面是目前我们在实现向现代化社会转型的时候，同时要实现由计划经济体制向社会主义市场经济体制转变，所以首先要进行一系列的体制性的改革。

社会结构转型和经济社会体制改革如此密切地联系在一起，这在其他国家的现代化过程中是很少见的。从传统社会向现代化社会转变，从计划经济体制向社会主义市场经济体制转轨，结构转型和体制改革同时进行，使得转型过程中出现的结构冲突、体制摩擦、多重利益矛盾、角色冲突、价值观念冲突交织在一起，让情况变得更加复杂，增加了转化的难度。何况，这场变革又是在拥有12亿人口、发展很不平衡的大国中进行，所以进行这场变革的困难、复杂、艰巨程度是可以想象的。这也是我们在实现社会结构转型、体制改革的过程中要特别强调稳定机制、协调机制和创新机制的作用的原因所在。1978年以来，我国实行的改革开放政策，有力地推动了这一伟大的历史性转变的进程。实践证明，改革开放既是社会主义制度的自我完善，又是建设有中国特色的社会主义，实现中国社会现代化的必由之路。

1995—2010年是中国建设社会主义现代化国家最关键的时期。1978年以来，我们经过拨乱反正，把全国的工作重心转到以经济建设为中心的轨道上，确定了改革开放的方针，制定并推行了一系列新的政策，进行了卓有成效的大规模经济和社会事业的建设，为实现社会结构转型和经济体制转轨奠定了坚实的政治、经济、社会基础。到2000年我国的国民生产总值将比1980年翻两番，甚至还会超过，但人均国民生产总值还只有800—1000美元。到2000年，我国还只是建立社会主义市场经济的基本框架。所以，要到2010年，才能使国民生产总值在2000年的基础上再翻一番，那时，我们的综合国力就相当可观了。到2010年，社会主义市场经济体制将全面确立，并将逐步完善、成熟、定型，使我国的经济和社会事业的发展建立在更为有效的制度性基础上。不过在这期间，两种结构的冲突、两种机制的摩擦、多重利益的矛盾、新旧观念的冲突还将继续，国际和国内的一些难以预料的重大而突然事件的发生，都将对我国的改革和发展的现代化事业产生影响，震荡跌宕，机会和风险并存。所以说，1995—2010年是我国建成现代化国家最关键的时期。我们现在已经登上了经济社会全面发展的台阶，正跨在进入现代化国家行列的大门槛上。

有利的条件是：第一，1978年以来已经打下了比较良好的基础，邓小平建设有中国特色社会主义理论已经深入人心，通过改革开放，建设社会主义现代化国家已经成为全国各族人民群众的共识，可以说，现在方向已经明确，道路已经打开，驶向现代化的中国巨轮正在前进。第二，国际环境于我有利，第二次世界大战后的美苏对峙冷战格局已经结束，世界新秩序的格局正在形成，世界的发展正处于新旧更替的交汇点上，在世纪之交的不寻常时刻，世界看好亚洲，很多有识之士认为："21世纪将是亚洲太平洋的世纪。"中国正处在亚洲太平洋的重要位置上，天时、地利、人和，地缘政治、地缘经济的优势给予了中国大发展以千载难逢的好机遇。第三，我国经济发展的势头良好。由于经济体制的改革，社会主义市场经济的导向，我国全面工业化的建设正在展开。有关部门预测，1991—2010年将是我国经济增长的黄金时期。在这20年里，我国国内生产总值的年均增长率将为8.25%。到2010年，我国可望由人均收入的低收入国家进入中等收入国家的行列，而我们又是一个人口大国，所以国民经济的整体规模将可能跃居世界的前列。国外的专家也有这样的预计："如果保持目前的发展势头，到2010年，中国将成为仅次于美国、欧洲、日本的第四经济大国。"

不利的因素是：第一，就改革和发展的总体而言，1978年以来发展方面的成绩要比改革的大。虽然改革是发展的先导，改革带动发展，但是毕竟我们实行了近30年的计划经济体制，它已经深入到经济、社会等各个领域，真可说是盘根错节，根深蒂固。开始我们对农业进行改革，比较顺利，得心应手，旗开得胜，增加了我们进行全面改革的信心。但进行城市改革、工业改革时，问题就复杂了。原来预计城市改革3—5年会见成效，10年过去了，我们的大中型国有企业的改革还没有找到像包产到户那样公认的有效的改革方略，改革还有很多困难的问题要解决。第二，社会发展与经济发展相比较，无论是社会体制的改革还是社会事业的发展都滞后于经济体制的改革和经济的发展。经济结构已经调整改变了，但社会结构却还没有相应的改变（例如，城乡结构未相应改变等），国家已经明确要建立社会主义市场经济体制，而在社会主义市场经济体制下，社会事业的发展和体制改革还处在探索试验阶段。第三，我们原来就是一个发展很不平衡的国家，这些年来，城乡之间、地区之间、行业之间的差距不是缩小，而是进一步拉大了，例如城乡居民的收入差距，1978年是2.37∶1，1984年缩小到1.7∶1，1985年以后反弹，1993年扩大到2.55∶1。东部、中部、西部之间的差距也拉大了。这对于像我们这个大多数居民历来有“不患寡而患不均”传统心理的国家来说，如果这些差距继续扩大而又得不到合理解决，则会潜伏着不安定的因素，我们现在执行的方针是，要在效率优先的条件下，适当照顾公平的原则，但这两者如何结合得好，还有很多问题需要解决。

当然，综观我国未来发展的大趋势，这些不利因素与有利条件相比较，有利条件占主导方面。我们现在的发展和改革的势头很好，国际环境于我们发展有利，又占有地缘政治和地缘经济的优势，特别是改革开放以来取得的巨大成绩，已奠定了今后持续发展的政治和经济的基础。政局是稳定的，亿万群众有改革和发展的积极性，蕴藏着巨大的潜力。所以，我们有理由相信，今后我们能继续深化改革，扩大开放，克服和改变前进中的障碍和不利因素，实现经济的持续增长和社会结构的转型。

实现了1995—2010年经济发展和社会进步的目标，我们就渡过了建成现代化社会的最关键的时期，跨过了进入现代化国家行列的门槛，今后的发展道路就更加宽广了，回旋的余地也就更大了。就会进入比较平稳的发展时期。随着经济的高速增长，随着经济结构的调整，社会结构、社会关系也会发生很大的变化。前面讲过，中国现在正处在由传统社会向现代化社会转型时期。1978年以后的改革开放，大大加快了转变的速度。就传统社会结构向现代化社会结构的转型来说，有的方面已接近转化的临界点，有的方面则还有一个较长的转变期。而我国是一个人口众多、地域辽阔、发展又很不平衡的国家，所以各个省、市、地区实现向现代社会结构转型将不是同步的，而是有先有后，呈梯度发展的形式。到21世纪中叶，中国将实现由传统社会结构向现代社会结构转型，全面建成有中国特色的社会主义现代化国家。以下是关于中国社会结构转型过程中若干重要方面变迁的分析和预测。

一、关于人口结构问题

1993年年底，中国人口为11.85亿，当年人口的自然增长率为11.45‰，总和生育率为2.16%。专家们根据1990年第四次全国人口普查资料，按中位预测2000年中国的总人口将达到12.87亿人，预计到2033年，中国人口将达到峰值，那时的总人口是15.19亿人，之后中国的人口将逐步缓慢下降。

1990年全国共有15岁以上的文盲半文盲1.82亿人，占总人口的16.1%，比1982年第二次人口普查时的约22.8%下降6.7个百分点，平均每年下降0.84个百分点，这说明这8年中，我国的扫盲工作取得了较大的进展。据普查，1990年我国具有大学专科以上文化程度的人口有1576万人，比1982年大专以上文化程度的604万人增加972万人，增长160.1%。1990年具有高中和中专文化程度的共有8988万人，比1982年的6653万人增加2335万人，增长35%。总的说来，这10多年来，全国人口的文化素质有了很大提高，是历史上发展最好的。但纵向比，我国目前人口的文化构成还是比较低的。上述我国具有大学文化程度人口占全国总人口的1.4%，而在1987年时，欧美等发达国家有大学文化程度的人口占总人口的比重均在10%以上，苏联和日本也在5%以上。

1990年年末，我国65岁及以上的人口为6418万人，占总人口的5.6%。据预测2000年将为8800万人，占总人口的6.8%。2004年超过7%，开始进入老年型人口国家的行列。到2030年，65岁及以上的老人将达到2.19亿人，占总人口的14.5%，相当于1992年法国老年人口占其总人口的比重。从各国的资料看，65岁及以上人口的比重由5%上升到7%，一般要40—100年的时间，所以人口老龄化过程同经济过程是同步的。我国从1982年老年人口占4.9%到2004年占7%，只用了22年，这是因为我国实行计划生育政策等发生了作用的结果。我国人口老龄化的进程快，但与经济发展的进程不同步，这也会增加今后养老问题的难度。

中国是个人口大国，在控制人口、计划生育问题上曾一度有过周折。从20世纪70年代初开始，我国实行计划生育，于1972年召开了第一次全国计划生育会议，根据我国的国情制定并推行了一系列控制人口数量、提高人口素质、调节人口结构的政策，从中央到地方，各级政府从上到下，把计划生育作为基本国策来执行。20多年过去了，中国计划生育工作取得了巨大成功，大多数人民认同了，人口出生率和自然增长率明显下降，降到了世界平均水平以下。1972年，中国的人口占世界总人口的23.2%，1981年中国人口占世界总人口的22.2%，1991年只占21.49%。据联合国人口机构推算，1994年中国人口占世界总人口的21.27%，到2025年中国人口在世界总人口的比重将降为18.5%。应该说，中国的计划生育工作是卓有成效的，为人类做出了贡献。国际计划生育联合会秘书长哈夫丹·马勒说："中国是个大国，（计划生育）工作难度很大，但政府的计划生育政策却十分奏效。”1995年9月，在开罗举行的国际人口与发展会议前夕，联合国秘书长加利说：“中国对人口以及人口和发展的关系等问题做出了十分重要的贡献。”

我国开始实行一对夫妇只生一个孩子政策的时候，国内、国外反映强烈，有些外国人出于不同的目的，对此说了不少不好听的话。独生子女政策是根据我国人口众多等特殊国情而做出的决定，也是实行“少生、优育、优教”方针的一个组成部分。即使实行这样严厉的政策，我国现在每年还要纯增1400万—1500万人。所以计划生育政策对于我们这样一个人均耕地、人均资源相对短缺又要进行大规模现代化建设的国家来说，实在是必要的。对此，逐渐取得了人们的认同。现在有不少国内的人士和国外的朋友还有一个担忧，由于实行独生子女政策，家庭孩子少了，出现了“四、二、一”格局，中国人又有特别爱孩子的传统，一家人围着孩子转，孩子从小娇生惯养，饭来张口，衣来伸手，孩子任性、孤僻、缺乏生活自理能力，把孩子养成了“小太阳”“小贵族”“小霸王”。10年、20年之后，这一代人踏上社会，怎么得了，不是要成为“垮掉的一代”吗？这种担心是有一定的道理的，我们要看到这种潜在的危机，全社会都要来关注这个问题，努力避免这种前景。但也要看到另一面：第一，由于20世纪80年代初，政府考虑到农民生产生活的实际情况，放宽了农民家庭的生育政策，如允许独女户可以再生一个孩子等，所以，实际上独生子女家庭并不普遍。如1989年出生的全部人口中，一孩占49.5%，二孩占31.2%，三孩及以上占19.3%。当然城市独生子女家庭要多得多。第二，对于独生子女也要看到有利的一面，因为是独生子女，家庭就有比较充裕的人力、物力、财力来进行优育、优教（这在我国目前还处于低收入水平的阶段尤其重要）。独生子女可以得到较好的生活条件，有利于长身体，可以得到较好的受教育的条件，有利于智力的开发。另外，这些孩子长大懂事以后，因为意识到祖父母、外祖父母、父母的希望都寄托在他（她）身上，日后供养老人的责任也都在他（她）身上，会激发他（她）的责任感、使命感，激励他

（她）奋发、上进。从历史上看，相比较而言，一些长子（女）、独生子（女）都比较有出息、有作为、有成就，这同自小有这种责任感是有关系的。所以我们有理由相信，未来的一代、几代独生子女，会继承发展我们已经开创了的现代化事业，会比我们干得更好。对此，我是充满信心的。

二、关于就业结构问题

1990年，中国劳动年龄人口为6.81亿人（男16—59岁，女16—54岁），按中位预测，到2000年劳动年龄人口为7.74亿人，2010年为8.65亿人，2020年为8.93亿人。达到高峰以后将逐渐缓慢减少，2030年为8.4亿人。1991—2000年平均每年新增劳动年龄人口为930万人。2001—2010年平均每年新增劳动人口910万人，在未来数十年的较长时间里，劳动力供给异常丰富，但就业压力也非常大，将长期处于供大于求的局面。今后20年里，我国人口结构仍处于壮年期，我们要抓紧这个时间，多发展劳动密集型产业，充分发挥这支庞大的劳动大军的作用，促进经济的高速增长，提供必要的积累，为以后老年型社会的到来做好必要的物质准备。

1993年，中国国内生产总值为31 380亿元，其中第一产业占21.2%，第二产业占51.8%，第三产业占27%。据有关方面预测，今后20年我国经济仍将以较高的速度发展，产业结构也将有变化。到2000年，第一产业占17.7%，第二产业占52.3%，第三产业占30%。到2010年，第一产业占17.2%，第二产业占52.8%，第三产业占30%。

1993年，全国劳动就业人员为60 590万人，其中从事第一产业为34 792万人，占57.4%；从事第二产业13 550万人，占22.4%；从事第三产业12 248万人，占20.2%。在60 590万从业人员中，如按城乡划分，在城镇就业的16 156万人，占26.7%；在农村就业的为44 434万人，占73.3%。在城镇就业人员中，在国有单位就业的为11 094万人，占68.7%；在集体所有单位就业的为3603万人，占

22.3%；在个体和私营单位就业的有1116万人，占6.9%；在其他单位就业的343万人，占2.1%。

从前述数字中，可以看出我国目前的产业结构和就业结构是不一致的。1993年国内生产总值中，第一产业产值占21.2%，就业结构中，第一产业的从业人数却占57.4%；第二产业产值占51.8%，而就业结构中，第二产业的从业人员只占22.4%。这显然是不合理的。这是因为目前我国实行的是城乡分割管理的体制。有城镇户口的人员，就业比较充分（1993年，全国城镇失业人员为420万人，失业率为2.6%），而农村人口不能随意向城镇迁移。每年新增的劳动力1000多万人，其中绝大部分是农村户口，就在农村就业，他们每家都有耕地，习惯上把他们看作是自然就业，所以农村的劳动力就越积越多。改革开放10多年来，我国工业化、城市化有了很大发展，但1978年农村从业人员为30 638万人，1993年为44 434万人，增加了13 796万人，平均每年新增劳动力919万人。这与第一产业在国内生产总值中的比重逐年下降的状况是很不相称的。

今后相当长的一个时期里，我国劳动就业的形势是相当严峻的，任务非常繁重。既要在保持劳动效率，并使劳动力素质不断提高的前提下达到充分就业，又要改革、调整目前城乡之间、产业之间就业不合理的状况，使之与经济社会发展的要求相协调。

就劳动力供给看，一方面，按前述预测，从现在到2010年，每年平均新增劳动力920万人。另一方面，1993年农村就业的劳动力44 434万人中，从事农业劳动的有34 792万人。我国只有14.34亿亩耕地，劳均4.12亩，显然没有充分就业。据有关方面测算，现在农村有1.5亿个剩余劳动力，如果到2010年，能使农村剩余劳动力的50%转到非农业部门就业，每年需要转移出450万人。这就是说未来近20年的时间里，每年要在第二、三产业安排约1370万人就业和再就业，这是非常艰巨的任务，更不用说还要解决现在的公有制企事业单位里，因为改革而被辞退下来的人需要再就业的问题了。

如果能做到，今后每年新增的劳动力都在非农业部门就业，又能使一部分现在农村的剩余劳动力转到第二、三产业，那么到2010年，我们的就业结构就会有较大的改观了。那时的就业结构，第一产业占34%，第二产业占36%，第三产业占30%，与那时的产业结构基本接近。只要今后20年经济增长率保持8%—9%的速度，坚持进行劳动就业制度改革，大力进行小城镇和城市化建设，大力发展第三产业，那么这个目标是可以实现的。

由于市场经济的发展，计划体制的推动，比较利益的推动，高收入的刺激，从20世纪80年代中期，我国的劳动力就开始流动，而且规模越来越大，其特征是，农村的劳动力向城镇流动，中西部地区的劳动力向东部沿海地区流动，不发达欠发达地区的劳动力向发达地区流动。市场化程度比较低的产业的劳动力向市场化较高的产业流动，国有企事业单位的劳动力向非国有企事业单位流动。其中规模最大、最引人关注的是农村剩余劳动力向城镇向第二、三产业流动。这就是出现了被称为“民工潮”的现象。

农村实行家庭联产承包责任制后，农民的生产积极性被调动起来，14亿多亩耕地就不够种了，农民要发展生产，要致富，就向城镇向第二、三产业寻找出路。1984年，政府采取两项大的政策：一是鼓励发展乡镇企业；二是允许农民自理口粮到城镇务工经商。这些年乡镇企业大发展，到1993年，乡镇企业容纳的劳动力已达1.12亿人，比1984年增加6070万人。其中大部分是离土不离乡的，虽然已经主要从事第二、三产业，但还居住在本乡、本村。另外还有一支农村剩余劳动力大军到城市、到异地乡镇务工经商，实现跨省、跨区、跨县的流动。而随着城市改革的深入，城市各项事业的发展，如建筑业、运输业、环卫业和各种第三产业的蓬勃发展，都需要劳动力，但城市的劳动力已不敷需要，或城市劳动力不愿干的重活、累活、危险的活，都需要由农村来的劳动力来补充。到20世纪80年代末，这些流入城镇的劳动力约有3000万人，1989年、1990年有所下降，1991年开始回升，1992年猛增，这才引起了社会的注意，被称为“民工潮”。这几年大致每年增加1000万人，据有关部门估算，这支被称为民工的大军1994年春大约有6000万人。

“民工潮”的实质是农村剩余劳动力向城镇转移，农业剩余劳动力向第二、三产业转移。这种转移是社会转型过程中必然有的，所有现代化国家都经历过的。我国目前正处于经济高速增长的社会转型时期，因为原来的计划体制、户籍管理制度、劳动就业制度等还没有相应的改革，所以出现了这种特有的“民工潮”现象，这是一种农业剩余劳动力转移的特殊形式。好处是“民工潮”使城乡结构、产业结构、就业结构发生了变化，趋向合理，使需要劳动力的地方和产业得到劳动力的供给。如大中城市和经济发达的城镇，珠江三角洲地区接纳了约650万个民工，长江三角洲地区接纳了约500万个民工，哪里接纳得最多，哪里的经济就发展得最快、最繁荣，最有生气和活力。输出农业剩余劳动力的地区也得到了资金、技术、信息等的回报，如四川省外出民工有600多万人（河南400多万人，安徽300多万人），每年通过邮局等渠道汇回四川省的款项超过60亿元，比本省投入支持农业发展的资金还多，剩余劳动力的输出对当地的发展也是有利的。不利的一面是，因为这种剩余劳动力的大规模转移基本上是自发的，所以给交通、治安、民政、计划生育、城镇管理等方面造成了很大的压力，出现了不少问题，现在有关方面已注意到这个问题。社会舆论也变了，开始时把民工称为“盲流”，持排斥的态度，采取限制、驱赶的对策，现在好了，有认识了，总的是认为利大于弊。公安部门已着手要改革小城镇户籍管理制度，劳动部门也把农业劳动力的转移纳入自己的工作安排，有关部门在研究、制定缓解和消除“民工潮”所引起的负面影响的政策和措施，使农业剩余劳动力向城镇向第二、三产业的转移能进入比较有序顺畅的轨道，以促进就业结构和城乡结构变得更加合理。

三、关于城乡结构的调整问题

中国的改革开放是从农村开始的，而且很快取得了成效，使农村社会发生了巨大而深刻的变化，为城市改革提供了经验和物质基础。但是，中国要继续改革和发展，要实现现代化的重点和难点也在农村。农村至今有8.5亿人仍是农民身份，占总人口的72.4%。他们中的大部分人要转为工人和职员，这将是一个漫长而艰难的过程，需要克服重重障碍。20世纪50年代，中国开始实行计划经济体制，逐渐形成了城乡分割的二元社会结构，城市办工业，农村搞农业，市民居住在城里，农民住在乡村，实行非农业户口和农业户口分隔管理，严格限制农业户口转为非农业户口。在1978年以前还限制农民从事非农业劳动，曾提出过“人心向农，劳力归田”的口号。到1978年，农业在国民生产总值中只占28.4%，但当年农村人口占总人口的82.1%。城市化率只有17.9%。

1978年改革开放后，这些年工业化发展很快，特别是农村办了以乡村工业为主体的乡镇企业，到1992年工业总产值在国民生产总值中已占48%，农业产值只占23.8%。但由于户籍制度等原因的限制，直到1992年，11.71亿总人口中，农村人口占72.4%。城市化率只有27.6%。一般来说，一个国家在现代化过程中，城市化率往往是超过工业化率的。美国在1870年的工业化率为16%，城市化率为26%；到1940年工业化率为30.3%，城市化率为56%。发展中国家在人均GNP（国民生产总值）超过300美元之后，城市化发展都很快，往往都是超过工业化率的。中国目前现代化过程中面临的一个重要问题是城市化严重滞后于工业化。1992年中国工业化率为48%，而城市化率只有27.6%，差20.4个百分点。低于目前世界城市化率（40%）12个百分点。这种落后状况不利于现代化的发展，不利于大规模经济效益的发挥，特别不利于第三产业的发展，不利于科学教育等社会事业的发展，不利于农业规模经营的形成，也不利于农业的发展，并由此引发了诸多社会问题。“民工潮”就是因为众多的农村剩余劳动力自发进城务工经商，受到诸如户籍管理制度等的阻碍而引起的问题之一。1993年冬政府决定，要“充分利用和改造现有小城镇，建设新的小城镇。逐步改革小城镇的户籍管理制度，允许农民进入小城镇务工经商，发展农村第三产业，促进农村剩余劳动力的转移”。这个政策实施之后，将有大量的农民进入小城镇落户，加快城镇化的步伐。

1993年中国有560个市，其中中央直辖的省级市3个，地级市196个，县级市361个。有15 230个镇，其中县政府所在镇1795个。另外还有乡政府所在地的集镇32 956个。当年市镇人口33 351万人、10 075万户。今后，市和镇还会继续增加，城镇的规模和容量还会继续扩大。预计到2000年，市镇人口将超过5亿人，约1.6亿户，城镇化率将达到40%。到2010年，中国的市镇人口将达到6.9亿人，城镇化率将接近50%。

现在，关于中国实现城市化的发展战略有三种主张：一种主张以发展大城市为主；一种主张以发展中小城市为主；一种主张以发展小城镇为主。这三种主张各有所据，言之成理。实际工作部门的同志多数主张以发展小城镇为主，现在实际也在实施这个方针。我原来也是主张以发展小城镇为主的农村发展道路，第一步实行家庭联产承包制，第二步发展乡镇企业，第三步建设小城镇，这比较顺理成章。20世纪80年代初期，提出“离土不离乡，进厂不进城”，发展小城镇对于冲破当时的城乡壁垒，支持乡镇企业发展有积极意义，但是，这只是一个过渡阶段。乡镇企业发展起来了，真有相当多的农民在小城镇落户了，那还只是一个准二元社会结构，有人称为三元社会结构，20%多住在城里，30%—40%住在小城镇，30%—40%住在农村。但这只能是一种设想，因为这是没有迁移的转移，只能是城市化的一个阶梯性的阶段。乡镇企业本身将来也要发展成现代企业，是要和城市的第二、三产业的现代化企业逐渐融合、统一的。中国未来的城乡结构，一定要改变二元社会结构，使大多数居民聚集到城市里来，实现区域现代化。所谓区域现代化是指在一个由自然、地理、资源、环境、经济社会、历史传统文化所组成的较大的地区内，以某个特大城市或大城市为中心，以若干个中小城市为中介，与地区内众多的小城镇和乡村形成网络，辐射带动本地区内整个经济和社会各项事业协调发展，实现区域的工业化、城市化。国际上这类区域现代化的实例已经很多。中国现在的京、津、唐（山）地区，上海、南京、杭州地区，广州、深圳、珠海地区，沈阳、鞍山、大连地区，青岛、烟台、潍坊地区，福州、泉州、厦门地区等都在逐渐成为我国较早实现区域现代化的地区。

四、关于区域结构问题

中国是一个国土辽阔、人口众多，自然资源分布很不均匀，各地区经济社会发展很不平衡的大国。一部分现代工业和大量以手工为主的农业同时存在，一部分经济发达地区同广大不发达地区和贫困地区同时存在，少量具有国际先进水平的科学技术人员同数以亿计的文盲同时存在。这种区域间发展极不平衡的状况是由客观自然资源条件和长期的历史原因等多种因素造成的。中国的人口和自然资源条件分布很不均匀，各地区的差异很大。在960万平方公里版图上，如果在黑龙江省的爱辉县和云南省的瑞丽市两点之间画一条直线，东西两部分面积各占一半，有90%的人口集中在东南地区，但能源、矿产等资源则比较少；这条线的西北部分，居住的人口只有10%，大部分矿产资源如煤炭、天然气、石油、金属、稀土等却都集中在这里，但地面多沙漠、高山、峡谷、草地，而且干旱、寒冷、缺水，生存条件很差。这种自然资源与人口分布脱节的状况，给生产的合理布局和经济社会协调发展增加了很大的困难。华夏民族的政治经济中心本来在北方中原地区，公元6世纪，南北朝以后，经济重心南移，从此长江流域经济区逐步取代黄淮流域经济区而成为中国经济的重心。由于国防等方面的原因，政治、军事中心还继续在北方，形成经济重心和政治中心分离的格局。1840年以后外国资本主义入侵，是从东南沿海的通商口岸地区开始的。这些地区因为农业生产基础好，人口众多，比较富裕，也曾是唐宋时代对外贸易最发达的沿海经济地区，所以很快发展了起来，形成了以上海、杭州、宁波、厦门、温州、广州等城市为中心的商品经济比较发达的地区，建立了一部分近代工商企业。

1949年中华人民共和国成立以后，50年代开始进行大规模的工业化建设，出于当时的国际环境和国防的需要，从50年代开始的第一、第二个五年经济计划和以后的三线建设期间，大部分项目都被建在内地和东北地区。并且还把沿海的一些工厂和科研、教学机构迁到内地，在我国的中西部地区建起一批工业基地和城市，如包头、石家庄、郑州、洛阳、襄樊、十堰、咸阳、宝鸡、绵阳、西昌等。使我国的生产力布局和区域结构有了一定的调整，但也带来了一定的问题，如没有充分发挥原来沿海城市和工业基地的作用，经济效益不够好等。

1978年改革开放以后，我国经济发展战略转向经济效益，把经济建设的重点移向沿海，首先在深圳、珠海、汕头、厦门建立了经济特区，不久又开放大连、天津、青岛、连云港、上海、宁波、福州、广州、北海等沿海城市，依靠这些地区原有资金、技术、人才、基础设施等的优势，加上引进外资，引进先进技术和新的管理方式，使这些地区很快发展起来。为了更好地发挥地区优势，加强对经济建设的宏观指导，按照地区经济技术发展水平、地理位置和资源分布情况，有关部门把我国划分为东、中、西三大经济带。把东部辽宁、北京、天津、河北、山东、上海、江苏、浙江、福建、广东、广西、海南等沿海省市定为发达地区，把中部的黑龙江、吉林、山西、河南、湖北、湖南、江西、安徽、内蒙古等省区定为欠发达地区，把西部四川、云南、贵州、甘肃、陕西、西藏、青海、宁夏、新疆等省区定为不发达地区。当然，这种划分只是相对意义上的，有很大程度也考虑了地理位置和行政区划的因素。事实上，我们的一个省就很大，如四川省有1亿多人口，56万平方公里，本省内就可划分为经济发达、欠发达、不发达三类地区。所以东、中、西三大区的划分只是大致反映当前各省区经济发展的水平。

10多年来，沿海地区得改革开放风气之先，率先放宽政策，率先发展市场经济，经济发展得最快，中部地区次之，使原有的地区之间的差距拉大了。1982—1992年，广东省的工农业总产值从415亿元增到4920亿元，农民人均年纯收入由182元增加到1307元。同时期，贵州省的工农业总产值由101.9亿元增到446.2亿元；农民人均年纯收入由108元增到506元。以相同的口径相比，1982年广东省的工农业总产值是贵州省工农业总产值的3.07倍，而到1992年则扩大到10.03倍。1982年广东省农民年纯收入是贵州省农民年纯收入的1.69倍，到1992年则扩大到2.58倍。这是两省平均数的比较，如果具体到县市、到乡镇、到家庭个人之间的比较，则差距还要大。

东部沿海地区经过10多年的大规模建设，经济实力增强了，基础设施大大改善了，投资环境日趋完善，自我发展能力增强，不仅吸引了很多境外的资金和技术，而且中部、西部的人才、劳动力、资金也大量向东部集聚。所以今后较长的一段时间里，我国的区域格局仍将是不平衡发展的格局，东部地区同中部、西部地区的差距不仅不会缩小，其相对差距还会进一步扩大。

在工业化过程中，由于市场力量的推动，这种区域间的不平衡发展是必然的。这种不平衡经济发展的状况，在全国范围内形成了递推式区域增长的形势。在产业结构逐步调整，在市场容量不断扩大方面，形成了一浪又一浪的长期持续增长的格局，这在一定时期对于经济发展是有利的。但是要控制这种不平衡状况，特别是各地区居民收入的差距要控制在一定的合理范围里，否则，将引起各种社会矛盾，于稳定发展不利。特别是我国西北、西南是少数民族同胞聚居的地区，更要注意这些地区的发展。要选择适当的时机，利用宏观调控的力量，加快中西部地区的发展。20世纪90年代以来，国家采取各种优惠政策等方式加快中西部地区乡镇企业发展，已经取得了一定的成效，现在东部沿海的一些乡镇企业也在向中西部发展，这是很好的。经过多年的地质勘探工作，现在已经探明在新疆有非常丰富的石油、天然气、煤炭及其他矿产资源，内蒙古也有特别丰富的煤炭、天然气等资源，国家现在正在着手重点加强这些地区的交通通信和基础设施的建设，为今后大规模开发西部地区做好准备。我们的目标是要建设社会主义现代化社会，要实现共同富裕。所以，到20世纪末21世纪初，国家综合实力增强以后，就要把经济发展战略的重点西移，使中部、西部也发展起来，使区域结构逐渐趋于平衡。这一方面是要提高中西部的经济社会水平，另一方面这也是经济发展新的生长点，可使整个国民经济持续高速增长。

总的说来，目前的中国正处于由传统社会向现代化社会转变的社会结构转型时期，21世纪的上半叶，中国将实现这种转型而建成社会主义现代化社会。这里所论述的只是实现社会结构转型的几个主要方面，实际的转型过程要丰富得多、深刻得多，而且还会有许多曲折、反复的环节，要克服重重困难和障碍。但是，在中国人民面前，实现社会结构转型的方向已经明确，道路已经开通，中国要建成社会主义现代化国家的目标是一定能够实现的。

（原载于《社会学研究》，1995年第2期）

当代中国社会十大阶层分析*

1978年以来的改革开放使中国社会发生了深刻的变化，经济体制转轨和现代化进程的推进也促使中国社会阶层结构发生改变。原来的“两个阶级，一个阶层”（工人阶级、农民阶级和知识分子阶层）的社会结构发生了显著的分化，一些新的社会阶层逐渐形成，各阶层之间的社会、经济、生活方式及利益认同的差异日益明晰化，以职业为基础的新的社会阶层分化机制逐渐取代过去的以政治身份、户口身份和行政身份为依据的分化机制。这些迹象表明，社会经济变迁已导致一种新的社会阶层结构的出现，并且，这种结构正在趋于稳定。

一、对现阶段中国社会阶层结构进行科学分析需要新的视角

对于当前新出现的社会阶层结构，应当如何去认识，如何给予理论解释，存在着各种争论。但不管人们有些怎样的争论，今天，

---

* 此文是由陆学艺先生根据时任中国社会科学院主要领导“要进行社会结构变迁研究”的指示，组建“当代中国社会结构变迁研究”课题组，并历时三年时间调查研究完成的《当代中国社会阶层研究报告》提炼而成的。阶级阶层分析是正确认识中国基本国情的一个重要方面，文章提出以职业分类为基础，以组织资源、经济资源、文化资源占有状况作为划分社会阶层的标准，标新立异地提出中国社会群体已经从“两个阶级，一个阶层”分化为十大阶层，并对每个阶层的地位、特征和规模做了界定与论述。同时，通过分析提出现代化的社会阶层结构雏形在中国已经出现，但是，中国的社会阶层结构与现代化进程还不相适应，需要创新社会制度、社会政策，培育合理的社会阶层结构。

简单地照搬马克思针对19世纪早期欧洲资本主义提出的阶级分析理论，或者毛泽东针对20世纪20、30年代的中国社会提出的阶级分析理论，来分析当代中国的社会阶层问题，无疑是不够的了。恩格斯在《共产党宣言》1888年英文版序言中指出："每一历史时代主要的经济生产方式与交换方式以及必然由此产生的社会结构，是该时代政治的和精神的历史所赖以确立的基础，并且只有从这一基础出发，这一历史才能得到说明。"我们必须运用马克思主义、毛泽东思想的基本原理，解放思想，实事求是，对已经发生的深刻变化进行实证的、科学的分析，从中得出关于现阶段中国社会阶层结构的科学认识。具体而言，在分析中国现阶段的社会阶层结构时，应该注意下述几个问题。

（一）对生产资料的占有并不是划分阶层的唯一标准

当代中国社会的生产资料占有形式，与马克思和毛泽东所研究的时代已经有了很大的不同。首先，马克思和毛泽东所研究的时代的生产资料占有形式主要是个人（私人）占有，而在当代中国社会中，最重要的和最大量的生产资料是由国家和集体占有的。同时，公司制近10年来的发展也导致出现了许多不同于马克思和毛泽东所研究的时代的私人生产资料占有形式。其次，当代中国社会结构比较复杂，并且明显具有多元特征，这就决定了仅用生产资料占有这一指标来解释社会阶层分化是不充分的。在当代中国社会中，对物质财产的占有并不是衡量人们的社会阶层位置的唯一标准。要准确把握当代中国社会阶层结构的特征，就要重新认识传统的阶级分析理论，并加以科学的发展，形成一个更加符合变化的、现实的多元分类标准框架。

（二）阶级阶层问题的研究目标与分析思路需要调整

在当前有关阶级阶层问题的争论中，有一种误导性的说法，即认为采用"阶级"一词意味着坚持马克思主义理论，而采用"阶层"一词则似乎是非马克思主义的观点。实际上，马克思和毛泽东当年对阶级问题进行分析时，其主要目的是为了改造社会制度，动员广大人民群众起来推翻资本主义社会和半殖民地半封建社会。因此，他们的分析特别强调阶级关系之间的对抗性，揭露不合理的社会制度所造成的剥削和压迫现象。而在现阶段，中国共产党已经是一个执政党，因而研究当代中国社会阶层分化问题的目的，应当是为了团结和动员更多的社会力量来实现社会经济的发展目标，是为了建设好现代化的社会主义国家。因此，既然执政党的目标发生了变化，就需要相应调整阶级阶层问题的分析思路，需要客观地调查和评估当代中国各社会阶层的变化、地位、特点，研究他们的社会、经济、政治状态，从而更好地协调各阶层之间的利益关系，充分调动各种社会力量的积极性，促进社会经济进一步稳定发展。

（三）以职业分化和三种资源占有状况为划分标准勾画新的社会阶层结构

基于上述认识，我们提出了以职业分类为基础，以组织资源、经济资源和文化资源的占有状况为标准来划分社会阶层的理论框架。组织资源包括行政组织资源与政治组织资源，主要指依据国家政权组织和党组织系统而拥有的支配社会资源（包括人和物）的能力；经济资源主要是指对生产资料的所有权、使用权和经营权；文化（技术）资源是指对社会（通过证书或资格认定）所认可的知识和技能的拥有。在当代中国社会中，这三种资源的拥有状况决定着各社会群体在阶层结构中的位置以及个人的综合社会经济地位。

根据这种分层原则，我们勾画了当代中国社会阶层结构的基本形态，它由10个社会阶层和5种社会地位等级组成。各社会阶层及地位等级群体的高低等级排列，是依据其对三种资源的拥有量和其所拥有的资源的重要程度来决定的。在这三种资源中，组织资源是最具有决定性意义的资源，因为执政党和政府组织控制着整个社会中最重要的和最大量的组织资源；经济资源自20世纪80年代以来变得越来越重要，但它在当代中国社会中的作用并不像在资本主义社会中那么至关重要，相反，现有的社会制度和意识形态都在抑制其影响力的增长；文化（技术）资源的重要性则在近十年来上升很快，它在决定人们的社会阶层位置时的重要性并不亚于经济资源。

二、十大社会阶层

（一）国家与社会管理者阶层

指在党政、事业和社会团体机关单位中行使实际的行政管理职权的领导干部，具体包括中央政府各部委和直辖市中具有实际行政管理职权的处级及以上行政级别的干部；各省、市、地区中具有实际行政管理职权的乡科级及以上行政级别的干部。目前，中国的社会政治体制决定了这一阶层在趋于等级分化的社会阶层结构中居于最高或较高的地位等级，是整个社会阶层结构中的主导性阶层，是当前社会经济发展及市场化改革的主要推动者和组织者。这一阶层的社会态度、利益及行动取向和品质特性，对于正在发生的经济社会结构的变迁和将要形成的社会阶层结构的主要特征具有决定性的影响力。目前，这一阶层在整个社会阶层结构中所占的比例约为2.1%，在城市中的比例为1%—5%；在城乡合一的县行政区域中的比例大约为0.5%。

（二）经理人员阶层

指大中型企业中非业主身份的高中层管理人员。这一阶层的社会来源主要是三部分人。第一部分是原来的国有和集体企业干部。随着现代企业制度的发展，这一部分企业干部逐渐从行政干部系列中脱离出来，成为职业经理人。第二部分来自较大规模的私营企业或高新科技产业领域中的民营企业，这些企业在20世纪90年代后期开始出现所有权与管理权分离的趋势，一些企业主聘用职业经理人来为他们经营管理企业；另一些业主则通过企业股份化而使自己从业主型的创业者转变为职业经理人。第三部分人是“三资”企业的中高层管理人员。

经理人员阶层是市场化改革的最积极推进者和制度创新者，他们代表着先进生产力和现代经济体制的发展方向。这一阶层的成员支配着大量的经济资源，他们都有较高的学历和专业知识水平，同时，他们的政治社会地位也较高，被称为“老总”。许多大中型企业处于国有或产权不清的状态，实际上是经理人员在支配这些企业的生产资料和经济资源。同时，这一阶层的主导成分与国家权力和海外资本有着紧密的联系。

这种状况决定了经理人员阶层在当前的社会阶层结构中也是主导阶层之一，他们在社会经济政治生活领域中的影响力——特别是对政府经济决策的影响力，甚至要大于私营企业主阶层的影响力，而且这种影响力还在继续扩大。这个阶层还在发展之中，在目前社会阶层结构中所占的比例约为1.5%，但在地区之间的分布极不平衡。

（三）私营企业主阶层

指拥有一定数量的私人资本或固定资产并进行投资以获取利润的人，按照现行政策规定，即包括所有雇工在8人以上的私营企业的业主。私营企业主阶层是改革开放的产物，是在社会主义市场经济发育和发展的过程中产生和成长起来的。他们不仅是先进生产力的代表者之一，而且是社会主义市场经济的主要实践者，是社会主义市场经济的重要组织者，他们还是有中国特色社会主义伟大事业的建设者，在改革开放以来中国经济的高速增长中发挥了重要的作用。

私营企业主阶层的成员最初主要来自于乡村和城镇社会的较低阶层，但在1992年以后，具有文化专业知识的原国有和集体企业的管理人员、专业技术人员和机关干部开始大量加入这一阶层，使这一阶层的社会形象和社会地位有了极大提高。但是，由于传统意识形态的阻碍，私营企业主阶层的政治地位一直无法与其经济地位相匹配，他们对社会政治生活的参与受到很大限制。私营企业主阶层内部拥有资本规模大小不同，他们自身的政治文化素质也有很大差异，因而在社会上的地位和声望是很不相同的。在一个相当长的时期里，社会上对他们的评价有很大的争议。在构成对象上，中小企业主构成了这一阶层的主体。就全国而言，私营企业主阶层在社会阶层结构中所占比例约为0.6%，但地区差异比较大。

（四）专业技术人员阶层

指在各种经济成分的机构（包括国家机关、党群组织、全民企事业单位、集体企事业单位和各类非公有制经济企业）中专门从事各种专业性工作和科学技术工作的人员。他们大多经过中高等专业知识及专门职业技术培训，并具有适应现代化社会大生产的专业分工要求的专业知识及专门技术。

专业技术人员是现代工业社会中等阶层的主干群体，他们既是先进生产力的代表者之一，也是先进文化的代表者之一。而且，他们还是社会主导价值体系及意识形态的创新者和传播者，是维护社会稳定和激励社会进步的重要力量。在当代中国社会，专业技术人员阶层在推动科学技术发展和市场经济理念传播方面发挥了重要的作用。

专业技术人员在中国的阶层结构以及社会中间层中所占的比例还比较低，他们主要集中于城镇。随着社会主义现代化进程的推进，随着教育、科技和各种社会事业的发展，这一阶层将日益壮大。目前，专业技术人员在社会阶层结构中所占比例约为5.1%，但城乡差异很大，经济发展水平不同的地区差异也很大。

（五）办事人员阶层

指协助部门负责人处理日常行政事务的专职办公人员，主要由党政机关中的中低层公务员、各种所有制企事业单位中的基层管理人员和非专业性办事人员等组成。这一阶层是社会阶层流动链中的重要一环，其成员是国家与社会管理者、经理人员和专业技术人员的后备军，同时，工人和农民也可以通过这一阶层实现上升流动。这一阶层也是现代社会的社会中间层的重要组成部分，他们在目前的中国社会阶层结构中所占比例大约为4.8%。在城市中，其比例为10%—15%；而在城乡合一的县（市）中，其比例在2%—6%。随着工业化和市场化水平的提高，将会有大量的体力劳动者上升流动进入这一阶层，在未来十几年中，这一阶层的人员比例将会有明显提高。

（六）个体工商户阶层

指拥有较少量私人资本（包括不动产）并投入生产、流通、服务业等经营活动或金融债券市场而且以此为生的人。如小业主或个体工商户（有足够资本雇用少数他人劳动但自己也直接参与劳动和生产经营的人）、自我雇佣者或个体劳动者（有足够资本可以自己开业经营但不雇用其他劳动者）以及小股民、小股东、出租少量房屋者等。

在20世纪80年代，这一阶层的主要来源是农民和城镇的失业待业人员（尤其是返城的上山下乡知识青年）。进入20世纪90年代以后，由于国有企业改革和产业结构调整，大量国有企业工人和城市居民涌入这一阶层。目前，这个阶层是吸纳下岗工人、失业待业人员和进城农民的一个重要渠道，也是社会主义市场经济的重要组成部分，是建设社会主义市场经济的一支很活跃的力量。

个体工商户阶层是20世纪80年代改革的主要获益阶层之一。20世纪90年代以来，由于一些城市搞所谓的形象工程，大拆大建，把许多较为简易的商业设施拆掉了，把马路市场取缔了，致使不少个体工商户因失去经营场地和经营条件而歇业。由于政府管理部门对这一阶层的管理变得日益严格，向他们征收的税费也有所增加，他们所能分享的利益相对减少，收入增长速度明显低于20世纪80年代，其经济地位与20 世纪80年代相比也有所下降，所以他们的不满情绪较多。目前，个体工商户在整个社会阶层结构中所占的比例为4.2%，这一比例是根据国家工商部门的登记数计算出来的，但该阶层的实际人数比登记人数多得多。

（七）商业服务业员工阶层

指在商业和服务行业中从事非专业性的、非体力和体力工作的人员。由于中国目前的商业服务业还不发达，而且产业层次较低，这一阶层的绝大多数成员的社会经济状况与产业工人阶层较为类似。但在一些大城市中，在与国际较为接轨的商业服务业部门中，商业服务业人员的社会经济状况较接近办事人员阶层。随着工业化和市场化的推进以及第三产业的发展，这一阶层的规模将会进一步扩大。目前，商业服务业员工阶层在社会阶层结构中所占的比例约为12%，但城乡之间的差异极大。

（八）产业工人阶层

指在第二产业中从事体力、半体力劳动的生产工人、建筑业工人及相关人员。产业工人阶层是推动先进生产力发展的基本力量，是近代以来中国经济社会发展特别是社会化大生产的产物。随着中国工业化、社会化的继续发展，这个阶层将会进一步提高自身的政治、科技、文化素质，其劳动技能也将不断得到提高，从而为社会主义现代化事业做出越来越多的贡献。

经济改革以来，产业工人阶层的社会经济地位明显下降，这使产业工人阶层的人员构成发生了根本性的变化，原工人阶层中一部分成员通过接受成人教育和技术培训离开了工人队伍，进入地位较高的其他社会阶层。20世纪90年代中期以后，国有工矿企业改革，实行“减员增效”等政策，导致大批工人下岗，从而在事实上改变了原来那种终身雇佣格局。有相当一部分人的“铁饭碗”被打破以后，处于就业无保障的状况，难免会有牢骚和不满。与此同时，进城的农民大批涌入产业工人阶层，他们成为产业工人阶层中的重要组成部分。目前产业工人阶层在社会阶层结构中所占的比例为22.6%左右，其中农民工占产业工人的30%左右。

（九）农业劳动者阶层

该阶层是指承包集体所有的耕地，以农（林、牧、渔）业为唯一或主要的职业，并以农（林、牧、渔）业为唯一收入来源或主要收入来源的人员。这是目前中国规模最大的一个阶层，占比约为44%。在改革开放的过程中，农业劳动者阶层曾经起过极为重要的作用：他们是传统计划经济体制的真正突破者，是农村经济体制的率先改革者，是市场经济的最早实践者和推动者。而农村经济体制的改革，尤其是家庭承包责任制的实行，使农民得到了自主和实惠，解放了生产力，农业连年获得丰收，不仅在较短时间内一举解决了绝大多数中国人的吃饭问题，而且推动了中国整个体制的改革。另外，这个阶层还是通过分化而产生了个体工商户阶层、私营企业主阶层、产业工人阶层等的母体阶层。

尽管如此，由于这个阶层几乎不拥有组织资源，所拥有的文化资源和经济资源往往也低于上述所有阶层，所以在整个社会阶层结构中的地位比较低。尤其严重的是，在20世纪80年代中期以前，农业劳动者阶层是改革和发展的受益阶层，而在20世纪80年代中期以后，这个阶层便逐渐成为利益受损的阶层了。特别是在1997年以后，由于大宗农产品从卖方市场转变为买方市场，销售困难，价格显著下降，乡镇企业不景气，进城做工变得更加困难，以农业为唯一收入来源和以农业收入为主的农民的收入，实际上是减少的，而各种税费负担却没有减轻。所以，这个阶层利益受损的状况表现得更为明显。

（十）城乡无业、失业、半失业者阶层

指无固定职业的劳动年龄人群（排除在校学生）。体制转轨和产业结构调整导致一批工人和商业服务业人员处于失业、半失业状态。

就业机会不足使许多新进入劳动力市场的青年劳动力长期待业。城市大量征用农用地，则使大批农民无地可种，而这些农民在城镇一时还找不到合适的职业。另外，还有不少城乡居民因为残障或长期卧病的困扰而不能就业，他们多数也陷入了贫困的境地。目前，这几部分人的数量还在继续增加。这一阶层在整个社会阶层结构中所占的比例约为3.1%。

三、培育现代化的社会阶层结构

（一）现代化的社会阶层结构的雏形在中国已经形成

不同的社会发展阶段，有不同的社会阶层结构。传统的社会阶层结构，是顶尖底宽的金字塔结构，极少数人居于社会的上层，而绝大部分人处于社会的下层。现代化的社会结构则是两头小中间大的橄榄型结构，它有庞大的社会中间层。经过改革开放20多年来深刻的社会变迁，现代化的社会阶层结构的雏形在中国已经形成。

一是社会结构的下层在逐步缩小。改革开放以来，中国农业劳动力数量在大量减少，他们占就业人口的比重从1978年的67.4%下降到1999年的44%。外出务工经商、兴办乡镇企业、接受高等教育以及城市化，是当前中国农业劳动者实现社会流动的主要途径。与此同时，商业服务业员工和产业工人阶层在分化，一部分成员向上流动，进入社会中间层。

二是社会中间层已经出现，并且正在不断壮大。1978年以来，中国的社会中间层规模有了非常快的扩张。比如，从1978年到1999年，私营企业主阶层所占比重从0上升为0.6%，个体工商户阶层和经理人员阶层所占比重也分别从0.03%和0.23%增加到4.2%和1.5%。

三是掌握或运作经济资源的阶层正在兴起和壮大。在改革开放以来的20多年里，私营企业主阶层从无到有，经理人员从干部队伍和业主中分离出来，形成一个相对独立的社会阶层。这两个阶层在社会结构中所占的比例都在逐年稳步上升，而且还将继续上升。

四是现代化社会阶层的基本构成成分已经具备。与发达国家相比，凡是现代化国家所具备的社会阶层，都已经在中国出现，有的已经具有相当的规模，只是各个阶层规模有大小区别而已。

五是现代化的社会阶层位序已经确立。所谓社会阶层位序是指各个阶层在社会地位等级中的排列次序。在现代化社会，国家与社会管理者阶层、经理人员阶层、私营企业主阶层和专业技术人员阶层，由于他们拥有的组织资源、文化资源和经济资源最多，所以一直处于最高或较高阶层的位序；产业工人阶层和农业劳动者阶层由于拥有的资源量有限或比较少，所以阶层位序就比较低。目前中国的社会阶层结构基本上呈现出这样的位序，表现在他们的收入水平和受教育程度上。

六是现代社会流动机制已经出现，正在逐渐取代传统社会流动机制。在传统社会，个人的身份（如制度性身份、出生身份）以及随之而来的社会关系（如家族关系、亲缘关系）等先天性因素，是决定其阶层地位的主要因素。改革开放后，中国改变了以“身份”论阶层和划分阶层的做法和机制，社会流动的渠道越来越开放，也越来越多，尽管还存在许多制度性限制和障碍，但只要通过努力奋斗，只要有能力，每个人都有改变其社会地位的机会和可能。

（二）中国社会阶层结构与现代化进程还不相适应

虽然现代化的社会阶层结构的雏形在中国已经形成，但是它与现代社会阶层结构的理想形态及其运行机制相比较，还有很大的差距，其内部还存在诸多的不合理之处，明显地具有过渡性、自发性和封闭性等特征，还有许多方面与社会主义现代化建设进程不相适应，存在引发社会危机的结构性因素。

首先，该缩小的阶层没有小下去，农业劳动者阶层规模过大。在真正现代化的社会阶层结构中，农业劳动者实际上是一个规模很小的阶层。例如，1992年，农业就业比重在英国为2%，在德国和美国为3%，在日本为7%，在韩国也仅为17%。相比之下，中国在这方面落后很多，据统计，1999年，在全部劳动人口中，以农、林、牧、渔业为唯一或主要职业，以务农收入为唯一或主要收入来源的农民所占的比例仍然高达44%左右。可见，中国的农业就业比重是这些现代化国家的几倍、十几倍以至几十倍。总之，中国还有三四亿劳动力在从事小农经营活动。这种状况是与现代化的社会阶层结构的要求极不相称的，也是与中国社会主义现代化建设的要求极不适应的。

其次，该扩大的阶层没有大起来，社会中间层规模过小。从世界发展的普遍趋势来看，在一个现代化的社会阶层结构中，必定有一个规模庞大的社会中间层，作为这个阶层构成人口的主体，这是社会稳定的坚实力量。日本曾有“一亿皆中流”的说法，美国的中间阶层约占总人口的60%。相形之下，中国社会的中间阶层不仅出现较晚，而且规模过小，目前能够进入中间阶层的就业人口所占比例仅为15%左右。中间层过小的结构性后果，在许多方面与农业劳动者阶层规模过大的结构性后果相同，都意味着社会结构的不稳定。

再次，社会阶层结构中的地位秩序尚未得到全社会的充分认可，因而缺少必要的社会群众基础。由于当前的资源配置和收入分配存在不合理之处，影响了阶层位序等级的合法性，群众当然会对一些社会地位高的阶层有意见。同时，制度改革和创新滞后，一些阶层或群体的职能、角色和地位未能得到充分的制度性确认，也是社会上出现认识混乱的一个原因。

最后，现阶段中国社会阶层结构的发育存在区域不均衡性。越是经济不发达的中西部地区，社会阶层结构越简单，越具有传统社会的特点，即金字塔型；越是经济发达的东部地区，社会阶层结构越是复杂，越是具有现代社会的特点，即橄榄型。这种区域不均衡性已经日益显得与国家现代化建设的需要不相适应。

（三）创新社会制度、社会政策体系，培育合理的社会阶层结构

从国际经验来看，无论是合理的现代社会阶层结构的形成与阶层利益矛盾的协调，还是各阶层的广泛妥协与合作机制的形成与维持，都需要有超越各阶层利益的国家利用各种合理的社会政策、制度和机制进行必要的调节，从而使这一过程具有历史的自觉性。可以说，在经济发展尤其是产业的多样化和结构高度化的基础上，国家这只“有形的手”运用恰当的社会制度和社会政策引导社会阶层结构朝着合理的方向演变，已显得日益重要。

在建构社会制度、社会政策新体系的基本原则上，要把稳定作为现阶段社会制度、社会政策创新的出发点，肯定和强化各种合理合法的社会阶层形成机制，消除各种不合理不合法的机制；要把合作作为现阶段社会制度、社会政策创新的基调，为社会各阶层之间的妥协、协商和合作提供必要的社会制度环境和社会政策支持；要把共享作为现阶段社会制度、社会政策创新成功的基础，使改革和发展的成果能够为社会各阶层所共享，而不是偏惠某个阶层；要把协调各阶层利益，作为现阶段社会制度、社会政策创新的首要目的，搞好公共资源的公正公平配置；要把努力保护弱者，作为现阶段社会制度、社会政策创新的重要责任，切实保障贫困人口的权益。

在建构社会制度、社会政策新体系的主要环节上，要建立培育现代社会阶层结构的社会制度，制定相应的调节性社会政策，要有步骤地改革户籍制度，并最终彻底打破城乡分割的二元社会结构，加快城市化进程，建立统一的劳动力市场；要建立有效提升全体社会成员的竞争能力和适应能力的社会机制，最为有效的是建立公正配置公共教育资源的制度，制定提高普通社会成员（尤其是弱势群体）的竞争能力和技能的教育与培训政策；要建立有效协调各阶层利益的机制，特别是要进一步改革现行的税收制度；要建立健全基本的社会保障体系。

在建构社会制度、社会政策新体系的具体内容上，要考虑社会各阶层的特殊性，为他们的健康发展提供特定的政策支持和必要的制度约束；要进一步明确国家与社会管理者阶层的地位、作用、利益与限度，培育一支高效、自律的公务员队伍；要充分肯定私营企业主阶层的作用，引导这个阶层健康发展；要大力发展教育和科技，培育新的社会中间阶层；要创造就业机会，保障产业工人阶层的利益；要稳定地权，减轻农民负担，加快农业剩余劳动力的转移。

（原载于《学习与实践》，2002年第3期）

当代中国社会阶层的分化与流动*

中国目前正处在由传统的农业农村社会向工业化、城市化、现代社会转变，由计划经济体制向社会主义市场经济体制转变。1978年以来，中国实行改革开放，经济体制改革不断深化，所有制结构由单一的公有制转变为公有制为主体的混合所有制，产业结构发生了深刻的变化①，整个国民经济持续稳定，快速增长②。随着经济结构的变化，中国的社会结构也发生了深刻变化，就业结构改变了，城市化进程大大加快③，原来的“两个阶级，一个阶层”（工人阶级、农民阶级和知识分子阶层）的社会结构分化了，一些新阶层诞生了，产生了诸如私营企业主阶层、经理人员阶层和农业劳动者阶层等新的社会阶层。各个社会阶层之间的政治、经济关系也发生了并且还在继续发生着各种各样的变化。整个社会阶层结构呈现出向多元化方向发展的趋势，社会分化和社会流动机制也发生了变化，社会流动普遍加快。以职业为基础的新的社会阶层分化机制逐渐取代过去以政治身份、户口身份和行政身份为依据的分化机制。这些迹象都

---

* 此文是陆学艺先生在《当代中国社会阶层研究报告》一书出版之后，经过近四年的调研积累与研究思考，提出的对中国社会阶层分化与流动的五点认识和判断。重点回答了改革开放以来中国社会阶层结构是怎么由“两个阶级，一个阶层”转变为十大阶层的，以及这些阶层将来会怎么发展和变化。

① 1978年中国的三次产业结构为28.1 : 48.2 : 23.7，至2001年变化为15.2 : 51.1 : 33.6。参见国家统计局编《中国统计摘要（2002）》，中国统计出版社2002年版，第16页。

② 1978年中国的GDP为3624亿元，2001年为94 346亿元。按可比价格计算年平均增长9.5%。同上书，第51页。

③ 1978年城市化率为17.9%，2001年提高到37.7%。同上书，第93页。

表明，中国经济结构变化和经济发展，已经导致了一种新的社会阶层结构的形成，这种新的社会结构正在逐渐趋于稳定，正在按照本身的逻辑继续发展。这种新的社会阶层结构与1978年以前的“两个阶级，一个阶层”的社会阶级阶层结构相比较，无论在基本构成成分、结构形态、等级秩序、关系类型，还是在分化流动机制等方面都发生了极其深刻的变化。

如何正确认识当前阶层结构发生的变化，正确认识各个阶层的地位和特点，以及他们之间的相互关系和发展趋向，并给予正确的理论解释，这是摆在中国社会科学工作者面前的历史任务。因为正确认识社会结构的变迁、社会阶层结构的分化与流动，是正确认识我国基本国情的一个重要方面。客观地说，过去我们对于经济体制、经济结构、经济发展的研究，投入了很多力量，做出了很好的成绩，对社会主义现代化建设事业做出了很大贡献，这当然是完全必要的。但是，对于社会结构变迁，对于社会阶层结构变化，这个同样十分重要的基本国情的研究，则相对少了，而且由于一些传统观念的影响，至今还存在不少争论。而这些不同的看法，又没有得到应有的讨论和澄清，也妨碍着对于这个重要的基本国情的研究和认识。随着经济体制改革的深化，随着经济事业的迅猛发展，经济社会生活的方方面面都发生着深刻的变化，它不仅要求新的经济理论、新的经济政策与之相适应，而且要求社会体制的改革，要求社会事业的发展，要求有新的社会理论、新的社会政策与之相适应。这些年，有不少地区，经济发展了，社会问题却大量发生了，就是明证。而要形成新的正确的社会理论，新的正确的社会政策，其中的一个重要方面就是必须对社会结构变迁，对社会阶层结构变化有正确的认识。所以在新的历史时期，我们必须通过周密的调查研究，实事求是地正确认识社会结构变迁，正确认识社会阶层结构的新变化，正确认识这些变化对于国家实行的社会政策和管理方面提出的新要求，并据以形成新的社会理论和新的经济社会政策，用以协调好国家和社会各阶层的关系，正确处理好社会各阶层之间的关系，以进一步调动各个社会阶层的积极性，促进整个社会的安定和团结，这对社会主义现代化事业的发展是十分必要的。

有鉴于此，中国社会科学院社会学研究所于1999年月1月组建了“当代中国社会结构变迁研究”课题组，在有关方面的支持下，开展了对中国社会阶层结构变化的调查和研究。4年来，课题组对全国10个县市、两个大型工矿企业、一个大学进行了长期深入的调查，取得了11 000多个样本和近千份对各类人员的访谈记录。经过充分准备，自2001年6月开始了全国规模的抽样问卷调查，按概率抽样方法，在全国12个省、市、自治区，72个县、市、区，做了6000份问卷调查。经过近一年的努力，现在这项大规模调查已经结束，取得了大量的数据和资料。

我们课题组依据这些调查和数据资料，在马克思主义理论指导下，结合对于社会结构理论和各种文献资料的研究，于2001年8月开始撰写第一个研究报告，并于2002年1月出版了《当代中国社会阶层研究报告》一书，以后又陆续发表了一些研究报告（以课题组成员个人名义），现在课题组正在撰写以《当代中国社会流动》为题的第二个研究报告，争取在年内出版。

根据课题组4年来的调查研究，我们对当前中国社会结构变迁，有如下几点认识。

一、第一点认识：现阶段中国社会已分化为由10个社会阶层组成的社会阶层结构。划分阶层的标准是，以职业分类为基础，以组织资源、经济资源和文化资源占有状况为根据。在当代中国社会中，每个社会成员从事何种职业和对这三种资源的拥有状况决定了这个成员属于哪个阶层，并且决定了他在社会阶层结构中的位置和个人的综合社会经济地位

10个社会阶层的现状：

（一）国家与社会管理者阶层

指在党政、事业和社会团体机关单位中行使实际行政职权的领导干部。在中国现阶段由计划经济体制向社会主义市场经济体制转变的过程中，他们拥有组织资源优势，社会经济综合地位比较高。这个阶层在整个社会阶层结构中约占2.1%（1999年数据，下同），在大中城市中较多一些，在县以下较少。

（二）经理人员阶层

指在大中型企业中非业主身份的中高层管理人员。这个阶层是在20世纪80年代以后新生的。在改革开放以前，公有制大中型企业也有经理人员，但他们是由政府指派任命的，同党政机关干部的政治经济待遇是一样的，常常可以互换，他们也是国家干部。经济体制改革以后，政企分开，干部专业化，经理人员阶层逐渐形成了。现在经理人员阶层由四部分人组成：国有大中型企业的中高层管理人员；城乡集体所有制大中型企业的中高层管理人员；三资企业的中高层管理人员；大中型私营企业的中高层管理人员。这个阶层拥有文化资源和经济资源优势，约在整个社会阶层结构中占1.5%，随着国民经济的继续发展，经理人员阶层是逐年增多的。

（三）私营企业主阶层

指拥有私人资本和固定资产，并雇用职工进行经营以获取利润的人员。按现行政策，雇工在8人以上的企业主称私营企业主，他们是改革开放以后产生的一个阶层。1981年才有第一个私营企业主，到2000年年底，全国的私营企业已发展到176万户，投资人为395万人。2001年有私营企业202.85万户，投资者460.8万人，从业人员2714万人，注册资金18 212亿元，实现营业收入11 484亿元，已形成一支相当庞大的经济力量。东部沿海诸省的私营企业，在总量中已占很大比重，特别是像浙江省，私营企业的比重在整个企业中已占到2/3以上。按1999年的数据，私营企业主阶层在整个社会阶层结构中占0.6%。因各地经济发展水平不同，特别是市场化程度不同，各地分布很不平衡，但总的发展趋势很快，今后10—20年内还会有一个较大的发展。

（四）专业技术人员阶层

指在国家机关、事业单位和各种经济成分的企业中从事专业性工作和科学技术、人文社会科学工作的人员。他们大多经过中高等专业知识和专门职业技术的培训，具有适应现代化经济社会事业发展的专业知识和专门技术，拥有文化资源的优势。他们是现代社会中的中间社会阶层的主干群体，既是先进生产力的代表之一，也是先进文化的代表者之一。他们是维护社会稳定和社会进步的重要力量。这个阶层在整个社会阶层结构中占5.1%，多数分布在经济文化发达的大中城市。随着国家现代化事业的发展，专业技术人员的队伍将日益庞大。

（五）办事人员阶层

指协助党政机关企事业单位的领导处理日常行政事务的专职办公人员，主要由党政机关中的中低层公务员、各种所有制企事业单位中的基层管理人员和非专业性办事人员组成。这一阶层是社会阶层流动链中的一个重要的环节，其成员是国家与社会管理者、经理人员、专业技术人员的后备军，是工人、农民通过这个阶层实现上升流动的一个台阶。这个阶层在社会上被称为白领，是现代社会和社会中间阶层的重要组成部分。这个阶层在整个社会阶层结构中所占的比重为4.8%。

（六）个体工商户阶层

指拥有少量私人资本，从事小规模生产、流通、服务业等经营活动，并以此为生的人。他们自己参加劳动和经营，有些还有专业的技术和手艺，有些还带一些徒弟，雇请少量帮工（不超过7人），被称为小业主、小雇主、个体工商户，在国外也被称为自雇佣者。这个阶层也是改革开放以后新产生的，80年代初期以后发展得很快，到2000年有2571万户，全部从业人员为5071万人。这个阶层在整个社会阶层结构中占4.2%。随着城市化的加速，第三产业的发展，这个阶层还会不断地扩大。

（七）商业服务业员工阶层

指在商业、服务行业中从事非专业性的体力和非体力劳动的工作人员。总体来说目前中国的商业服务业还很不发达，而且产业层次比较低，主要还是一些传统商业、餐饮等服务业，绝大多数员工的社会经济地位与产业工人较为类似。但在一些大城市和特大城市，一些新兴的服务业，如金融、保险、科技、教育、旅游、通信、传播、客货运、娱乐、房地产、期货、证券、社区服务等行业正在蓬勃发展，预示着这个阶层未来会有一个较大的发展。现阶段这个阶层在整个社会阶层结构中的比重为12%，其中约1/3是农民工。

（八）产业工人阶层

指在第二产业（工业、建筑业）中从事直接和辅助性生产的体力、半体力劳动的人员。产业工人阶层是近代以来中国经济社会发展，特别是社会化大生产的产物，是推动先进生产力发展的基本力量。随着中国工业化、城市化、现代化事业的继续发展，产业工人的队伍必将继续扩大，其本身的政治、科技、文化素质和经济社会的地位也将不断提高，从而为现代化事业做出更大贡献。改革开放以前，在计划经济体制下，产业工人的政治地位很高，队伍也很庞大，那时第二、三产业全部是公有制。经济体制改革以来，产业工人人员的构成发生了根本性的变化。2000年，全国第二产业就业人员为16 219万人，其中国有单位的职工只有7640万人。只占47.1%，多数是在非公有制企业（如三资、股份制、私营企业、个体工商户等企业）里就业。特别是在20世纪90年代中期以后，国有工矿企业改革，实行减员增效等政策，使大批国有企业工人下岗，事实上改变了原来终身雇佣（铁饭碗）的格局，这使他们心理上承受了很大的压力。应当指出，这些变革带来了正反两方面的影响，好的一面是促使大多数工人有了竞争意识，有了学习技术和专业技能并努力做好本职工作的积极性；负面的影响是在长期的计划经济体制下，工人没有就业压力，很少有竞争意识，一旦这种事实上的“铁饭碗”格局被改变，社会经济地位下降，就难免产生不满和牢骚。而与此同时，有大量的农民工涌进产业工人阶层，成为产业工人阶层的重要组成部分。目前产业工人阶层在整个社会阶层结构中占22.6%，其中30%左右是农民工。

（九）农业劳动者阶层

指承包集体所有的耕地，主要从事农（林、牧、渔）业生产经营，并以农（林、牧、渔）业为唯一或主要收入来源的劳动者，也就是通常所说的农民。农民是对旧体制改革的首创者，创造了家庭联产承包责任制，废除了人民公社，使自己得到了自主和实惠，解放了农村生产力，使农业生产连年丰收，改变了中国主要农产品长期短缺的局面。改革开放以后，农民还获得了选择职业的自由，大批农民变成了乡镇企业的职工和管理人员，有些农民成为个体工商户、私营企业主。20世纪80年代后期，有大批农民工进入城镇，成为国有企业、三资企业、私营企业、个体工商户、股份制企业的职工，成为商业服务业员工阶层和产业工人阶层的重要组成部分。由于户籍制度还未改变，他们的职业虽然变了，但农民身份未变，所以成为中国特有的农民工群体。按国家统计局城乡人口统计，1999年农村人口还占总人口的65.2%，农业就业人员还占就业总数的50%。但据我们调查，主要从事农业劳动，并以农业为主要收入来源的农业劳动者阶层只占全部从业人员的44%。随着工业化、城市化的发展，和相应的社会政策到位，这个阶层还会继续缩小。

（十）城乡无业、失业、半失业者阶层

指无固定职业的劳动年龄的人群。经济体制转轨、产业结构调整和国有企业改革使一大批工人和商业服务业员工处于失业、半失业状态。就业机会不足，使许多新进入劳动力市场的青年长期待业（1995年至今，国有企业实行优化组合，减员增效，已有2647万人下岗，只有约60%实现了再就业）。城市化大量征用农地，使大批农民无地可种，而他们在城镇又找不到合适的职业。另外，还有很多城乡居民因残障或长期卧病而不能就业，多数陷入贫困的泥潭。这个人群的数量各地不同，发达的东部地区要少一些，中部地区多一些，目前这个阶层在整个社会阶层结构中的比重约为3.1%，他们是这几年媒体所称的弱势群体，是社会的底层。

二、第二点认识：中国已经形成了现代化的社会阶层结构，但还只是一个雏形，不过它正在迅速地成长

为什么这样说？首先，随着经济体制的改革和经济发展，中国已经形成了现代社会的产业结构和职业结构，与此相适应，中国现代社会阶层的基本构成成分都已经具备，原来的社会阶层发生了分化，新的社会阶层已经形成和壮大，已经不是原来的“两个阶级，一个阶层”的社会结构了。上述10个社会阶层的构成状况就是证明。这就是说，凡是现代化国家所具备的社会阶层，都已经在中国出现，有的已经具有相当的规模。今后，随着工业化、城市化的发展，有的社会阶层的规模还会继续扩大（如经理人员阶层、私营企业主阶层、专业技术人员阶层、办事人员阶层以及个体工商户阶层等），有的社会阶层的规模会继续缩小（如农业劳动者阶层），但基本构成成分不会有大的改变。

其次，中国现代的社会阶层结构中社会阶层位序已经确立。所谓社会阶层位序是指各个阶层在社会地位分层等级中的排列次序。社会阶层位序取决于各个阶层所拥有的组织资源、经济资源和文化

资源的数量及其综合实力。拥有三种资源越多、综合实力越强的阶层，其阶层位序就越高，反之就越低。在市场经济条件下，各社会阶层所拥有的三种资源的数量及其综合实力不可能是绝对均等的，其差别将长期存在。在现阶段的中国社会，国家与社会管理者阶层、经理人员阶层、私营企业主阶层和专业技术人员阶层，由于他们所拥有的组织资源、经济资源、文化资源最多，所以处于最高或较高的阶层位序；而商业服务业员工阶层、产业工人阶层、农业劳动者阶层，他们所拥有的三种资源很少或比较少，所以他们所处的阶层位序就比较低，而城乡无业、失业、半失业者阶层则基本不拥有这三种资源，所以阶层位序最低。上述社会阶层的排列，是根据我们大量多方面的社会调查，并对各种文献和数据分析，根据各个社会阶层所拥有三种资源及其综合实力的多少、强弱而排列的，而不是随意排列的。

再次，现代社会流动机制正在形成，正在逐渐代替传统社会的流动机制。在1978年改革开放前，中国实行的是身份分层、政治分层，通过城乡分割户籍制度使出生在农民家庭的人，永远从事农业，连子女也只能做农民；凡出生在工人、干部家庭的人，一般就是工人和干部。农民想转变为工人，转变为城市居民，工人想转变为干部，则几乎是不可能的，因为存在着制度性的障碍（如户籍制度规定，严格限制农业户口转为非农业户口）。这样的社会流动机制限制了人们通过努力奋斗获得向上流动的可能性，当然是很不公平，很不合理的，国家缺乏发展的活力和动力，因而也就阻碍了经济社会的进步。直到1978年，中国的农民仍占总人口的82.1%。改革开放以来，中国改变了以身份论阶层的做法，改变了原来以阶级出身成分作为选拔干部、人才标准的做法，城乡分割的户籍制度虽然还未彻底改革，但已经有了不少改进，农民有了选择职业的自由，可以从事农业以外的各种职业，工人、干部也可以跳槽，可以下海，可以经商办企业，有了择业的自由。总的是社会流动渠道越来越开放，越来越多，虽然还有一些制度性限制和障碍，但是每个人只要自己努力，可以凭借自己的聪明才智，获得向上流动改变自己原来社会地位的机会和可能。

在现代化的社会阶层结构中，虽然社会各个阶层的位序已经确定，但各个阶层的个人，仍然可以通过自己的努力，逐步改变自己的社会地位，从原来某一个社会阶层，向上流动，成为另一个社会阶层的成员。如农民出身的青年，可以通过努力学习，参加考试，成为大专、大学本科的学生，学成毕业后可以成为专业技术人员，成为管理国家社会的干部。当然更多的农村青年，可以外出打工，也可以经商办企业，成为工人，成为个体工商户，成为私营企业主。原来城市的工人和干部，他们则有更多的机会，通过学习努力，通过经商办企业，在本单位或离开原单位，获得向上流动的机会，改变和提高自身的社会阶层和社会地位。而现在的中国，正在大规模地进行经济建设，工业化、城市化、市场化、社会化的发展都很快，经济社会事业蓬勃发展，客观上也为每个公民实现向上流动，提升自身社会地位，提供了各种条件和机会，每个公民都有施展抱负、实现“人往高处走”理想的广阔空间。

在现阶段的中国，尽管先赋性因素还在影响一个人的社会地位，但是，获致性因素对每个人来说都是可以通过努力得到的，而且获致性因素对社会流动的影响越来越大，并将逐渐成为社会流动的主要因素。这就是说，当今中国社会流动的机会是面向所有公民的，是开放性的，已经不再受个人的出身、成分、家庭背景、户籍等的限制，只要你自己努力，就有机会实现向上流动的理想。这里用得着一句话：世上无难事，只要肯登攀！

三、第三点认识：现阶段中国的社会阶层结构是在经济结构调整、经济发展的过程中，自然、自发形成的，还正在变动过程中，还不合理，与社会主义现代化建设及其要求还不相适应

发达国家现代化社会阶层结构的形成过程，是一个自然的长期

发展的历史过程。它是随着第一次产业革命（工业化）、第二次产业革命（信息化）发展而形成了具有一个庞大规模的社会中间阶层，使社会阶层结构形态具备所谓的“橄榄型”，形成了高度现代化的社会阶层结构。相比之下，中国要在一个不太长的时期里，把两个阶段的发展过程压缩为一个过程，实现现代化的社会阶层结构的理想形态，其艰巨和复杂程度是可以想见的。其中不可避免地会出现种种失调、摩擦、矛盾和冲突。但中国要建成社会主义现代化国家，就必须形成这样一个合理的现代化社会阶层结构，这是必不可缺的。

前面说过，中国目前正在实现由农业农村的传统社会向工业化、城市化的现代社会转变，同时也在实现由计划经济体制向社会主义市场经济体制转轨，这是前人还没有成功先例的实践。好在我们经过改革开放20多年的渐进改革，已经使GDP翻了两番还多，使工业化达到中期发展阶段，已经初步建成社会主义市场经济的基本框架，市场已成为配置资源的主要力量。应该说，中国的经济体制改革、经济结构调整和经济发展取得了空前的成功，所采取的一系列经济政策是有效的。相比较而言，中国的社会体制改革，社会结构的调整和社会事业的发展要相对滞后一些，理应采取的社会政策，有些是滞后了（如社会保障体系的建立），有些则因为各种原因至今还未出台。所以目前形成的社会阶层结构是在经济结构调整、经济发展的影响下自然形成的，也可以说是自发形成的。虽然已经形成了现代化社会阶层结构的雏形，但它还有以下一些特点和不足的一面。

第一，现阶段中国的社会阶层结构还处在不断变动的过程中，有时，某一社会阶层的规模会扩展得很快，而有的社会阶层的经济社会地位理应有所改善和提高，却又长期停顿。整个社会阶层结构变动不居，很难以常理来预测。所以有些政界和学界的人，有鉴于这种状况，认为现在还不是对中国社会阶层结构做研究和分析的时候，要等到稳定或定型以后，再做研究和分析。其实，现阶段中国的社会阶层结构，变动不居是常态，这既是它的优点，也是它的问题。我们对它进行研究分析，是选取某一时点的社会阶层结构的横断面，做定性和定量的分析研究，得出应有的判断和认识。上述我们做的10个社会阶层结构的研究，就是选取1999年这个时点，对中国社会阶层结构做的分析和研究。

从1999年至今，仅仅是3年多时间，中国社会阶层结构内部，已经有了不少新的变化。例如，1999年私营企业主阶层只有150.9万户，共有投资者322.4万人。我们在十大社会阶层的分析中，指出1999年私营企业主阶层在整个社会阶层结构中占的比重为0.6%。由于这几年社会舆论对私营企业主阶层的评价好了，特别是在2001年7月，江泽民同志在《在庆祝中国共产党成立八十周年大会上的讲话》中指出，私营企业主阶层也是社会主义建设者，对这个阶层中的先进分子，承认共产党的纲领和章程，自觉为党的路线和纲领而奋斗，经过长期考验，符合党员条件的也可以加入共产党。这几年整个经济社会环境对私营企业发展有利，所以这三年，私营企业主阶层发展很快，到2001年年底，私营企业发展到202.8万户，投资人增加到460.8万人，2002年又有新的发展。据我研究，现在的私营企业主还远远不止这个数。这是因为这些年，农村乡镇企业改制，原来乡办村办的集体企业，这几年一改制，绝大多数都变成私营企业了，约有100万户，共有300多万个私营企业主；这些年国有企业改革，实行抓大放小，把大多数国有中小企业都改制为私营企业了，约有50万户，100万人；再加上个体工商户中约有0.5%是经济实力很强、实际上是私营企业的，约有122万户，122万人。这三项合计522万人，加上登记在册的私营企业主460.8万，所以到2002年年底，全国已有982.8万个私营企业主①。这在整个社会阶层结构中的比重，已经不是1999年的0.6%，而应该是2002年的1.2%。

另外，外出农民工这个大的社会群体近几年变动也很大。1999年，我们引用有关部门的数据，为8000多万人。这几年由于务农收

---

① 参见《中国私营经济年鉴》，中华工商联合出版社2003年版，第91页。

入减少，乡镇企业和农村经济不景气，加上决策部门和舆论对农民工给予肯定，到2002年年底，据有关部门统计，农民工人数已达1.2亿。这就使产业工人阶层、商业服务业员工阶层、个体工商户阶层等的阶层规模有了不同程度的扩大。尽管这几年中国的不同社会阶层的规模，有所变化，但是整个社会阶层结构的基本构成成分并没有变化，10个社会阶层的位序也没有变化，不过是有些社会阶层的规模扩大了，有些社会阶层的规模进一步缩小了。

第二，中国现有的社会阶层结构还不合理，与社会主义现代化进程及其要求还不相适应。现代化国家需要有一个合理的现代化社会阶层结构，这个社会结构是与现代化的经济结构、产业结构相适应的，是相互促进、相辅相成的，使经济社会能够协调发展。拿中国传统的话来讲，使这个社会能够长治久安。从世界各个已经实现了现代化的国家的历史经验看，这些国家的社会阶层结构形态都是中间大两头小的橄榄型结构。所谓两头小，是指拥有较多组织资源、经济资源和文化资源，因而处于最高和较高社会等级地位的阶层的规模比较小；只有较少资源或几乎不拥有什么资源，因而处于社会等级地位较低和最低的社会阶层的规模也比较小。所谓中间大，是指社会已发育、培育成了一个庞大的中间社会阶层，他们拥有相当多的各种资源，足以使他们过上小康以至比较富裕的生活。他们是政治社会稳定的中坚力量，也是经济持续发展的重要力量，更是先进文化的创造者和消费者。实践证明，一个国家一个地区的社会形成了这样一种橄榄型的社会阶层结构形态，这个国家这个地区也就真正实现了现代化，经济社会事业就能够健康稳定持续地发展。

相比较而言，中国现阶段的社会阶层结构，离现代化的社会阶层结构还有很大的距离，就目前中国社会阶层结构形态说，还是一个中低社会阶层过大，上中层刚发育还没有壮大，而最上层和底层都较小的结构。形象地说，是一个洋葱头型的社会阶层结构形态。前面说过，中国现阶段的社会阶层结构是在经济发展的推动下，社会体制改革滞后，社会政策没有相应到位的情况下，自然、自发地形成的。有诸多的不合理，其中最重要的，从社会阶层的规模而言，可以概括为两个方面，就是该缩小的社会阶层规模没有相应地小下去，而该扩大的社会阶层规模还没有相应地大起来。

农业劳动者阶层的规模，理应随着经济结构、产业结构的调整和经济发展，以及农业在GDP中的比重降低而逐渐缩小。但在中国由于存在着体制性的障碍，农业劳动者阶层的规模至今还很庞大，该缩小而没有小下去。在发达国家，产业结构、就业结构和阶层结构的比重基本上是很相近的。例如日本，1990年第一产业在GDP的比重为2.5%，而在就业结构中的比重为10%（1992）[①]，农民阶层的规模为7%。中国由于存在着体制性的障碍——户籍制度的限制，城市化的滞后，1999年，农业在GDP的比重为17.6%，从事农业的人员占整个就业人员的50%。[②]而当年的农业劳动者阶层占整个社会阶层结构的比重为44%（这是没将外出打工包括季节性打工的农民工都计算在内的结果）。

农业劳动者阶层规模过大，与目前的经济发展的要求不相适应，引起了一系列的经济社会问题。其一，农业劳动者阶层占44%，所创造的GDP只占17.6%，这是农民收入增长缓慢甚至减少的根本原因。所以中国的学者早在几年前就提出，要富裕农民，必须减少农民，这才是提高农民收入的根本之策，舍此都只是治标的。其二，农民收入低，必然的结果是农民的消费水平也低。中国自20世纪90年代中期以后由长期的卖方市场转变为买方市场，改变了短缺经济的状况。全国600种主要工农业产品，现在有83%都是供过于求的，17%是供求平衡。一般国家要在人均GDP达到3000美元才会出现买方市场，中国现在人均GDP才1000美元，所以中国的买方市场是早熟了。为什么？就因为占总人口绝大多数的农村人口的收入低，有

---

① 参见［美］托马斯·K.麦格劳编《现代资本主义——三次工业革命中的成功者》，江苏人民出版社1999年版。

② 参见国家统计局编《中国统计摘要（2002）》，中国统计出版社2002年版，第16、38页。

潜在的巨大需求，但没有支付能力，没有购买力，农村市场开拓不了。大量的工农业产品销售不出去，造成了巨大的商品积压，限制了国民经济的健康发展。其三，城乡差距扩大，2002年城镇居民收入与农民收入之比为3.1∶1，超过了1978年2.4∶1的差距，而且还有扩大的趋势。这是引发经济社会矛盾冲突的结构性原因。其中农业劳动者阶层的规模过大，限制了其他社会阶层规模的扩大和发展，可以说，也就限制了社会的全面进步。

社会中间阶层规模过小，该扩大的社会阶层的规模还没有相应地大起来。严格地讲，社会中间阶层不是一个社会阶层，而是由整个社会阶层结构中的若干个社会阶层组成的。在国外由新老中间阶层两部分组成。老中间阶层是指中小企业主和中小农场主，他们都是有产的；新中间阶层是指中小企业经理人员、公务员、专业技术人员、办事人员等白领为主的阶层。江泽民同志在2001年7月1日的讲话和十六大报告中指出："在社会变革中出现的民营科技企业的创业人员和技术人员、受聘于外资企业的管理技术人员、个体户、私营企业主、中介组织的从业人员、自由职业人员等社会阶层，都是中国特色社会主义事业的建设者。"这里讲到的6个社会阶层和社会群体都是改革开放以后新产生的，其中除了私营企业主阶层中的少数大企业主之外，都属于社会中间阶层。相比较而言，中国的社会中间阶层不仅产生得比较晚，而且规模过小，据我们课题组测算，1999年，这个中间阶层只占整个社会结构的15%左右。[①]这3年来由于私营企业主阶层、专业技术人员阶层、个体工商户阶层等发展得都很快，所以，2002年，社会中间阶层的规模约为18%。但这个规模比美国1950年、日本1975年的中间阶层规模还要小。社会中间阶层规模过小，意味着社会结构的不稳定，这是当前中国诸多经济社会问题产生的重要原因。今后中国经济社会发展面临的一个战略性

① 参见陆学艺《当代中国社会阶层研究报告》，社会科学文献出版社2002年版，第37页。

任务，是要继续深化改革，采取恰当的经济、社会政策，使社会中间阶层的规模能较快地扩大起来，使农业劳动者阶层的规模能较快地缩小下去，以适应国家社会主义现代化事业健康发展的需要。

四、第四点认识：一个国家要形成一个合理的有活力的社会阶层结构，不仅要靠这个国家的经济结构的调整、经济发展的带动，要靠“无形的手”的推动，使之自然地演变和成长，还要靠国家在恰当的时机采取恰当的社会政策，也就是还要靠“有形的手”加以调控和引导

现阶段中国的社会阶层结构的变迁，基本上是在国家改革经济体制，调整经济政策，经济持续高速增长的影响和推动下发生的。好处是在经济变革和发展中催生了一批与现代化事业相适应的新的社会阶层（如上面说的6个新的社会阶层等），形成了现代化的社会阶层结构雏形。但是这个社会阶层结构的形成具有明显的自发性，因而也具有诸多的不合理性，最不合理的是前面讲到的该大的社会阶层没有相应地大起来，该小的社会阶层没有相应地小下去。如果我们对改革开放20多年的经济社会政策做一个反思，那么就可以看到，我们在推动市场经济体制的改革和发展，宏观调控经济朝着稳定健康、持续高速发展方面，及时采取了一系列有效的经济政策。这就是说国家这只“有形的手”在经济发展方面是充分发挥了调控引导的作用的。相比较而言，在促进现代社会阶层结构的发育成长方面，迄今还没有像宏观调控经济的经济政策那样的明确而自觉的社会政策，也就是说有效及时的社会政策缺位和不到位是造成现阶段社会阶层结构不合理的主要原因，国家这只“有形的手”，在调控社会发展方面，还没有起到应有的作用。具体说，有以下几个方面。

第一，该改革、应改革的一些社会体制、社会政策没有适时进行改革和调整。例如，户籍制度和城市化政策，城乡分治的户籍制度，严格控制城市发展，这是与计划经济体制相适应的。改革开放

以后，实行社会主义市场经济体制，理应改革户籍制度，加快城市化的步伐。但因为有关决策部门囿于一些传统观念，对户籍制度至今没有根本性的改革，城市化的发展仍然受到种种限制，致使农村大量的农民仍然滞留在农业上，即使农民进城打工、经商了，仍然受到种种体制性的歧视，沦为“二等公民”。城市化严重滞后于工业化，第三产业发展不起来，城乡关系失调，城乡差距扩大，这是目前中国亟须解决的最主要的结构性矛盾，也是现代化社会阶层结构不能合理发育成长的主要原因。

第二，该出台的社会政策没有适时出台和到位。众所周知，社会保障制度是社会的安全阀、稳定器，实行社会主义市场经济体制，一定要有相应的社会保障制度和体系。原来在计划经济体制下的社会保障体系是不能适应的。我们对原来的社会保障制度的改革和新的社会保障制度的建设，至少晚了5—8年，至今还未完全地建立起来。致使国有企业的改革，受到制约和阻碍。特别是由于社会保障制度不健全，保障力度不够，没有起到保护弱势阶层、贫困阶层的作用，不能确保这部分人的基本生活需要，这也是一些地区社会不安定的重要原因。又如社会分配政策，在市场经济条件下开展竞争，追求效率是必然的。但作为政府，为培育合理的现代社会阶层结构，需要出台相应的社会政策，应当以公平为目标，通过各种再分配手段，调节各阶层的利益关系，缩小城乡之间、地区之间、各阶层之间的收入差距，不能使富者愈富，贫者愈贫，应该保证贫困阶层的基本生活需要，以防止出现严重两极分化，并缓解社会矛盾。但是我们在这方面的工作滞后了，一些比较重要的再分配政策，迟迟没有出台，如遗产税、财产税等。现在政界和学界公认，城乡差距、工农差距、地区差距已经过大了，而且至今还是继续扩大的趋势。

第三，改革开放以来，我们把中心工作从阶级斗争转移到经济建设为中心的轨道上来，这当然是完全正确的，没有这个转移，就没有今天中国的繁荣昌盛。经济建设是中心，是第一位的，而要建设一个社会主义现代化国家，经济建设是第一，但不是唯一。有第一，就应该有第二、第三……有些同志以为，经济发展上去了，蛋糕做大了，人民富裕了，社会结构就会得到改善，社会就能安定，国家就能长治久安。因此，若干年来，我们制定了这样那样的经济政策，推动经济健康持续稳定快速地增长，这方面的成绩是巨大的，但我们没有投入一定的力量来制定相应的社会政策，以引导培育一个合理的现代社会阶层结构。有的同志甚至以为经济政策可以替代社会政策，可以自发产生社会政策所需要的结果。可以说，这正是我们国家在政策层面考虑上的一个严重误区。综观近现代国际社会发展的历史，要建设一个现代化国家，仅仅在经济上人均GDP达到3000美元是不够的，也就是说仅有经济发展的成就是不够的。现代化社会是一系列综合指标的总和，建设一个现代化国家是一项巨大的系统工程。君不见世界上有一些国家经济上已达到人均GDP5000美元、8000美元，一部分人的生活也相当富裕了，但却没有形成合理的现代化的社会阶层结构，一有风吹草动，一场金融危机，几十年的经济成就，几天、几个月就倒退回去了，又沦落为发展中国家。前车之鉴，我们不能不引以为戒呀！

五、第五点认识：对中国社会阶层结构未来20年发展的预测

近些年来，国际上对中国的经济发展，有两种预测：一种是非常乐观的，认为中国经济今后20—30年仍会保持持续稳定的高速增长，经济总量不久将超过德国、日本，成为世界第二经济大国，21世纪中叶，有望接近美国（有的国际机构用购买力平价法计算，认为现在中国的国民生产总值已经超过日本了）。有的人并由此制造了所谓的“中国威胁论”，进行不怀好意的宣传。另一种则是十分悲观的，认为中国现在的经济统计有水分、有泡沫，经济成就实际并没有这么好，而且经济结构不合理，社会矛盾重重，不久经济社

会的严重问题将会总爆发，并由此炮制了所谓的“中国崩溃论”。国内这两种看法都有，有些同志对中国的发展也是心存疑虑，惴惴不安。

我和许多同志一样，不同意这两种看法，我对中国未来的发展持谨慎乐观的态度。我赞成吴敬琏教授的看法——“中国正在过大关”。从社会结构变迁的角度来观察，中国的社会结构的调整、社会管理体制的改革、公共领域的建设、社会事业的发展等方面，有的正在过关，有的还没有开始过关。如我国的经济结构已经是工业化发展的中期阶段，但城乡结构、区域结构、就业结构、分配结构等方面则还处于工业化初期阶段，有的甚至还处于工业化前期阶段。具体地说，我对经济发展前景比较乐观，因为已经走上了社会主义市场经济发展的轨道。但就社会结构、社会管理体制、社会事业发展等方面说，原来在计划经济体制条件下形成的格局，还没有完全改变，影响还比较大，有的甚至还基本没有改革（如城乡二元社会结构）。所以今后的社会发展难度比较大，但中国要建成社会主义现代化国家，这些方面的改革是必须进行的。

2002年冬天召开的十六大，有很重大的历史意义。其中一个重大成就是确定了今后20年要全面建设小康社会的伟大目标。提出了经济更加发展，民主更加健全，科教更加进步，文化更加繁荣，社会更加和谐，人民生活更加殷实等六个方面的要求。这也就是今后建设小康社会的蓝图。比较全面，比较具体，这六个方面是一个有机的整体，缺一不可的。总体来说，这六个方面，经济发展是要点，重点在农村，而难点在社会。对此，十六大报告和相关决议中有不少为实现这个目标而提出的新的思路、新的构想和新的政策措施。如提出了今后要“统筹城乡经济社会发展”、要“加快城镇化进程”“初次分配注重效率”“再分配注重公平”、要“扩大中等收入者比重，提高低收入者收入水平”等。现在各地都在认真学习十六大的精神，贯彻落实十六大提出的奋斗目标。

从社会结构调整、社会发展方面看，今后20年是十分关键的发展阶段。在经济持续稳定快速发展的前提下，同时要重视调整社会结构，发挥政府调控和引导的作用，使中国的社会结构向着合理的有活力的现代化社会阶层结构方向变化。

借鉴国际上发达国家现代化过程中实施社会政策的经验和教训，结合我国发展很不平衡的国情，今后20年有以下若干社会方面的指标，是应该得到重视和得到实现的。

第一，城市化方面。2001年全国的城市化率是37.7%，今后平均每年要增长1个百分点，到2020年达到58%左右。

第二，就业结构方面。2001年全国有73 025万就业劳动力，三次产业的就业结构是：一产50%，二产22.3%，三产27.7%，而当年的GDP中，第一产业只占15.3%。这表明农业劳动力过多。今后必须加快农业劳动力向第二、三产业转移的步伐。平均每年减少1个百分点，到2020年使农业劳动力所占比例降到30%以下。

第三，基尼系数。原来在1978年，基尼系数是0.22，这偏低，对发展生产和提高经济效率不利。80年代以后逐年提高，近几年提高得更快，现在到底已经达到多少，各家说法不一，但多数学者和政界人士认为已经超过0.4，这说明差别已经超过合理的范围了。今后，要如十六大讲的，通过二次分配，抑高调低，使之降到0.4以内。

第四，城乡居民收入差距要缩小。2001年城镇居民可支配收入与农民人均纯收入之比为2.9∶1，2002年扩大到3.1∶1。有关部门指出，城市居民还有一些如住房补助、医疗和社会保障等方面的隐性收入未计算在内，农民是没有这些收入的，而在纯收入中还要扣除一些生产费用，所以实际上城乡差距，应是5∶1—6∶1，而且还有扩大的趋势。这是中国面临的最重大的社会矛盾。近期要采取非常措施，首先遏止住城乡差距扩大的趋势，然后要缩小这种差距。2003—2010年间，平均每年能缩小0.1—0.12个百分点，到2010—2020年平均每年缩小0.05个百分点，到2020年，城乡居民收入差距要控制在1.5∶1的水平上。

第五，加快高等教育事业的发展。我国的初等基础教育办得比较好，但高中和高等教育还相对滞后，不能满足经济社会发展的需要。1999年大学扩大招生后，到2001年我国高校本专科在校学生达1300万人。2002年高等教育毛入学率已达到14%。十六大已经提出到2020年要“基本普及高中阶段教育”，高等教育还要积极稳步地发展。今后要争取使高等教育毛入学率平均每年能提高1个百分点，到2020年能达到35%左右，使在校大学生达到3200万人左右，每年入学的各类大学生和毕业生有800万人左右。当然要实现高等教育发展的这个目标的基础是要把九年义务教育进一步办好，特别是要把在各地基本普及高中阶段教育的事办好，未来高等教育能不能实现上述目标，关键之一是能不能把高中阶段教育办好。

第六，扩大中间社会阶层的规模。十六大报告中指出，要扩大中等收入者的比重。中间社会阶层和中等收入者不是一个概念，但在不少方面，其内涵是一致的。中间社会阶层也不是某一个社会阶层，而是若干个社会阶层的总称。江泽民同志在2001年7月1日重要讲中话指出，在改革开放后社会变化中新产生的六个社会阶层和社会群体，除了私营企业主中的一小部分大的私营企业主外，都应该是中间社会阶层。据我们课题组测算，1999年，在中国社会阶层结构中，中间社会阶层占15%。近几年，由于经济社会事业发展得比较快，经理人员、私营企业主、专业技术人员等增长得都比较多，到2002年，中间社会阶层的规模扩大到18%。今后20年，如果能按这个发展速度，每年增长1个百分点，到2020年，在中国社会阶层结构中，中间社会阶层的规模将达到38%—40%的水平。那么，中国的社会阶层结构将基本形成一个合理而有活力的现代化的社会阶层结构，而不再只是一个现代社会阶层结构的雏形；就阶层结构形态而言，也将不再是洋葱头型，而将是一个两头小中间大的橄榄型，不过中间部分比起现在的发达国家来说还显得略小而已。

到2020年，在经济方面，在优化结构和提高效益的基础上，如果能够实现国内生产总值比2000年翻两番，达到人均3000美元；在社会方面，如果能够实现上述六方面的社会指标，那么，全面建设小康社会的伟大目标，也就基本实现了。从此开始跨入中等发达国家的门槛。再继续奋斗几十年，到21世纪中叶基本实现现代化，把我国建成富强、民主、文明的社会主义国家。

（原载于《江苏社会科学》，2003年第4期）

农民工问题要从根本上治理*

农民工，是世界工业化历史上的一个新概念，是中国在特殊的历史时期出现的一个特殊的社会群体。20世纪80年代初开始出现的时候，因为他们适应当时中国社会生产力发展的需要，虽然是冲破了计划经济框框的某种束缚，使本来只许从事农业劳动的农民可以从事非农业生产了，但还是在计划经济体制的大框架里面，如并没有改变户籍身份等，所以得到了政府和有关部门、基层和农民各方面的认同。在一段时间里，赞誉的声音甚高，有人认为这是“离土不离乡，进厂不进城”的好形式，是建设有中国特色社会主义的一种创造，是消除工农差别、城乡差别的方式，是解决不形成大城市病的探索等。在80年代中后期，在政界、学界几乎都是这样认识的，包括我自己。进入90年代后，农民工问题的一面，就逐渐显现出来。因为这种做法，本来只是在当时的情况下不得已而为之的一种应时措施，后来，国家的经济社会体制都进行了改革，各方面的条件改变了，但农民工的体制，因为种种原因，却反而逐渐固化了，于是产生了种种矛盾，形成了诸多的社会问题和经济问题。现在这些问题已直接影响工农、城乡关系，影响经济持续健康地发展，影响社

---

* 此文是陆学艺先生为呼吁解决农民工问题而写就的。文章系统地分析了农民工问题的由来，认为农民工是我国工人阶级队伍的重要组成部分，为社会主义现代化事业做出了巨大贡献。但是，农民工的身份、权利、户籍等种种体制性弊端已经阻碍其成为工人阶级队伍的组成部分，已经对社会和谐造成了不良影响，需要从把我国建成富强民主文明的社会主义现代化国家的高度去正确认识和破解农民工问题，需要采取改革户籍制度、改革人事劳动制度、制定规划等措施，从根本上解决农民工问题。

会大局的安定，到了一定要好好解决的时候了。

一、关于农民工的由来

一个国家要实现由传统的农业、农村社会向现代社会转变，必须实现工业化、城市化。在工业化过程中，大量的农业劳动力转到工厂成为工人，工厂都比较集中，形成城市，所以通常工业化和城市化是同步的，农民进了工厂，也就自然成为城市居民。中国在20世纪50年代进行国家工业化的时期，也是这样的，一面是大规模的工业化建设，一面是大量的农民进城，成为城市居民。那时，城市化率每年提高1个多百分点。但是在“三年困难时期”，国家为了应对当时的短缺经济，严格实行城乡分治的户口制度，严格限制农业人口转变为非农业人口。一面工业建设仍在继续进行，一面城市化进程却停滞了。直到1978年，全国的城市化率只有17.9%，82.1%的人口是农民。十一届三中全会以后，农村率先改革，实行家庭联产承包责任制，农业生产连年大幅度增长，粮食和农产品的供给状况大有改善。与此同时，农业剩余劳动力也大量出现，这正是加快工业化、城市化建设的好时机。

“三年困难时期”饿死人的教训实在太深刻了。所以当1984年农业特大丰收，第一次出现卖粮难的时候，有关方面并没有改革严格限制农业人口转为非农人口的户籍制度。农业生产已容纳不了如此众多的剩余劳动力，进城又不被容许，农民为了要致富，不得已，就地办起了乡镇企业，自发地向第二、三产业转移。于是就有了“进厂不进城，离土不离乡”的农民工。

农民工者，农民工人也。他们是农业户口，户籍身份是农民，在家承包集体的耕地，但他们在乡镇企业里上班，主要从事第二、三产业劳动，拿乡镇企业的工资，就职业身份说，他们已经是工人了。“工作三班倒，种田早中晚”是他们的写照。

20世纪80年代中期，经济体制改革扩展到城市，城里的第二、三产业大发展，需要劳动力，于是“进厂又进城，离土又离乡”的农民工就大量出现了。按说，这部分劳动力从农村进入工厂，从企业取得工资收入，成为生活的主要来源，理应是工人了，理应是工厂、企业所在地的居民了。但是由于中国特有的户籍制度限制（全世界只有朝鲜、贝宁等极少数国家实行了），他们的户口不能迁，农业户口、农民身份不能变，他们在城市里，在工厂里干了5年、10年、15年了，还是农民工。

随着中国经济的高速增长，工业化大步前进，离土又离乡的农民工越来越多，1989年前大约有3000万人。1988—1991年国家经济调整，约有1000多万农民工被压缩回农村。1992年邓小平同志南方谈话后，经济进入了高速增长期，大量的农民工进城了，那时每年猛增1000多万人，到1995年，有关方面统计已超过5000万人。1997年以后，农村经济状况欠佳，又有大量农村劳动力涌入城市，据农业部、劳动社会保障部等部门估计，2002年离土又离乡的农民工约为9460万人。

从各地发展的趋势看，一方面是城镇工业化，经济发展需要劳动力，有了强大的拉力；另一方面，农村有数以亿计的农业剩余劳动力，城乡存在巨大差别，农民要增加收入，特别是青年农民要寻找出路，有巨大的推力，进城打工成为他们最好的选择。现阶段，我国正处于计划经济体制向社会主义市场经济体制转变的过程中，国有企事业单位正在进行改革，产业结构、就业结构正在调整，有大批的工人职员下岗转业，有关方面并没有接纳如此众多外来劳动力的准备。不少城市的领导是想限制农民工进城，好安排下岗职工就业。但许多企事业单位出于经济效益的驱动，还在接纳大批勤劳、肯干、价廉的农民工，而且正在逐渐形成“一个企业、两种工人”的制度。开始农民工只是少量的，是补充、是为辅的；后来逐渐变成农民工为多数，是为主的了，正式职工反成了少数。看来大批的农民工还会源源不断地进城来，其势不可当。于是社会上就有了种种议论。到底我们应该怎么看待农民工进城的问题？利耶？弊耶？

现在在不少城市实际上已经形成“一个工厂、两种工人、两种待遇”的格局，而且正在逐渐形成制度，这样长此下去行不行？这些都是涉及我们国家制度性建设的大问题，涉及我们国家社会主义现代化建设的前途命运的大问题，需要认真讨论，从长计议。

二、农民工为社会主义现代化事业做出了巨大贡献

（一）农民工目前已经成为我国工人阶级队伍的重要组成部分，而且正在逐渐演变为工人阶级的主力军

据国家统计局统计：2000年，我国城镇从业人员23 151万人，其中国有单位8102万人，集体单位1499万人，共计9601万人。除去各级各类国家机关工作人员1097万，则我国国有和集体所有的第二、三产业职工为8504万人。据2000年第五次人口普查，离开户籍所在地半年以上的人口为1.2亿。其中属于离土离乡进入城镇，在第二、三产业单位打工的农民工约为8000万人。所以人数上已经与城镇有户籍的公有制第二、三产业的职工数量大致相当。而在有些行业，有些地区的第二、三产业的职工已经主要是农民工，如建筑、建材、采掘、纺织、服装、玩具等行业的第一线职工，80%以上是农民工。因我们国家至今没有建立对农民工统计的指标和体系，所以到底有多少农民工，他们是怎么分布的，他们的状况如何，没有确切的统计，但农民工现在已经成为我国工人阶级队伍的重要组成部分，则是确凿无疑的。

近几年国有企业调整改革，结构优化，减员增效，大约已有3000万人下岗了。据有关调查表明，有些企业把有城镇户籍的职工精减了，因工作还需要人力，另外找农民工来递补。在市场经济价值规律的推动下，这些企业不仅在搞“减员增效”，而且也在搞“换员增效”。这种趋势还在发展，农民工队伍还在继续扩大。

另外，还有一类是“离土不离乡”，在本地乡镇企业里工作的农

民工。据国家统计局1998年统计，1997年乡镇企业职工达13 050万人，其中在工业企业工作的有8563万，在建筑业的有1814万，在交通运输行业的有544万，三项共计10 921万人。这些人是亦工亦农的劳动者，如果按《工会法》规定，“以工资收入为主要生活来源的体力劳动者和脑力劳动者”，可确认为职工身份的条款，那么约有半数属于正在从事工业、建筑业、交通运输业的职工，则又有5000多万职工。所以说，农民工已经是我国工人阶级的主力军，这已经是客观事实。

（二）农民工为中国的工业化、城市化和社会主义现代化建设做出了功勋卓著的巨大贡献，农民工创造的伟大业绩将永载中国现代化事业的史册，在一定意义上可以说农民工是新时期我国工人阶级的杰出代表

农民工从他进城的第一天起，就是在极其困难的条件下开始打工的。农民工以其能吃苦、肯出力、勤奋进取、任劳任怨，且又廉价，获得用工单位的青睐，站住了脚跟，逐渐形成了今天这样的庞大队伍。现在全国各地各个城市，各个行业，各条战线，都有农民工在劳动。现在的矿山，真正在井下第一线工作的80%—90%是农民工，现在的建筑工地，80%—90%是农民工，北京、上海、深圳等各大城市的高楼大厦、楼堂馆所、公路铁路、站台码头、基础设施，90年代以后，有哪一栋哪一条哪一个不是主要由农民工施工、建造的？现在许多行业的工厂、车间在第一线劳动的多数也是农民工，以至在汽车、家电等产业工厂生产线上操作的，也都是农民工。上至星级宾馆、超级市场，下至饭摊、大排档，街道社区的送煤、送奶站点，也大多是农民工在服务。举凡城市里最累、最苦、最脏、最险的工作大多是农民工在干，他们在默默地劳动着。现在的农民工已经融进了我国工业化、城市化进程中的方方面面，成了各行各业不可缺少的重要力量。每到年关，农民工多数要返乡过年，不少餐饮、服务行业不得不歇业，许多城市到春节出现了无人送煤、送奶，老年人无人照料，

早点铺无人服务的窘境，一些重要的工地和要完成订单的工厂就想方设法挽留农民工，城市已经离不开农民工了。

10多年来，数千万农民工为中国的工业化、城市化、现代化建设做出了巨大的贡献，创造了难以估量的财富，提供了各种各类的服务。深圳有一项调查说："在特区20年的发展史中，千百万外来工始终是各种新兴经济部门的主力军，他们为深圳创造了城市经济和社会发展所必需的原始资本积累。因此，我们完全可以说，深圳奇迹与致富之'源'是这个地方充满活力的生产力——丰富而廉价的外来工和新兴经济部门为追求财富而奋斗拓进的结果。"正因为千百万外来工的辛勤劳作才有深圳今天的繁荣与富裕。早在1990年，深圳市委宣传部等六部委的联合调查组在《深圳百万临时工调查报告》中就指出，农民工是深圳"工人阶级的主体，他们不仅是深圳经济建设的主力军，也是深圳市和社会生活的主要组成部分"。这些调查研究的结论是完全正确的，农民工的这种丰功伟绩和在社会主义现代化建设中的巨大作用，在全国许多城市、许多行业中也是这样在体现着。

（三）农民工进城打工，有利于沟通城乡关系，调整城乡社会结构，缓解农村劳动力大量过剩的矛盾，增加农民收入，缩小城乡居民收入差距，有利于整个社会的稳定和发展

我国人多地少，不少地区人均耕地不到一亩，实行家庭承包责任制后，劳动生产率大幅提高，农业劳力大量过剩，许多农村的青年农民无事可做，收入极低。农民工进城打工，使他们就业有了出路，也得到了一定的收入。"出外打工一人，脱贫一户。"据四川、安徽、河南、江西、湖南等省的统计，每年农民工从打工地汇回家乡的钱，都在100亿—200亿元，或更多，相当于甚至超过了全省的财政收入。1997年以后，农村经济进入新的发展阶段，粮食和其他农产品由卖方市场转为买方市场，市场疲软，销售困难，价格下降，农民的农业生产收入连年下降，这5年农民收入仍能维持低速增长，靠

的是非农收入的增加，其中农民进城打工收入是主要的。许多农户靠农民工的收入来弥补家用，支付农村的“三提五统”和各种税费，从而缓解了城乡矛盾，保持了农村社会的稳定，这对大局是有利的。

各地都有一部分农民工，通过在城市打工，见了世面，开阔了视野，学习了技术，学到了市场经营的本领，也积累了一点资金，回到家乡，创办了乡镇企业，带动了家乡第二、三产业的发展，为农村建设做出了贡献。

三、农民工体制的种种弊端

农民工这个特殊的社会群体，对社会主义现代化事业做出了积极贡献。但是，我们不能不注意到，农民的贡献是在工作环境很不正常，各方面条件很不利的情况下做出来的，更显得这种贡献的可贵。大家知道，在20世纪50年代后期，我国实行计划经济体制，实行城乡分治的户籍管理制度，对城市居民实行一种政策，对农村农民实行另一种政策。这种一国两策的格局，因为户籍制度至今并没有根本改革，所以，虽然农民进城了，在城里的第二、三产业的单位里工作了，但农民工的户籍仍是农业户口，农民的身份没有变，由此带来了一系列的问题。

（一）在政治上，农民工干了工人的活，但没有得到工人的身份

农民工者，农民工人也，是农民身份的工人。有相当多的农民工，在工厂里、在企业里、在单位里，已经工作10年、15年、20年了，还是农民工。因为他的户籍是农业户口，不是非农业户口，所以得不到正式职工的身份。因为是农民工，不是正式职工，即使他工作得再好（农民工是招之即来，挥之则去的，工作得不好就不可能在一个单位里工作10年、20年），再有才能、才干，也得不到应有的任用、培训、升迁，更谈不上在这个工厂里有当家做主的地位。通常，决定

重大事项的职工大会，他们是无权参加的，他们不能享有应有的民主权利。他们的农民身份，决定了他们永远是临时工（有的称他们为外来工，也有的称他们为劳务工、轮换工、建勤工、合同工等）。相当一个时期里，他们不能参加工会。现在允许参加了，但也是另外登记的，享受不到正式工人、工会会员的同等权利。

（二）在经济上，农民工和正式工人同工不能同酬，同工不能同时，同工不能同权

正式工人每周有双休日，有法定的节假日，8小时工作制，农民工一般不享有这些权利，平时基本没有节假日，常常要加班加点。据调查，深圳的多数工厂里，农民工每月工作在26天以上，每天的平均工时在11小时左右，有时有连续工作12小时以上的，经常有工人在车间里晕倒的事件发生。

农民工付出了如此辛勤的劳动，却得不到应有的经济待遇。因为身份的差别，在同一个工厂里，同工不能同酬。据深圳市劳动局“企业员工收入分配”课题组1995年对114家国有企业的调查，在相同的岗位上，外来工的月工资是800元左右，而有深圳户籍的员工工资则高达2500元左右。在非国有企业里，城市户籍和农民户籍的员工之间，每月工资至少要差600元以上。更有甚者，这些年来，城市的一般职工的工资水平是逐年有所提高的，因为各种原因农民工的工资实际是下降的（其中重要原因之一是，进城的农民工越来越多，劳动力供大于求，企业主用经常更换工人的办法，使工资水平越来越低）。如深圳农民工这些年的平均工资是下降的，2001年深圳农民工的月工资平均是588元，低于20世纪80年代的水平。深圳的农民工，已经有20多年的历史了。现在不少工厂里，有父子两代一起打工的。儿子现在挣的工资数额还不如老子在80年代初的数额，而物价已经涨了好几倍了。

农民工付出的劳动很多，而所得的很少。工资已经很低了，但还常常受到企业主的克扣和拖欠。有的农民工干了几个月甚至一年，

到头来，企业主、包工头跑了，分文不得。近几年，这种状况越来越多，由此引起的劳资纠纷和事件也越来越多。农民工的劳动所得很少，但还要交各种不合理的规费，农民工外出要交外出务工许可证费，到务工地要交办理城镇劳务许可证费，办理暂住户口证费，进城务工管理服务费等，有的还要给用工单位交抵押金。中央下达了取消这些不合理的对农民工乱收费的文件，但不少地方换个名目，还是照样在收。农民工成了唐僧肉，不少部门和单位都争着找借口吃一块儿。这几年，连铁道和交通部门也趁农民工过年大批返乡的机会，将交通费调高20%—30%，从中分一杯羹。

（三）在社会方面，农民工因为没有城镇居民的户籍，所以他们在一个城市打工多年，却始终是这个城市的边缘群体

农民工是边缘人，融不进这个城市社会，他们对这个城市做出了很大的贡献，却不被承认是这个城市的居民，因而也享受不到应有的选举权和被选举权的民主权利，得不到这个城市社会的各种福利待遇。例如失业了，得不到失业救济；生活困难了，得不到最低生活保障；有病了，得不到应有的医疗保障；因工负伤了、致残了，也得不到应有的照顾和抚恤，只好自认倒霉回到农村，悲惨地度过余生。在一些工矿，农民工去打工，常常被收走身份证，失去人身自由，有的还被迫签下生死合同，一旦罹难了，家属只得到很少的赔偿金，有的连尸骨都找不到。因为农民工的劳动条件恶劣，这种悲剧时有发生。就以深圳为例，1993年，深圳葵涌镇发生过致丽玩具厂大火，87名打工妹被活活烧死。近年来，各地煤矿恶性事故频频发生，数以百计的农民工在事故中丧生。

农民工这个社会群体，他们在社会主义现代化事业中，做出了巨大贡献，创造了一个又一个奇迹般的重大成就，但是他们得不到社会承认（例如上海和北京，20世纪90年代以来是建设和发展得最快、最好的，他们各自有300多万农民工在劳动，但到统计成绩的时候，在计算人均GDP时，这总人口中，就没有把农民工的人数算进

去）。农民工干了最重、最苦、最累、最脏、最险的活路，付出了血和汗的代价，但他们没有得到应有的报酬，他们至今仍受到社会歧视，他们是城市的边缘群体、弱势群体，这当然是不合理的，也是不公正的，这是就农民工个人而言。从农民工这个群体而言，如果我们站在国家社会的立场上，从国家长远发展的视角看，那么，我们就会看到这种在特殊的历史条件下逐渐形成的农民工制度，对我们国家的社会主义现代化建设事业，对社会长治久安，更是十分不利的，将会造成无穷的后患，这种制度安排是必须改革的。

（四）排除农民工的工人阶级队伍是不正常的，甚至可说是畸形的

在同一个企业里，城市和乡村两种户籍身份不同的工人，在政治上经济上的待遇不同，企业对他们的管理方式也不同，前者有各种优待，后者则受到歧视性的对待，实际上形成了同工不同酬、同工不同时、同工不同权的局面。据我们对工业、建筑业、商业、餐饮服务业单位的调查，现在这些企业有三部分人，一部分是企业领导层、中层干部等组成的管理者，第二部分是有城市户籍的正式工人，第三部分是农民工。现在多数企业的第二部分人正在逐渐缩小，少进多出，只出不进，而农民工已占多数或占绝大部分。企业的领导和管理层是稳定的，有城市户籍的工人减到一定数量后，也逐渐稳定了，所以这两部分人年龄在老化，而农民工是大量流动的，工作几年之后，体力消耗得差不多了，也该涨工资了，就被辞退了，再找年轻的。这部分人的平均年龄常在23岁左右摆动。结果我们看到，一部分中老年干部和中老年的正式工人，领着一大帮小青年在劳动、工作，如果这种制度安排不改，再过10年、20年后将是个什么样的队伍呢？

因为农民工的身份是农民，他们在工厂、企业里注定永远处于临时工的地位，同干部和正式工之间有一条人为分隔的鸿沟，有体制性的障碍，不能融为一体。在劳动实践过程中常常是“小工干，大工看”的局面，而在政治生活中，在工厂、企业的重大决策面前

则是“大工定，小工看”的局面。据我们调查，在相当多的工厂、企业里，党团组织都是分设的，领导、管理干部和有城市户籍的正式工人党员是一个支部，农民工党员是另一个支部，有的工厂、企业连农民工支部也没有，农民工的党员、团员不过组织生活，他们的党费、团费回农村交纳。因为农民工是临时工，他们在这个工厂、企业里，就永远有临时观念，谈不上有以厂、以企业为家的当家做主的观念。他们白天干活挣钱，晚上想的是农村、家里的事。有的农民工在城里打工10多年了，生活习惯、思想观念还是农民，没有被城市社会化，工业化、现代化对他们的影响甚小，这样的工人阶级主体队伍，怎么能适应社会主义现代化建设的需要?

在大多数的工厂、企业里，把农民工只作为劳动力使用，基本上不管他们的培养和教育。开始上工的时候，只做短期的培训，教会基本操作就派去劳动了，技术培训轮不到农民工。农民工自身也有临时观念，多数不好好钻研技术，能干活挣钱就行了；而正式工因为有城市户籍，基本上还是铁饭碗，也不好好钻研技术。这样就形成了目前工人队伍中熟练工人严重稀缺的状况，现在多数城市要找熟练工人、高级技工比找硕士生还难。最近有些媒体报道，有关方面正在从日本引进高级技工，在深圳也出现了一种现象，就是每天有大量的香港技师早上从罗湖桥过来，晚上回香港。[①]工人队伍的这种状况，同我们国家正在成为世界制造业大国的地位和要求是很不相称的。

（五）现行的农民工制度是农村把青壮年劳力输送到城市，而城市却把劳动后伤残病弱者退到农村，把抚育子女、赡养老人等社会负担都抛给农村，这是一种城乡不等价、不合理的交换形式，也是城乡差距日益扩大的重要原因之一

据深圳的一项调查，仅深圳7家医院的统计，1998年平均每天

---

① 参见吕贤如《中国需要大批现代技工》,《光明日报》, 2003年6月17日。

有31人因工伤致残，平均每4天有1人因工伤死亡。这一年1万多伤残的农民工，多数在出院后不久就都退回农村去了。1994年深圳劳动部门在对5920家从事有毒有害作业的工厂调查中发现，无任何防护设施的有3108家，占52.5%，防护设施不合格的2577家，占43.5%。在个人防护用品方面，99.7%的农民工是在无防护用品，或防护用品不合格的条件下劳动的。长期在这种厂里劳动，必然是中毒受害。1998年深圳卫生防疫部门检查，在9582家企业中发现，有毒有害企业4301家，作业工人11.6万人。当年的中毒人数是371人，死亡人数是23人。这些在有毒有害企业中劳动的农民工多数是慢性中毒，日积月累，以致丧失劳动能力，只好返回农村。有关调查表明，有相当一部分女农民工，35岁左右就因劳累过度、中毒等原因而体衰力竭，回农村养息。在深圳500多万农民工中，女性占大部分，这300多万女农民工中，几乎没有35岁以上的，过度劳累、中毒等原因使其体力不支，已经不能胜任工厂的操作是重要因素。

因为是农民工，他们在城市打了10年、20年的工也还是单身，子女的抚养教育也都放在农村。相对贫穷的农村却承担着为农民工子女进行义务教育的责任，这当然是很不合理的。最近有关部门和领导，已经注意到这个问题，教育部、公安部联合制定了《流动儿童少年就学暂行办法》，着手解决进城务工就业的农民子女接受教育的问题，使他们能“进得来，读得起，学得好”，这当然是很好的。但只是刚起步，实际上还只是少数城市在做。对绝大多数农民工来说，白天在工厂里劳动，晚上挤在数十人的集体宿舍里休息。能把家属子女接到城市来居住的，还只是少数几个幸运地有了住房的。对多数农民工来说，农民身份不解决，临时工的身份不解决，没有居民资格，没有租或买的居所，是谈不上家庭团聚和子女在城里就学的问题的。同样的道理，老人也只好留在农村，由农村养着。

数千万农民工，把最好的青春年华都贡献给城市了，为城市创造了巨额财富。哪个城市使用的农民工最多，哪个城市就是最繁荣、发展最快的，相比而言，输出农民工多的农村却并没有相应富庶起来。城市把劳动中致伤、致残的，体衰病弱的农民工都退给了农村，农民工的子女和老人也多数由农村抚养着，这样的城乡关系是不正常、不合理的，需要改革、调整。

（六）农民工制度是在我国由计划经济体制向社会主义经济体制转变过程中产生的，本来只是权宜之计，以后逐渐演变成一种制度性的安排，但这种农民工制度对2010年要形成完善的社会主义市场经济体制十分不利，对当前要扩大内需，使国民经济持续、健康、快速增长也是很不利的

要形成完善的社会主义市场经济体制，不仅商品流通要市场化，而且也要求劳动力、资金、土地、技术等生产要素要实行市场化。农民工制度是建立在计划经济体制下形成的城乡分治的户籍制度基础上的，把人分为城里人和乡下人两种，在一个工厂、企业里实行两种不同待遇的用工制度，使劳动力这个最重要的生产要素不能按市场经济的要求合理配置，造成了诸多经济问题和社会问题。显然，这种农民工制度同完善的社会主义市场经济体制是不相容的。

前面说过，农民工在城市经济建设中，付出了辛勤的劳动和巨大的代价，但是他们的所得甚少。这几年工业生产的生产率提高了，城里的干部和职工工资普遍地提高了，城市居民的生活水平普遍地提高了，但是农民工的工资、福利却没有相应的提高，有的地区和城市反而还逐年下降。农民工的工资少，购买力就弱，消费水平就低。据我们在深圳做的各类不同社会群体消费水平的调查，在住房、交通、用水、用电、用气、饮食、服装、电信、医疗、教育、文娱、休闲、旅游等方面的消费，从综合数据看，有深圳户籍的职工是一个农民工的 5—6倍。就是说5— 6 个农民工的消费支出，才抵得上一个有户籍职工的消费支出。这里面当然一方面是因为农民工收入低，另一方面也因为他们是外来工，他们的家在农村，自己节衣缩食，尽量压低自己的消费，省出钱来，捎回乡里养家糊口。所以他们职业上已是工人了，也生活在城市里了，但他们的身份还是农民，他们的

观念还是农民的，他们的生活方式、消费水平也还是农民的。

如果说，农民工只是几千人、几万人，他们有这种消费观念、消费水平，那是无碍大局的。但现在，农民工是8000万—9000多万人，这是个庞大的消费群体。如果我们通过改革、调整，逐步把农民工这个群体转变为城市居民、城市职工，姑且不论其他方面，仅就提高消费水平、提高社会购买力这一项，就有很大很大的潜力，内需就自然扩大了，现在供过于求的农产品、家电、服装、生活用品，各种轻工产品，就会很快卖出去了。所以，从建立完善的社会主义市场经济体制，建设工人阶级队伍，加快城市化步伐，扩大内需，使国民经济持续、健康、快速发展这几个方面说，农民工这个制度也该到要加快改革调整的时候了。

四、解决农民工问题要从根上治理

解决农民工问题，从表面上看是要解决保护农民工的合法权益，消除在就业方面的不合理限制，给予农民工应有的国民待遇等问题，而实质则是我们国家要建设一个什么样的工人阶级队伍，构建一个什么样的社会阶层结构，是建设一个城乡一体的社会主义市场经济体制，还是维持目前城乡分割的二元社会结构的问题。农民工问题解决的好与不好，是关系我国社会主义现代化事业的前途命运的大问题。真到了应该重视应该解决的时候了，所以，我有以下建议。

（一）要从全面建设小康社会，把我国建成富强民主文明的社会主义现代化国家的高度，来认识和解决农民工问题

现行的农民工的体制和做法，是在计划经济体制向社会主义市场经济转变过程中不得已而为之的权宜之计。在成熟的完善的市场经济体制条件下，可以不要也不应该要这一套农民工的体制和做法。农民就是农民，工人就是工人。“农村富余劳动力向非农产业和城镇转移，是工业化和现代化的必然趋势”，所有现代化的国家，都

有一个大部分、绝大部分农民转变为工人、市民的过程，并没有搞农民工这一套。我国是在当时的国情条件下，农村容不了这么多劳动力，农民要发展，城市也需要，但户籍制度等没有改革，不得已，才出现了农民工。应该说，农民进城当工人，这是符合历史规律的，所以这些年做出了这么大的贡献。但搞成农民工这一套，这是计划经济体制后遗症的表现，也是我们改革不及时、不到位的恶果，所以给农民工带来了许多的苦难，给社会给政府造成了这么多的“麻烦”。客观地说，这都是计划经济体制、户籍制度惹的祸，本来可以不是这样的。因此，要解决农民工问题，不能就事论事，就农民工问题解决农民工问题，那是永远也解决不好的，而是应该从根本上改革现在已经形成的农民工这套体制和做法。要釜底抽薪而不能扬汤止沸。当然，现在已经形成了这样的格局，政府和有关部门出面做一些保护农民工合法权益的工作，也是完全必要的，是好事。

（二）要改革户籍制度

现行的户籍制度是计划经济体制的产物，是为计划经济服务的。把公民分为农业户口和非农业户口两类，实际是两种不同的社会身份，既不科学，也不合理，许多问题滥觞于此。同现在实行的社会主义市场经济体制很不适应，是到了非改不可的时候了。要“统筹城乡社会发展”，要解决“三农”问题，要从根本上解决农民工问题，就一定要改革现行的户籍制度。作为主管户籍管理的公安部门，也认为应该改革了，他们在1985年就开始起草《户籍法》，数易其稿，但遭到一些部门和部分大城市的反对，只好采取逐步放开的做法。现在在江苏、石家庄、宁波等省市已经率先进行户口改革，如江苏省今年就宣布取消农业户口、非农业户口的区别和称谓，废除“农转非”计划指标管理体制，实行居住地户口登记制度。实行以后，效果都比较好，并没有引起不少部门和有些同志担心的那种大量农民涌入城市，造成秩序混乱、社会不稳定的状况。但户籍制度是涉及人口流动、迁徙等全局性的问题，必须由国家审时度势，做出决策，在全国实行，才能解决这个问题。这件事，拖得太久了，不宜再拖了。迟早要解决的问题，早解决比迟解决好。改革了户籍制度，消除了农业户口和非农业户口的界限，也就消除了实际上存在的农民和非农民的身份制，这就给农民工摘掉了农民的帽子，这就为从根本上解决农民工问题准备了体制性的条件。数以千万计的农民工，早就在盼望户籍制度的改革了。户籍制不改，他们就永远不能转为正式工人，不能成为城市的居民，永远只能当农民工，融不进城市的社会，圆不了他们的梦！

（三）要改革现行的人事劳动制度

原来企事业单位使用民工，是要经过行政审批的。2003年1月5日国务院办公厅一号文件指出："各地区、各有关部门要取消对企业使用农民工的行政审批，取消对农民进城务工就业的职业工种限制，不得干涉企业自主合法使用农民工。""逐步实行暂住证一证管理。各行业和工种尤其是特殊行业和工种要求的技术资格、健康条件。对农民工和城镇居民应一视同仁。"这个问题有了初步的解决。但企事业单位录用农民工以后，在工种分配、工资发放、劳动管理、技术培训、职务升迁等方面，还是实行着对两种户口的工人用两种办法，而不能做到同工同酬、同工同时、同工同权，不能做到将农民工和是城镇居民户口的工人一视同仁。这种一厂两制的做法，从近期看，对工厂有利，但从长远看，很不合理，也会带来一系列的后遗症。形成一个企业两种工人，不利于管理，更不利于调动农民工的积极性，使其充分发挥潜力，也不利于形成统一的工人阶级队伍。所以这套人事劳动就业制度应该及时改革，逐步实行现代企业的一体化管理。

（四）制定规划，采取措施，逐步从根本上解决农民工问题

农民工问题是在特定的历史条件下逐渐形成的，已经有20多年的历史，要从根本上解决农民工问题，是一项大的系统工程。这不

仅涉及上亿农民工的切身利益，而且也关系到用工单位、用工城市、有关部门和城市居民的利益，改革的难度很大。农民工是改革的动力，他们早就盼望改了，但他们势单力薄，无能为力。而有的城市、有的单位和企业、有的同志却认为现行的这一套很好，农民工价廉物美，招之即来，挥之即去，对他们最有利，并不想改革。所以此项改革，要靠党和政府，从国家的长远和根本利益出发来推行。要制定一套解决这个大问题的总体规划，出台若干政策和措施。可选择若干个城市进行试点，取得经验后，再在全国实施，从根本上解决农民工问题。“冰冻三尺，非一日之寒”，解冻和消融也需要一个过程，但这个问题一定要解决。农民工问题的本质是农民问题。农民工是农民中比较先进、比较积极的部分，他们是带头和开路的，解决农民工问题，也就是解决农民问题。用社会主义市场经济的办法，使农民工真正成为第二、三产业的工人和职员，真正成为城市居民并融入城市社会，这就为更多的农民转变为工人、职员，转变为城市居民开通了道路，最终实现工业化、城市化、现代化，实现从根本上解决中国农民问题的宏大目标。解决农民工问题的重大意义，就在这里。

（原载于《特区理论与实践》，2003年第7期）

中国社会阶级阶层结构变迁60年*

我们现在正处在一个社会大变动时期。这个变动自1840年鸦片战争就开始了。历经辛亥革命、北伐战争、抗日战争、解放战争、新中国成立、“一化三改”、人民公社化、“文化大革命”、改革开放等阶段，一直处于大变动中。就其社会性质来说，1949年新中国成立以前，属于新民主主义革命阶段，革命的主要任务是反帝反封建，改变半殖民地半封建的社会形态，为建立社会主义社会做准备。新中国成立，标志着新民主主义社会的建立，接着就开始了社会主义革命和社会主义建设。

新中国成立60年来，中国社会仍一直处于大变动之中，变动的目标主要是使贫穷落后的传统的农业、农村社会转变为繁荣富强的工业化、城市化、现代化的社会主义社会。在中国共产党的领导下，全国各族人民经过艰苦奋斗，正在逐步实现中华民族伟大复兴的目标。

周秦以来，中国是一个由皇权和封建官僚集团控制的农业社会，由地主和农民两大社会阶级为主体的社会阶级阶层结构，两千多年没有什么变化。1840年鸦片战争以后，中国被迫开放口岸与外国通

---

* 此文是陆学艺先生专就新中国成立60周年来社会阶级阶层结构的变化情况而写就的。不同的社会发展阶段有不同的社会阶级阶层结构，不同的社会阶级阶层有不同的阶级阶层意识和行动。据此，陆学艺先生通过新中国成立前以及新中国成立后划分的4个阶段，对中国阶级阶层结构的60年变化情况进行了系统梳理，分析了各阶级阶层的规模及演变动因与结果，提出中国的中产阶层正在崛起，并将会成为中国未来社会的主体阶层。

商，开始了洋务运动，有了近代的工业和商业，有了中国工商业资产阶级和工人阶级，走上了由农业社会向工业社会转变的道路。但由于外国帝国主义的侵略和国内地主、官僚阶级的封建统治，近代的工业和商业发展得非常缓慢，社会阶级阶层结构变化得也非常缓慢。直到1949年，中国的农业产值占工农业总产值的70%以上，中国的农民占总人口的89.4%，中国仍是个农业社会的国家。

1949年，中华人民共和国成立，至今60年来，中国各族人民在中国共产党的领导下，努力进行社会主义革命和社会主义建设，取得了辉煌的成就，使社会经济面貌发生了历史性的变化，中国的社会结构也发生了“几千年来未有的大变局”，以下分多个历史阶段勾勒中国社会阶级阶层结构演变的轮廓。

一、新中国成立前的社会阶级阶层结构

毛泽东同志在1925年写的《中国社会各阶级的分析》一文做了全面的分析，系统深刻地阐述了关于新中国成立前的社会阶级阶层状况，他是从“分清谁是革命的敌人，谁是革命的朋友”这个视角来分析旧中国的社会阶级阶层的。[①]当时中国社会各阶级阶层的情况是：

第一，地主阶级和买办阶级。这是两个代表中国最落后和最反动的生产关系的阶级，他们是帝国主义统治中国的社会基础，是中国革命的对象。文中还指出，特别是大地主和大买办阶级，他们始终站在帝国主义一边，是极端的反革命派。后来，提出了官僚资产阶级的概念。在《目前形势和我们的任务》一文中，毛泽东说：“新民主主义的革命任务，除了取消帝国主义在中国的特权以外，在国内，就是要消灭地主阶级和官僚资产阶级（大资产阶级）的剥削和

① 参见《毛泽东选集》，第1卷，人民出版社1991年版，第3页。

压迫。”[①]

关于这几个阶级的数量，有关方面没有公布过详细数据。关于地主阶级，在毛泽东《中国革命和中国共产党》一文中，有过一个数据，“富农约占农村人口百分之五左右（连地主一起共约占农村人口百分之十左右）”[②]。但这个“约占农村人口百分之五左右”的说法，是个估计数。20世纪50年代，全国进行土地改革，浙江省在土改后公布过一组数据，全省地主占农户总数的2.8%，占有土地总量的20.67%，富农占农户总数的2.01%，占有土地总量的6.7%。河北省定县，地主占农户总数的1.9%，人口占总人口的3.01%，富农占农户总数的4.43%，人口占总人口的7.07%。定县是老解放区，1947年土改，划定的地主、富农多一些，浙江是1950—1952年土改的，划定的地主、富农要少一些。全国大多数地区是50年代初土改的，所以浙江的数据有代表性。

第二，民族资产阶级。毛泽东同志在文章中称他们为中产阶级。19世纪60年代以后，中国开始有了近代工业，产生了第一批资本家。他们办工厂、开矿山、开银行等，这些人大多是由原来的官僚、地主和富商转化过来的。开始发展相当缓慢，直到20世纪初，特别是第一次世界大战期间，英法德等列强陷于战争，中国的近代工商业才较快地发展起来，上海、天津、武汉、广州等新兴城市迅速崛起，一批民族资本家涌现了出来。

民族资产阶级是中国城市资本主义生产关系的阶级代表。民族资产阶级是一个带有两重性的阶级，他们对于中国革命具有矛盾的态度。一方面民族资产阶级受帝国主义的压迫，又受封建主义的束缚，他们要自强，要发展，他们同帝国主义、封建主义有矛盾，所以他们也是革命的力量。另一方面，民族资产阶级在政治上、经济上软弱，自身力量并不强大，有不少民族资本家本就是官僚、地主

① 《毛泽东选集》，第4卷，人民出版社1991年版，第1254页。
② 《毛泽东选集》，第2卷，人民出版社1991年版，第643页。

转化而来或出身于官僚、地主家庭，与这些阶级有千丝万缕的联系。民族资产阶级同工人、农民又有剥削、被剥削的关系，这就决定了他们的两重性，在整个新民主主义时期是动摇不定的中间派。

第三，小资产阶级。如自耕农，手工业主，小知识阶层——学生界、中小学教员、小员司、小事务员、小律师，小商人等都属于这一类。这个阶级，一般拥有少量的生产资料或拥有专业技术知识，自己劳动，不剥削人。自耕农和手工业者、小商人所经营的，都是小生产的经济，中小学教员、小律师、医生、事务员属自由职业者，都属于小资产阶级经济地位。这个阶级人数众多，同时受到帝国主义、封建主义和大资产阶级的压迫，一般都能拥护革命和参加革命，是革命很好的同盟军。

第四，半无产阶级。包括半自耕农、贫农、小手工业者、店员、小贩等。这里的半自耕农是指自有的耕田不够种，还要租别人的田种，或者还要出卖劳动力，受人剥削。这就是后来被称作下中农的。贫农是农村中的佃农，他们受剥削最重，是农民中的极艰苦者，极易受革命宣传。下中农和贫农在农村人口中约占70%。所谓农民问题，主要就是他们的问题。小手工业者（即农村中的五匠）、店员、小贩的经济地位同贫农不相上下，也是革命的力量。

第五，无产阶级。他们是现代工业的产业工人，当时主要是铁路、矿山、海运、纺织、造船等产业的工人。中国的工人阶级人数不多，毛泽东估算当时约为200万人。但他们是中国新的生产力的代表者，是近代中国最进步的阶级，做了革命运动的领导力量。他们的经济地位最低下，除双手外别无长物，他们受到帝国主义、军阀、资产阶级的极残酷的压迫。所以他们特别能战斗。此外，城市中的苦力、搬运夫、清道夫和农村中的雇农，也属于无产阶级，他们的经济地位同产业工人相似，唯不及产业工人的集中和生产上的重要性。

第六，游民无产者阶层。城市失业的人群中，有很多人被迫沦落到没有任何谋生的正当途径的地步，不得不寻找不正当的职业过活，成为土匪、流氓、乞丐、娼妓，成为游民。他们是人类生活中最不安定者，往往结成各种秘密组织，这是个动摇的阶层，一部分人容易被反动势力所收买，也有参加革命的可能性。

第七，农民阶级。毛泽东在文章中，主要是精辟地分析了占当时人口绝大多数的农民群体。但农民阶级并没有被他单独列出来分析，而是分散在各节中。他把农民阶级分为四个阶层。一是富农，农村中的资产阶级；二是自耕农（中农），农村中的小资产阶级；三是半自耕农、贫农，农村中的半无产阶级；四是雇农，农村中的无产阶级。据后来毛泽东在《中国革命和中国共产党》一文中的估算，富农占农村人口的5%，地主也占农村人口的5%，中农约占农村人口的20%，贫农连同雇农约占农村人口的70%。[①]

二、1949—1952年经济恢复时期的社会阶级阶层结构

1949年10月中华人民共和国成立，结束了旧中国长期备受侵略、军阀混战、经济腐败、民不聊生的局面，标志着中华民族的一个新时代开始了，“中国人民从此站起来了”。

新中国的成立，不仅彻底打碎了旧的国家机器，建立了新的共和国和各级人民政府，而且通过没收官僚资本等措施改变了原来的经济体制和经济结构，同时也改造了旧中国的社会阶级阶层结构，形成了新的社会结构。早在1949年4月，中央通过《中国人民解放军布告》宣布“凡属国民党反动政府和大官僚分子所经营的工厂、商店、银行、仓库、船舶、码头、铁路、邮政、电报、电灯、电话、自来水和农场、牧场等，均由人民政府接管”[②]。据此，人民解放军所到之处，立即将上述官僚资本收归人民政府所有。到1949年年底，人民政府共没收官僚资本的工业企业2858个，没收国民党时期的中

① 参见《毛泽东选集》，第2卷，人民出版社1991年版，第643页。
② 《毛泽东选集》，第4卷，人民出版社1991年版，第1457页。

央银行、中国银行、交通银行、中国农民银行和地方银行2400多家，没收国民党政府交通部系统的运输企业、铁路车辆和船舶修造厂30多家，没收中国石油、中国盐业、中国茶叶、中美实业等数十家垄断性贸易公司。没收这些官僚资本，归全民所有，经过改造、调整，使其成为后来国有企业、国有经济的主体。在没收的工业企业中，仅职工就达129万余人，其中生产工人75万人。到1949年年底，在全部工业资金91亿元中，国营工业有70.9亿元，占78.3%，已处于主体的地位。

1950年6月，新成立不久的中央人民政府颁布了《中华人民共和国土地改革法》，明确指出："废除地主阶级封建剥削的土地所有制，实行农民的土地所有制，借以解放农村生产力，发展农业生产，为社会主义中国的工业化开辟道路。"自此，土地改革运动在全国新解放区全面展开，到1952年年底胜利结束，土改使全国3亿多无地少地的农民分得了7亿多亩土地和一部分生产资料，实现了耕者有其田的理想。

土地改革运动彻底摧毁了旧中国的封建剥削制度，消灭了地主阶级。土地改革运动的总路线、总政策是"依靠贫农、雇农，团结中农，中立富农，有步骤地有分别地消灭封建剥削制度"，所以土改之后，农村中的贫农、下中农、雇农的政治地位、经济地位得到了大大提高。贫、雇农和一部分中农成为农村基层政权、基层组织的领导骨干，成为中国共产党的社会基础。

1949—1952年，历史上称作国民经济恢复时期，在此期间还进行了抗美援朝、"三反五反"、镇压反革命等运动。通过这些运动和斗争，打击严惩了国内外的敌对势力，人民政权在各地普遍建立，并且得到了巩固，国民经济恢复发展，社会生活秩序正常。新中国的社会阶级阶层得到了重构。官僚买办阶级、地主阶级被消灭了，工人阶级、农民阶级的经济社会地位有了极大的提高，成为国家的领导力量和社会基础，形成了工人阶级、农民阶级、小资产阶级、资产阶级四个基本阶级的格局。

三、1953—1956年社会主义改造时期的社会阶级阶层结构

学术界一般把1949年10月至1956年12月称为过渡时期。又把过渡期的前期（1949—1952年）称为国民经济恢复时期，把过渡期的后期（1953—1956年）称为社会主义改造时期。以下讨论的是社会主义改造时期阶级阶层变动的状况。

毛泽东说："党在过渡时期的总路线和总任务，是要在十年到十五年或者更多一些时间内，基本上完成国家工业化和对农业、手工业、资本主义工商业的社会主义改造。"[①]这是我们后来常说的"一化三改"。

国家工业化。经过三年的整顿清理，到1952年年底，国民经济恢复了，工农业生产都达到了历史最高水平（1936年）。1952年的工农业生产总值827.2亿元，比1949年增长77.5%，约比最高水平增长20%，财政收入183.7亿元，钢产量134.9万吨，粮食3 088亿斤，职工工资和农民收入都有较大增长，人民生活普遍得到初步改善。这就为进行经济建设准备了条件。早在1951年中央政府就酝酿制定经济建设的计划，1952年年初成立了以周恩来、陈云为首的领导小组，经过长期的研究讨论，并且听取了苏联领导和专家的意见，数易其稿，编制成了第一个五年经济发展计划。并且决定从1953年1月1日起开始实施，进行大规模以工业为主的国民经济建设。第一个五年经济建设计划进行得很顺当，首先是党和政府倾注了最大的力量，且中央和各级领导认真执行，动员了全国的人力、财力和物力投入到经济建设中，广大群众非常拥护，建设热情极高，再加上得到了苏联党政的大力支持和援助——先后援建了156项重点工程，再加上

① 中共中央文献研究室编：《毛泽东传（1949—1976）》，上册，中央文献出版社2003年版，第249页。

我国在各地自建的694项限额以上的重点工程，“一五”期间共投入建设资金766亿元，约合7亿两黄金，其中投入工业制造、交通、运输、邮电等基本建设的投资占大多数，而在工业建设中又以重工业为主。“一五”建设的成果，奠定了中国工业化的基础，为后来的工业化发展开了个好头。

三大改造。就在国家工业化的同时，政府对农业、手工业和资本主义工商业实行社会主义改造。三大改造原来准备用10—15年时间完成，但在实践过程中，都大大超前实现了。首先是农业上的改造，这是具有决定意义的，通常称作农业合作化运动。早在1951年12月，中共中央就做出决定，准备通过互助组（生产资料私人所有、家庭经营、集体劳动）、初级农业合作社（生产资料私人所有、集体劳动、集体经营）、高级农业合作社（生产资料集体所有、集体劳动、集体经营）的形式，逐步把农户组织起来。但到1955年夏天以后，大大加快了农业合作化的步伐。到1956年年底，全国就实现了合作化。有96.3%的农户入了社，其中87.8%入了土地和主要生产资料集体所有的高级农业合作社。有很多农户并没有经过互助组、初级社就直接成了高级社的社员。

全国众多的手工业者，有的是在农村的木匠、瓦匠、石匠、裁缝、铁匠等；有的在城镇，如经营铁匠铺、木工铺、理发店、农具修理店等。因为在农村的这些五匠大都还种着田，所以在农村合作化运动中都入社成了农业合作社的社员。在城镇中的绝大部分手工业者也都参加了各地城镇的各种手工业合作社或是手工业联社，这些合作社都实行生产资料集体所有制，城镇手工业者成了大集体经济的合作社成员。到1956年年底，全国90%的手工业者都加入了城镇的合作社，实现了手工业的社会主义改造。

在三大改造中，对资本主义工商业者采取了和平改造的“赎买”政策，先是通过国家资本主义的初级形式，由国营经济部门对私营企业实行加工、订货、统购、包销、经销、代销等，再逐步过渡到国家资本主义的高级形式，实行公私合营。到1956年年底全国普遍实行了全行业的公私合营。在公私合营的企业里，由国家投资或者国家派遣干部进入企业代表公股负责企业的领导和管理，原来资本主义工商业者的资产作价入股。此时的企业生产关系发生了根本变化。生产资料由资本家私有改变为公私共有，企业的领导权基本上是属于国家，生产经营纳入国家计划。资本家本人按照"量材使用，适当照顾"的原则，在企业里变成一般管理人员或技术人员。企业每年经营的盈余，按国家的所得税、企业公积金、职工福利奖金和企业股东股息分配。资本家得到的股息是规定为上述作价资产的5%。"公私合营"的时间原定为7年，而后又延长3年。10年后，所有公私合营的企业都完全转变为国有经营经济。资本家本人也转变为国营经济中的一般管理人员或技术人员。中国的民族资产阶级作为一个阶级就消失了。

到1956年年底，中国的"一化三改"取得了超过原定设想的进展。第一个五年经济发展计划提前实现，国家工业化发展得很好。1956年工业总产值达到703亿元，比1952年的343亿元增长105%，翻了一番还多。全国职工队伍由1952年的1580万人发展到1956年的2420万人。

三大改造基本完成。通过农业合作化运动把11 171万个农户、5亿多农民，组织到500多万个农业合作社里；将2000多万手工业者也组织起来，其中1200多万城镇手工业者组成了104 430个手工业联社等合作组织，农村的手工业者参加了农业合作社；约71万民族资本主义工商业者和10万资方代理人转变为公私合营企业的职工。到1956年年底，全国的生产资料私有制基本被消灭，在城镇实行全民所有制和集体所有制，在农村实行集体所有制，国家和集体已经掌控了各种资源的配置权。这就是说，到1956年，以生产资料公有制为基础的社会主义制度已经建立起来，中国实现了从新民主主义向社会主义的转变。也就是在这个"一化三改"的过程中，向苏联学来的计划经济体制逐步在全国各地各行各业建立起来，成为社会主义制度的一个基本特征。与此同时，随着所有制的变革，中国社会的阶级阶层结构也发生了深刻的变化，由原来的工人阶级、农民阶级、小资产阶级、资产阶级组成的阶级阶层结构演化为工人阶级、农民阶级和知识分子阶层组成的所谓“两个阶级，一个阶层”的阶级阶层结构。对此，在1956年9月召开的党的八大的政治报告中做了阐述：“官僚买办资产阶级已经在中国大陆上消灭了。封建地主阶级……也已经消灭。富农阶级也正在消灭中。原来剥削农民的地主和富农正在被改造成为自食其力的新人。民族资产阶级分子正处在由剥削者变为劳动者的转变过程中。广大农民和其他个体劳动者，已经变为社会主义的集体劳动者。工人阶级成为国家的领导阶级。……知识界已经改变了原来的面貌，组成了一支为社会主义服务的队伍。”①

从1949到1956年仅仅7年多时间，中国的社会结构发生了两次巨大的变动，而且是在这样一个拥有6亿人口的大国中实现的，这在人类历史上是非常罕见的，这也为后来数十年间中国发生了长期尖锐的、错综复杂和激烈的政治、经济、社会斗争，埋下了伏笔。

四、1957—1977年的社会阶级阶层结构

从1957年到1977年，这20年，中国在毛泽东领导下，经历了太多的故事，“正确处理人民内部矛盾”，反右派运动，“大跃进”，人民公社，中苏论战，“三年困难时期”，“四清”运动，“文化大革命”，中苏开战，尼克松访华，林彪事件，“批邓反右”，粉碎“四人帮”……这20年，中国发生的这些故事，都是全国性的，大起大落，大喜大悲，把每个人每个家庭都卷进去了，起伏沉浮，震动朝野，震惊世界。但是，对于这段历史，有人说是不堪回首，认为是大折腾，黑得不能再黑；有人说是历史必然，在所难免，认为这是试验和探索，孕育了“改革开放”的好结果。政界、学界至今没有一个公允的

① 《刘少奇选集》，下卷，人民出版社1985年版，第202—203页。

说法。2008年，对改革开放30年做了许许多多的总结，2009年是新中国成立60年，至今却没有一篇像样的总结。最大的问题是对“前30年”和“后30年”如何界定，如何衔接，还没有正确公允的评说。

以阶级阶层理论的视角来观察，这20年，是中国阶级斗争进行得异常剧烈、异常频繁的20年，但这都是哪个阶级同哪个阶级斗争呢？为什么利益而斗争呢？至今还没有说清楚。一个很特殊的现象是，自从20世纪50年代中期，用了苏联关于社会主义社会的阶级阶层结构是“工人阶级，农民阶级和知识分子阶层”的说法以后，20年间，基本上没有就此进行过讨论，上下默认，也没有为此专门进行过系统地调研。

关于这一阶段的社会阶级阶层变动的情况，只能从统计数据和资料中出一些判断。

在经济上，随着第一个五年经济发展计划超额完成，156项重点工程陆续建成投产，公私合营企业逐步转变为国营经济，全民所有制的工业商业空前发展。在农村又实现了人民公社化，政社合一，集体所有制又进一步发展，有一个时期，农民的自留地被没收，家庭副业受到限制，农村农贸市场被关闭，一度想建立一个纯而又纯的公有制社会，彻底消灭私有经济。在这个过程中，高度集中的计划经济体制在全国建立起来。至此，国家完全拥有了控制城乡社会全部经济资源配置的权力。当然，这种违背了经济规律的举措，必然遭到抵制。在“大跃进”失败之后，出现了“三年困难时期”，不得不进行大调整，发还了农民的自留地，开放家庭副业经营和农贸市场，缩小基本核算单位等。到1965年，经济稍有好转。1966年又搞“文化大革命”，引发“全国内战”，这实质又是一场严重的阶级斗争，最后把经济拖到了崩溃的边缘。但是生产资料、社会的经济资源全部实行公有制（全民所有制、集体所有制）的格局没有变化，国家通过计划经济体制配置人、财、物等多种资源的体制没有变，社会全体成员都不再拥有生产资料所有权，绝大多数人都是依靠“按劳分配”的收入过生活。第二、三产业的职工靠单位的工资，农民靠生产队的工分。社会成员之间的差异主要是社会分工的不同、职业的不同。在这个意义上论，社会成员的阶级阶层差别确实是大大地简化了。表面上看，“工人阶级，农民阶级和知识分子阶层”的概括有一定的道理，但两个阶级和一个阶层都有太多的内涵，否则怎么能有这么复杂、尖锐、连绵不断的阶级斗争？

从表2-3中，我们看到，这20年国内生产总值增长近两倍，人均GDP增长一倍，经济结构已从“一、三、二”的格局转变为“二、一、三”的格局，而且工业增加值已占47.1%，农业增加值降到30%以下。但是在就业结构中，农业劳动力仍占74.5%，20年只下降6.7个百分点，特别是经过1959—1961年的“三年困难时期”后，为了应对困难，实行城乡分治的户籍制度，严格限制农民进入城镇，城市化率倒退到17.6%。形成了中国特有的城乡二元经济社会结构，城市化严重滞后于工业化。在1977年的总人口中，农业户口的人占82.4%，农业劳动力占就业人数的74.5%，中国还是个农业国家的社会结构。

按照“两个阶级，一个阶层”的框架分析，1977年的社会阶级阶层的状况如下。

（一）工人阶级

1977年底，在工业交通基建部门工作的职工共计4079.3万人，比1957年的1185.9万人增长2.4倍，比1965年的1866万人增长1.2倍。在商业饮食服务业、城市公用事业和金融部门的职工，1977年共有1058万人，比1957年的546.7万人增加93%，比1965年的630万人增加68%。中国的第二、三产业职工从1957年的1732.6万到1977年的5137.3万人，20年间共增加3404.7万人，平均每年增加170多万人，其中约60%是从农村转移出来的。

从1957年到1977年，正是中国国家工业化大发展时期，虽然遇到“三年困难时期”“文化大革命”等的困难和冲击，但工业化是一直在推进着的，所以还是发展很快的，职工人数逐年增加。在这一

表2-3 1957—1977年中国经济社会发展的状况

年份	总人口（万人）	城市化率（%）	国有生产关系产业构成					就业的产业构成					
			GDP总量（亿）	一产（%）	二产（%）	三产（%）	人均GDP（元）	总就业人员（万人）	一产（%）	二产（%）	三产（%）	城镇（万人）	农村（万人）
1957	64 653	15.4	1068	40.3	29.6	30.1	168	23 771	81.2	9	9.8	3205	20 566
1965	72 538	18	1716.1	38	35.1	26.9	240	28 670	80.8	10.2	9	5136	23 534
1977	94 974	17.6	3201.9	29.4	47.1	23.5	339	39 377	74.5	14.8	10.7	9127	30 250

资料来源：《新中国五十年统计资料汇编》，中国统计出版社1999年版。

阶段，工人阶级的政治、社会地位很高，宪法明确规定，工人阶级是共和国的领导阶级。在实际工作中，在舆论宣传等方面，各类媒体、大小会议，大量宣传工人阶级的先进性、优越性。在社会上，工人很有社会地位，被尊称为师傅、工人老大哥。能在国有大厂大矿上当个工人，在当时是许多青年人的理想。在有的大工矿企业里，有一家三代都在一个厂里上班的。在企业里，有职工代表大会等各种组织。工人参加管理，收入稳定，号称是捧铁饭碗的。在50年代以后，工业战线上还涌现了诸如孟泰、郝建秀、赵梦桃、王进喜等一大批全国闻名的劳动模范，并且还从工人阶级队伍中选拔和任用了一批党政干部，有的还担任了党和政府的领导人。

（二）农民阶级

1977年年底，中国农村人口78 305万人，占全国总人口的82.45%，比1957年的54 704万人，增加23 601万人，平均每年增加1180万人。中国从1952年以后，一面大搞工业化，一面是农民在逐年大量增加，一直持续到1995年，这个现象是中国特有的。

从1957年到1977年，在计划经济体制逐渐在农村建立并强化的过程中，中国农民进一步被组织起来，进一步失去生产经营的自主权，逐渐形成中国特有的城乡经济社会二元结构，农民沦为“城乡分治，一国两策”条件下的“二等公民”。

1958年1月，全国人大通过了城乡分治的《中华人民共和国户口登记条例》，限制农民由农业户口转为非农业户口，限制农民进入城镇。1958年秋季以后，全国实行人民公社化，农民被组织到23 630个人民公社里。1962年以后，农村实行“农业六十条”，实行“三级所有，队为基础”的体制。到1977年，全国有52 923个人民公社、68.3万个生产大队、480.5万个生产队。也就是说全国7.8亿农民被组织固定在了480.5万个生产队中，平均每个生产队166人。

实行土地和生产资料集体所有制，集体统一经营，集体统一劳动，集体统一分配。农民在生产队参加劳动，每天赚取工分，秋后算账，分得粮食和现金收入。在这种生产关系条件下，农民生产积极性不高。在全国，国家虽然进行大规模的水利建设，平整土地，投入了化肥、农药等生产资料，普及农业科技，但农业生产增长缓慢。1977年粮食产量28 275万吨，比1957年农业总产量19 505万吨增长45%，1977年农业总产值1339亿元，比1957年的537亿元增长149.3%。但20年间，农业总人口增加2亿多，所以农民收入增长缓慢，1977年农民人均纯收入为117.1元，比1957年仅增加了44.2元，平均每年只增加2.2元，其中约有1/3的农民劳动一年后还欠集体的钱。

在政治上，国家实行工人阶级领导的、以工农联盟为基础的人民民主专政，农民阶级也是领导力量，但是这个在新民主主义革命中出了大力的、起了主力军作用的阶级却被组织固定在人民公社的体系里，失去了对土地等生产资料和生产经营的自主权，失去了与城镇居民享受公共服务的同等权利，失去了进入城镇选择非农业产业劳动的权利，在选举市以上人民代表大会代表的权利上也受到限制。那个时期，农村青年如想脱离农村，改变农业户口，只有三条路：一是考上中专以上的学校，二是参军，三是争取到工矿招工的名额。

（三）知识分子阶层

关于知识分子的数量，由于定义笼统，没有专门的统计。20世纪50年代，毛泽东有个说法，是500万知识分子。他在党的八大预备会上曾说："我们党也吸收了一部分知识分子，在一千多万个党员里头，大中小知识分子大概占一百万。"[①]直到1962年第二次全国人口普查，在69 458万的总人口中，大学文化程度的有288万人，只占0.4%，高中文化程度的有912万人。其实，因为当时文化程度普遍低，所以把一部分中专和高中文化程度的人也称为知识分子，关

① 中共中央文献研究室编：《毛泽东文集》，第7卷，人民出版社1999年版，第95页。

于知识分子有500万的说法是个约数。

到了1978年，知识分子队伍的人数就有了很大的增加。据1978年统计，仅全民所有制单位自然科学技术人员就有434.5万人（其中工程技术人员157.1万人，农业技术人员29.4万人）。1978年，有大学专业教师20.6万人，中等学校教师328.1万人，小学教师522.6万人，医生310.6万人。仅科教卫系统就有1616万人，另外还有文艺、文化、体育、新闻等领域的专业人员，总数约有2500万人。据1982年7月全国第三次人口普查，在全国100 391万总人口中，大学文化程度的只有604万人，占总人口的0.6%。所以上述知识分子的总数中，既包括大学文化程度也包括相当一部分中专和高中文化程度的人。

从1957年到1977年，正是中国大规模进行工业化、现代化建设的新时期，随着经济的发展，需要科学技术，需要教育、卫生、文化等各项事业的发展，需要知识的支撑，需要大量的知识分子为国家的经济社会发展服务。早在1956年，国家就制定了《1956年到1967年的全国科学技术发展远景规划》。1956年，国家还提出了“百家争鸣，百花齐放”的方针。国家投入了大量的人力、物力和财力，创建了中国科学院，在全国各地创建了自然科学和社会科学的研究机构，新建、扩建了许多高等院校，在各地建立了医院和医疗卫生机构等，使知识分子队伍迅速扩大了。

在国家经济社会建设大发展、知识分子队伍迅速扩大的过程中，有一个问题凸现出来了，就是党和政府如何正确使用和对待知识分子，知识分子如何正确对待自己，更好地为社会服务，也就是双方如何正确处理好政府和知识分子的关系问题。毛泽东在《关于正确处理人民内部矛盾的问题》一文中，专门有一节是讲知识分子问题的，他说：“我国人民内部的矛盾，在知识分子中间也表现出来了。过去为旧社会服务的几百万知识分子，现在转到为新社会服务，这里就存在着他们如何适应新社会需要和我们如何帮助他们适应新社会需要的问题。这也是人民内部的一个矛盾。”①这篇著名的具有创新意义的论文是1957年讲的。随后就展开全党的整风运动，但不久就转为全国的反右派运动，前后划了55万右派分子，将他们的问题定性为反党反社会主义的敌我矛盾。55万人在全国总人口中的所占比例虽然不到1%，但这55万人中，大多数是大中小知识分子。由此产生的消极影响是很大的。

1966年开始的“文化大革命”，对知识分子的冲击就更为严重了。“城门失火，殃及池鱼”，“文化大革命”本来是一场严重的政治斗争，但这场运动就是以批判《海瑞罢官》、揪出吴晗等学者为开场的。打倒“走资本主义的当权派”，同时也打倒“反动学术权威”，直到把知识分子打成“臭老九”（指地主、富农、反革命、坏分子、右派分子、叛徒、特务、走资派、知识分子）。“文革”期间，各级各类大中小知识分子中的大多数受到打击，大学一度停办，许多科研院所被解散，社会流行“知识越多越反动”“读书无用论”，造成了极其恶劣的影响。所幸，在多数大学和科研院所、文教事业单位里职工的铁饭碗没有砸，工资还继续发放，有不少教师、专业技术人员和研究人员，在那样困难的条件下，仍坚持本行业的业务和专业研究，他们为改革开放后各项业务的恢复重建和复兴做了准备。

五、改革开放以来的社会阶级阶层结构

1978年，中国实行改革开放，开始了由计划经济体制向社会主义市场经济体制转变，经济体制改革不断深化，所有制结构已经由单一的公有制转变为公有制为主体的多种经济成分共同发展的混合所有制，产业结构也发生了深刻的变化，国民经济持续、稳定、快速发展。随着经济发展和经济结构的变动，中国的社会结构也发生了深刻的变化，城乡结构、职业结构改变了，原来以工人阶

① 《毛泽东选集》，第5卷，人民出版社1977年版，第384页。

级、农民阶级、知识分子阶层组成的社会阶层结构也发生了深刻的变动。农民阶级分化了，规模缩小了；原来的工人阶级分化了，但规模有了很大的扩展；知识分子阶层的变化最大，社会地位普遍提高，队伍也越来越大。还产生了一些新的社会阶层，整个社会阶层结构呈现出向多元化方向发展的趋势，社会分化和社会流动的机制变化了，社会流动渠道增加，流动速度加快，整个社会充满活力，正在向与社会主义市场经济体制相适应的现代社会阶层结构的方向演变。

1999年，我们中国社科院社会学研究所组建"当代中国社会结构变迁研究"课题组，于2002年年初出版了《当代中国社会阶层结构研究报告》一书。我们以职业分类为基础，以组织资源、经济资源、文化资源的占有状况为标准，把全国社会成员划分成10个阶层：国家与社会管理者阶层，经理人员阶层，私营企业主阶层，专业技术人员阶层，办事人员阶层，个体工商户阶层，商业服务业员工阶层，产业工人阶层，农业劳动者阶层，城乡无业、失业、半失业者阶层。根据1999年我们做的抽样调查数据分析的结果，每个阶层成员的规模（在全部就业人员中的比重）依次是：2.1，1.5，0.6，5.1，4.8，4.2，12，22.6，44，3.1。10年过去了，研究报告公开发布也近8年了。近期，我们对10年来中国社会阶层结构变化做了研究，也对我们发布的研究成果做了回顾与反思。

第一，我们以职业分类为基础，以对组织资源、经济资源、文化资源占有状况为标准作为划分原则，总体上是符合现实的。由此划分出了当代中国社会的十大阶层，基本可以涵盖全体社会人员。有些读者建议我们要加宗教人员阶层、离退休人员阶层等，我们认为，对划分标准做具体解释就可以。如宗教寺院实际也是个大单位，其成员也是可以分层的。

第二，我们在研究报告中关于10个社会阶层排列的位序，10年来的实践表明，这个位序现在还是成立的，只是各个阶层的规模人数变化了，有些增加了，有些减少了，有些阶层增加得多，有些增加得少。

当然，自1999年以来，中国在工业化、城市化、市场化、国际化和现代化的推动下，特别是加入WTO（世界贸易组织）以后，经济发展走上了快车道，在基数已经比较大的背景下，GDP平均以10%以上的速度递增。只是在2008年遭遇国际金融危机，才降到9%，2009年将超过8%。这10年，综合国力有了很大提高，人民生活质量普遍改善，国际影响越来越大，已经成为世界第三大经济体，成为最大的外汇储备国家。正是在经济发展这样强力的推动下，中国的社会结构、社会阶层结构发生了更加深刻的变化。以下是社会各阶层近10年的变动情况。

（一）农业劳动者阶层的变化

2000年，国家提出了促进城镇化健康发展的方针，各地的城镇化建设发展很快，扩建新建了一批大中城市，长期僵化的户籍制度有所松动和调整，特别是十六大以后，国家取消了城市对外来农民工、农业人口设限的多种票证制度和收费制度，使农村剩余劳力进城务工渠道更加宽松，城乡结构有了较大的调整，城镇化的步伐加快了。1999年全国的城镇化率为30.89%。2000年第五次全国人口普查改变了统计口径，把在城镇居住半年以上的外来人口统计为城镇常住人口，加上原来有城镇户籍的人口，两者合并的人口，成为新的城市化率的分子。所以2000年的城镇化率就升为36.22%（一年就增5.33个百分点）。自此，中国的城镇化发展很快，到2007年已达44.9%，城镇人口为59 379万人。与1978年城镇人口17 245万相比，纯增42 134万人，平均每年增加1453万人。这样一次巨大的社会流动和社会变迁，中国现在有许多积极的、消极的问题都可以由此得到解释。在这部分城镇人口中，约有60%—70%是从农村人口中转移出来的，其中尤以18—45岁的青壮年为主，他们到城市就成了农民工。

城镇常住人口的增加，就是农村常住人口的减少。前面说过，中国的一个特有现象是，一面在进行大规模工业化建设，一面是农民在逐年增加。1952年中国有农民50 319万人，到1978年增加到79 014万人，增加28 695万人，平均每年增加1104万人。1978年改革开放以后，一直到1995年还是年年增加，达到85 947万人，只是增量减少了，平均每年增加408万人。1996年以后，农村常住人口逐年减少，到2007年，农村常住人口为72 750万人，平均每年减少1200万人。

农村常住人口的减少，也就是从事农业为主的农业劳动力减少。据统计，2008年在全部76 990万就业人员中，从事农业的劳动者为31 444万，占40.8%。这比1999年我们抽样调查的44%减少3.2个百分点。当然，这两者不是一个统计口径。据我们对一些地区的个案调查，农村里专门从事农业的劳动者已经较少了，多数是兼业农户。所以，农业劳动者阶层实际已经少于40%的比重。

世纪之交以来，特别是2002年党的十六大以来，国家对农村进行了税费改革。全部免征农业税费，给种粮农民发补贴，进行新农村建设，实行农村九年制义务教育，重新建立农村合作医疗体系，进行农村养老保障体系制度的建设，进行农村电网、公路等基础设施建设。多年来，国家给农业、农村投入了大量的人力、财力和物力，推进农业和农村各项事业的发展，农业已连续6年获得丰收，农民收入逐年增长，2000年农民人均纯收入为2253.4元，2008年为4760.6元，增长1.1倍，可以说是20世纪90年代以来最好的。但是，因为农村原来的一些体制如户籍、土地、就业、财政等制度还没有改革，城乡二元结构还束缚着农村、农业的发展，“三农”问题还并未解决好，总的情况是农业问题解决得比较好，农村问题、农民问题仍很严重。2008年党的十七届三中全会的决定指出：“农业基础仍然薄弱，最需要加强；农村发展仍然滞后，最需要扶持；农民增收仍然困难，最需要加快。”农民、农业劳动者阶层还是中国现在最大的弱势群体。

（二）产业工人和商业服务业员工阶层

这两个阶层主要是第二、三产业中的员工，主要是蓝领和被雇佣者。随着经济的发展，这两个阶层的队伍扩大得很快。1978年第二产业的职工有6945万，第三产业的职工4890万人，合计11 835万人，占就业人口总数的29.5%。2007年第二产业职工20 629万人，第三产业职工24 917万人，合计45 546万人，占就业人口总数的59.2%，形成了庞大的产业工人和商业服务业员工阶层。29年间增加33 711万人，平均每年增加1162.4万人。

需要说明的是，第一，因为这是就业结构的统计数据，这第二、三产业职工中包括第二、三产业的管理人员和专业技术人员，所以产业工人和商业服务业员工的人数并没有这么多，比重也就没有这么大，但管理人员和专业技术人员等的数量不会超过20%。

第二，这个庞大的第二、三产业职工队伍中，其组成成员也发生了很大的变化。1978年时，所有的职工都是城镇公有制企业单位的职工，而2007年这两个阶层中，既有国有企业单位的成员，也有三资企业雇用的人员，以及私营企业和个体工商户雇用的员工（2005年有62%的产业工人在非公有制单位工作）。还有一个很大的变化是，20世纪80年代以前，第二、三产业的职工，绝大多数是非农业户籍的城镇居民，自从有了乡镇企业，就有了离土不离乡的农民工（农民身份的工人）。1992年后，大量的农民涌进城市，他们是离土又离乡的农民工。据统计，2008年，全国共有2.25亿农民工，其中在本乡镇以内就业的农民有8500万，离土不离乡的占37.7%，在本乡镇以外就业、离土又离乡的农民共有1.4亿人，占62.3%。全国4亿多从事第二、三产业的蓝领员工，在建筑、矿业、环保、纺织、服装、玩具、餐饮服务等行业中，农民工占大多数或绝大多数。

第三，20世纪90年代中期以后，国家对国有企业进行体制改革，其中一个方面是“减员增效”，使大约3000多万国有企业职工或下岗，或转业，或退休、提前退休；另一方面是“抓大放小”，即把国有企业中的中小企业转为非公有制（私营、股份制等），员工也相应地转为非公有制员工，继续在原来企业工作的工人，则实行劳动合同制，基本改变了原来长期雇用的“铁饭碗”体制。到了后来，有些国有企业还进行“替员增效”，招进大量的农民工（工资待遇比较低），替代原来长期聘用的职工。其中相当一部分有技术的工人流向非公有制企业或流向农村的城镇企业。

第四，现在大多数国有企事业单位（包括一部分国家机关），实行的是一厂两制、一店两制、一校两制，即对城镇户籍的员工实行一套政策，对农业户口的农民工实行一套政策，聘用办法、工资待遇、福利等方面都不一样。好处是农民进了城镇，改变了职业，比原来在农村从事农业生产，生活收入等方面都有了改善和提高，农民工的劳动积极性得到很大的发挥。重活、累活、脏活、危险的活都由农民工干，他们在工作中听话、服从指挥和调遣，加班加点。多年来亿万农民为国家为社会创造了巨大财富，为中国的社会主义现代化建设做出了巨大的贡献。中国被称为“世界工厂”，世界工厂的工人，主要是农民工，农民工在中国工业化、现代化历史上应该有重要的地位，农民工的功劳应该载入史册。

农民工体制的弊端还体现在，在一个单位里，对农民工实行“同工不同酬，同工不同权、同工不同时”的政策（2002年十六大以后有了很大改善），一年、两年、几年不得已而为之尚可以，但长期实行这种不公正、不合理的体制，社会矛盾和问题就来了。近些年，劳资纠纷、工伤事故、索赔纠纷、社会治安问题、刑事案件、群体性事件就多了起来。有人说，原来城乡二元结构、城乡矛盾在空间上是分开的，主要表现在农村，现在一个单位里实行两种政策，二元结构、城乡矛盾进到城里，进到一个单位里，矛盾和问题怎能不大量增加。特别是农民工已经换代了，农民工的大部分已经变成“80后”“90后”，他们同第一代农民工很不一样，自主性、民主权利意识更强，因此发生的矛盾冲突就更尖锐。国家在2006年出台了文件，农民工的生产、生活条件已经大有改善，但并没有从根本上解决问题，需要有进一步改革的方案。

（三）私营企业主阶层

1981年在广东和安徽各产生了一个私营企业主，以后逐步成长。这个阶层是随着改革开放的大潮，随着计划经济体制向社会主义市场经济体制转变，随着社会主义市场经济体制的建立逐渐成长起来的一个新的社会阶层。据国家工商局统计（见表2-4），2007年，全国雇工在8人以上的私营企业有551.3万户，投资人也就是私营企业主有1396.5万人，与1989年的20.8万私营企业主相比增加1375.7万人，平均每年增加76.4万人，2007年注册资金93 873.1亿元，雇工5856.6万人，已经是个综合实力很强大的社会阶层（1956年全国实行公私合营时，私营工商业者只有71万人）。私营企业主占全国就业人口的1.8%，其中大企业主占0.5%，中等企业主占22.7%，小企业主占71.9%。随着经济的持续发展，私营企业主阶层还将继续发展，这是个应运而生的阶层，有以下几个方面的特点：第一，这个私营企业主阶层的成员绝大多数是在改革开放以后新产生的，他们同1956年通过公私合营等形式改造的民族资产阶级没有血缘和继承关系，他们是从农民、工人、专业技术人员、公务员、复员军人中，通过自身努力创业、艰苦奋斗涌现出来的。第二，这些私营企业主绝大多数是受过党和政府长期教育的，很多人在工厂、机关、企事业单位工作过，他们都认为是改革开放造就了自己，自己是改革开放的既得利益者。第三，据私营经济研究会抽样调查，在私营企业主中约有30%是共产党员，因为有相当一部分私营企业主原来是集体所有的乡镇企业或国营企业的厂长、经理等，他们原来就是共产党员，也有一个部分私营企业主是后来加入共产党的。20世纪90年代以来，有近百名私营企业主被选为全国人大代表和全国政协委员，约有5万多私营企业主在县级以上各级人大或政协中担任人大代表和政协委员，十七大时有三位私营企业主被选为党的代表。在十六大报告中，私营企业主阶层被明确称为是随着改革开放的深入和经济文化发展过程中出现的一个新的社会阶层，他们是中国特色社会主义事业的建设者。对此，至今还有争议。所以如何正确认识这个新的社会阶层，如何在理论和实践方面确定这个阶层的性质、地位、功能，发挥他们在建设中的作用，是需要研究解决好的一个重要课题。

表2-4　中国私营企业发展状况

年份	户数		注册资金		投资者		从业人员		产值	
	万户	增长%	亿元	增长%	万人	增长%	万人	增长%	亿元	增长%
1989	9.06	–	84.47	–	20.80	–	164.00	–	97.00	–
1990	9.81	8.28	95.20	12.70	22.00	5.77	170.00	3.66	122.00	25.77
1991	10.78	9.89	123.20	29.41	24.00	9.10	184.00	8.24	147.00	20.49
1992	13.96	29.50	221.20	75.55	30.31	25.00	231.84	29.09	205.00	39.46
1993	23.79	70.42	680.50	207.64	51.38	71.30	372.62	60.78	422.00	105.85
1994	43.22	81.68	1447.80	112.76	88.93	73.00	648.37	73.73	1140.00	170.14
1995	65.45	51.43	2621.70	81.08	133.96	50.70	955.97	47.57	2295.00	101.32
1996	81.92	25.17	3752.40	43.13	170.45	27.20	1171.13	22.49	3227.00	40.61
1997	96.07	17.27	5140.10	36.98	204.18	19.80	1349.26	15.29	3923.00	21.57
1998	120.10	25.01	7198.10	40.04	236.83	29.20	1709.08	26.67	5853.00	49.20
1999	150.89	25.64	10 287.30	42.92	322.38	22.20	2021.55	18.25	7686.00	31.32
2000	176.18	16.76	13 307.70	29.36	395.34	22.60	2406.50	18.99	10 740.00	39.73
2001	202.85	15.14	18 212.20	36.85	460.83	16.60	2714.00	12.80	12 317.00	14.68
2002	243.53	20.05	24 756.20	35.93	622.80	35.20	3409.00	25.63	15 338.00	24.53
2003	301.00	23.40	35 304.90	42.61	727.80	16.90	4299.10	26.11	20 083.00	30.94
2004	365.07	21.30	47 936.00	35.78	948.63	30.30	5017.00	16.70	22 950.40	14.28
2005	430.10	17.81	61 331.10	27.94	1109.90	17.00	5824.10	16.09	27 434.10	19.54
2006	498.10	15.81	76 029.00	23.97	1271.70	14.58	6586.30	13.09	31 855.10	16.16
2007	551.30	10.68	93 873.10	23.47	1396.50	9.81	7253.11	10.12	–	–

数据来源：历年《工商行政管理统计汇编》，转自《中国私营经济发展报告》《中国民营经济发展报告》相关年份版，社会科学文献出版社；《中国统计年鉴》历年版，中国统计出版社。

（四）国家与社会管理者阶层

由党政、事业和社会团体机关单位中行使实际管理职权的领导干部组成，包括公务员、国有事业单位和社会团体单位的领导人员。这个社会阶层在社会结构中处于优势地位，他们是体制内核心部门的管理者、领导者，掌握着社会中最主要的组织资源，在社会资源和机会配置中处于优势地位。20世纪80年代以前，很多重要的领导职位是由革命时期的军政干部转过来担任的。20世纪90年代以后，他们中的绝大多数已退出了领导岗位，逐渐由1949年新中国成立后参加工作、由共和国培养出来的干部接替。这个阶层自己并不是生产资料、经济资源的所有者，但他们可以控制、支配一部分生产资料，因而他们的工作条件和经济收入都是比较好的，名义工资收入不多，但他们享有各种待遇，收入相对较高。这个阶层在80年代中期以前，对文化资源的占有较少，但自此以后，原有的干部通过进修、培训等形式，提高了文化水平，特别是有大量本科以上学历的青年知识分子进入这个阶层。现在这个阶层也拥有了较高的文化资源。

国家与社会管理者阶层成员的人数，据2005年国家统计局1%人口抽样调查资料和2006年中国社科院社会学研究所《全国综合社会调查》资料的推算，这个阶层在全国就业总人数中占2.3%，比1999年增加0.2个百分点，近几年又有所增加。从发展趋势上看，这一阶层除拥有的组织资源之外，经济资源、文化资源也在不断提高。多项社会调查资料显示，这个阶层是在改革发展过程中获得成果最多的社会阶层之一，特别是在东部发达地区，这个阶层的成员，工作比较稳定、有升迁机会，名义工资收入并不多，但含金量高，社会福利、社会保障好，所以成为社会上很多人理想的目标。仅从90年代中后期以后，每年的公务员考试，报考的人数越来越多就可以证明这一点。2009年国家公务员报名通过审核人数超过105万人，各职位平均竞争比例为78∶1。中国历来有学而优则仕的传统，最优秀的人才特别是青年才俊向国家与社会管理者阶层集中，这同一些发达国家的情况是不一样的。

（五）中产阶层正在崛起

同许多现代化国家一样，伴随着经济高速增长，经济结构由工业化初期阶段进入中期阶段、中后期阶段时，是中产阶层崛起、发展的黄金时期。中国的经济发展目前正处在工业化中期阶段，东部发达地区和一些大城市、特大城市正在向工业化后期发展。从社会结构分析，中国目前也是中产阶层发展的黄金时期，中国的中产阶层正在崛起。

据我们研究，在1978年改革开放发轫时，中国中产阶层的比重只占全国阶层结构规模的5%，到1991年，约为9.5%，1999年我们课题组做调查的时候，约为15%。我们发现，近10年来，中国中产阶层的发展加快了。一是社会主义市场经济的推动，经济持续快速发展；二是国家出台重大政策的调整，1997年，党的十五大明确宣布："公有制为主体、多种所有制经济共同发展，是我国社会主义初级阶段的一项基本经济制度。""非公有制是我国社会主义市场经济的重要组成部分。对个体、私营等非公有制经济要继续鼓励、引导，使之健康发展。"自此个体工商户、私营企业和股份制企业发展就更快了。1999年，国家决定当年高校扩大招生名额，在年初扩招23万人的基础上，再扩招33.7万人，使招生总数达到153万人，比1998年增加58%。以后又逐年扩招，2007年中国各类高校招新生611万人，使在校大学生达到2700万，高校毛入学率达23%，比1998年提高13.2个百分点。高校是培育中产阶层的摇篮，摇篮多了，中产阶层发展就快了。

世纪之交以来，中国的中产阶层大概以每年增长1个百分点的速度发展，2007年已经占全国就业人口的22%左右，主要集中在东部沿海发达地区和大城市，北京、上海的中产阶层已经达到40%以上。中国中产阶层的发展还方兴未艾，还在以较快的速度逐年扩大。前面讲到的几个数据，可以作为例证。

在有产的老中产阶层方面，中国的私营企业主在1989年以来每年增加75.4万人；个体工商户1978年只有15万户，2007年为2741.5万户，平均每年增加94万户。现有的个体工商户中，因为中国现行的政策，雇工8人以上的称为私营企业主，7人以下的称为个体工商户，可以享受减免税的优惠政策，所以有很多业主常常在雇用到7人时就不增雇了，可以申报个体工商户，叫作“七不上八下”。在上述每年增加的75.4万人私营企业主中，大部分或绝大部分属于中产阶层，而在新增的94万个个体工商户中，约有20%—30%也应该属于中产阶层。

在农村中，近10年来出现的各种专业户、规模农业经营户、运销经营户等，都属于农村中的中产阶层，这些人在逐渐多起来。

在新中产阶层方面，随着中国经济持续快速增长，工业化、城市化水平不断提高，整个社会职业结构呈趋高级化动向，初级层次的职业人员逐年减少，中高级职业人员逐渐增多，农业劳动者在减少（2007年农业劳动者比1978年减少29.7个百分点，比1999年减少9.3个百分点）。在第二、三产业中，蓝领工人减少，白领职业人员增加。例如：1990年国有企事业单位的专业技术人员为1648.35万人，2007年增加到2254.51万人，17年增加606.16万人，平均每年增加35.66万人。众所周知，1990年以后，正是非公有制民营、私营企业单位大发展时期，有许多国有企事业单位专业技术人员流入了这些单位，加上他们自己培养选拔及新聘用的专业技术人员，也是一个很大的数目，可惜有关部门还没有针对这些人员进行专门统计。

据统计，1997年年底，我国公务员总数是570.7万人。经过1998年和2007年两次大的机构改革，人员精减，虽然机构减少了，但因为全国各项经济社会事业仍在快速发展，人员还是在增加，2003年国家公务员总数达637万人，平均每年增加11万人。

高等院校自1999年扩招之后，现在每年的大学本科和专科毕业生在600万人以上，大约70%的毕业生在当年就能找到比较合适的工作，有一部分毕业生要过一段时间才能就业。因为过去计划经济体制年代实行统招统分的制度，当年毕业的当年就能就业。现在由于各种原因不能当年就业，为此，社会上议论纷纷。其实这是就业制度还没有与社会主义市场经济接轨的社会现象。有人指出，现在是市场经济，一个农村青年，初中毕业到城市打工都能找到工作，为什么大学毕业了反而找不到工作？这还不是问题吗？这个现象过几年将会逐渐消失。每年有几百万受过高等教育的青年就业，这是中产阶层一个很大的后备军。

据我们从各种调查资料中推算，现在我国的中产阶层每年大约增加800万人，在社会阶层结构中的比例是每年增加约1个百分点。预计到2020年将达到35%—40%。我们在《当代中国社会阶层研究报告》中曾经指出，虽然已经形成一个现代化社会阶层结构的雏形，而且正在成长，但当时存在的问题之一是，“该大的阶层（指中产阶层）没有大起来，该小的阶层（指农业劳动者阶层）没有小下去”。近10年过去了，情况有所好转，前述中产阶层在社会阶层结构中的比重由15%上升到22%，增加了7个百分点，但农业劳动者阶层只从44%下降到40%左右，仅减少了4个百分点，还不理想。原因很多，其中一个主要的原因，就是在当年计划经济体制下形成的一些重要的经济社会体制还没有得到应有的改革，如户籍制度、土地制度、就业体制、财政体制、社会保障体制等，这些体制如果不进行根本性的改革，城乡二元经济社会结构就不能被破解，农业劳动力就不能顺利转入第二、三产业，农民就不能顺利进入城镇，中国的城市化严重滞后于工业化的局面就不能改变，中国的城市化就不能得到发展，农业劳动者阶层就不能合理、顺畅地减少，中产阶层也就不能合乎规律地成长起来。好在这些问题现已受到决策部门的重视，并正在酝酿这些体制的改革。中国发展的前景是乐观的，中国的中产阶层将会有更大规模的发展，将会成为中国未来社会的主体阶层。

（原载于《中国人口·资源与环境》，2010年第7期）

下篇

社会建设问题

经济和社会要协调发展*

中国共产党在2002年11月召开的十六大，有很重大的历史意义。其中一个重大成就就是确定了未来的发展目标：中国要在20世纪头20年，集中力量，全面建设普及十几亿人口的更高水平的小康社会，使经济更加发展、民主更加健全、科教更加进步、文化更加繁荣、社会更加和谐、人民生活更加殷实。这六个方面的目标就是我们全面建设小康社会的蓝图。这六个方面，比较全面，比较系统，是一个有机的整体，是缺一不可的。具体分析起来，第一条是经济目标，第二条是政治目标，后四条都可以说是社会发展方面的目标。这六个方面，都是从目前我国的基本国情出发的，有很强的针对性。可以这样来认识，要实现全面建设小康社会的目标，要点是经济发展，重点在农村，而难点在社会发展方面。对此，十六大报告及相关决议和文件，有不少为实现这个目标而提出的新思路、新构想和新的政策措施，如提出了今后要“统筹城乡经济社会发展”，要“加快城镇化步伐”，要实现“初次分配注重效率”，“再分配注重公平”，要“扩大中等收入者比重”，“提高低收入者的收入水平”等。

---

* 此文是陆学艺先生根据党的十六大报告提出的“六个更加”的全面建设小康社会目标而写就的。文章认为实现全面建设小康社会目标的要点是经济发展，重点在农村，而难点在社会发展。因此，提出经济和社会要协调发展，并就经济和社会要协调发展的重大意义进行系统论述，指出社会发展滞后于经济发展的六个方面的具体表现（文中提出，当时的社会发展滞后于经济发展5—8年），同时提出加快促进经济和社会协调发展的对策建议，以解决“经济一条腿长，社会一条腿短”的不协调局面。

一、经济和社会协调发展的基本要素

综观各发达国家的发展轨迹，一个国家或地区要实现现代化，主要是两大方面，一是经济要繁荣发展，二是社会要全面进步。就经济发展和社会发展的关系来说，第一，经济发展是社会发展的基础。因此，经济应该优先发展，是第一位的，只有经济发展了，才能为社会发展提供物质条件，也只有经济发展了，才会提出相应的社会发展的需要。例如经济要继续发展，产业要升格，就要提出对于教育、科技、文化等方面的要求。第二，经济和社会要协调发展。社会是一个整体，经济发展不可能长期脱离社会发展而孤军独进，必然要求社会发展与之相配合。社会发展既要为经济发展提供环境和条件，也可以满足经济发展本身不能满足人们的多方面的需要。所以社会发展了，会促进经济发展，如果社会发展滞后，不能与经济发展相协调，就会阻碍经济发展或使经济畸形发展。第三，社会发展是经济发展的目的。因为发展生产和一切经济活动，归根到底都是为了满足人们日益增长的物质文化需求，是为了改善人们的生存环境和提高生活质量，是为了促进人的全面发展。

从一个国家或地区实现现代化的全过程看，经济发展和社会发展的关系是随着生产力水平变化而变化的。大致可以分为三个阶段：一是经济发展为主的阶段。这个阶段生产力水平低，劳动产品少，只能初步解决人们的温饱问题，满足人们的基本物质生活的需求。二是经济发展和社会发展并重，即协调发展的阶段。这个阶段生产力水平已有了较大的提高，温饱问题已经解决，社会剩余产品增多，人们对物质生活以外的精神文化需求、全面发展的需求越来越迫切。经济发展本身也对科技、教育、社会环境提出了要求，而经济发展也为社会发展提供了物质条件，于是社会发展加快，经济社会协调发展成为这个阶段的主旋律。三是经济高速发展以后，社会发展的内容日益丰富，人对全面发展提出了越来越高的需求，经济发展将服从于社会发展，实现社会全面进步。总的说来，在整个现代化建设过程中，社会发展的比重将不断增大，社会发展的地位会不断提高。

改革开放以来，我国的经济发展取得了重大的历史性成就。2002年国内生产总值达到102 398亿元，比1980年增长4倍多，年均增长9.5%，经济总量已居世界第六位，人民生活总体上实现了小康水平。这是社会主义制度的伟大胜利，是中华民族发展史上一个新的里程碑。在这个20多年的历史中，我国的经济发展取得了如此辉煌的成绩，是非常了不起的。与此同时，我国的社会发展也有了很大的进步，教育、科技、文化、卫生、体育等各项社会事业取得了可喜的成绩，人民团结、社会稳定，社会主义政治文明、精神文明建设不断推进，人民素质有了很大提高。

二、经济发展与社会发展不协调、滞后的几点表现

从总体上看，我国现在已经越过了经济发展为主的阶段，进入了经济发展与社会发展并重、经济与社会协调发展的阶段。但是由于种种认识和体制、结构等方面的原因，直到现在我国的社会发展还没有取得应有的进步。经济发展了，社会发展滞后了，经济和社会发展并不协调，由此产生了一系列的社会问题。这不仅影响了人民群众的生活质量的提高，而且也阻碍了经济更加健康、稳定、快速地发展。具体表现有以下几点。

第一，经济发展了，经济结构调整了，但社会结构没有相应地调整过来。社会结构包括的面比较广，有人口结构、就业结构、城乡结构、地区结构、阶级阶层结构等。以就业结构、城乡结构来说，2001年，国内生产总值95 933亿元，其中第一产业占15.2%，第二产业占51.1%，第三产业占33.7%。这表明，我国已经从农业为主的社会转变为以第二、三产业为主的社会，已经达到了工业化中期阶段。但是，在2001年我国73 025万就业人员中，第一产业占50%，

第二产业占22.3%，第三产业占27.7%。这还是工业化初期阶段的就业结构，占半数的劳动力滞留在农业中。2001年，我国总人口是127 627万人，其中乡村人口占62.3%，城镇人口占37.7%。城市化率为37.7%，2000年，世界城市化率为48%，相差10多个百分点。我国工业化水平已达到中期阶段，但城市化率处在较低的水平，城市化严重滞后于工业化，城乡关系严重失衡，很不协调，许多社会问题由此产生，阻碍了第三产业和各项社会事业的发展，也直接影响了国民经济的发展。

第二，经济发展了，但教育、科技、文化、医疗卫生、环境保护等社会事业没有相应地发展，社会事业发展严重滞后于经济发展，很不协调。仅以教育和卫生事业为例。应该说，改革开放20多年来，我国的基础教育是做得比较好的，基本普及九年制义务教育和基本扫除青壮年文盲的工作很有成绩。但是高中阶段教育、职业技术教育和高等教育发展得很不理想，没能适应经济发展的需要，也不能满足广大人民群众强烈要求子女能受较好较高教育的要求。直到1998年，我国普通高等学校在校大学生只有360万人，高等教育的毛入学率只有6.7%，而根据世界银行统计，1996年，全世界适龄青年的毛入学率是16.7%。1999年，国家决定大学大规模扩大招生名额后，这几年大学有了较快的发展，2001年普通高校本科在校学生达到719.1万人，加上成人高校的大学生456万人，总数达到1175.1万人，高等学校学生的毛入学率达到13%，但还低于世界平均水平。2000年人口平均受教育年限不到8年，仍有9%的成人是文盲。这样的教育水平，当然不能适应经济发展的需要。

我国的医疗卫生事业，虽有了一定的发展，但也滞后于经济发展的要求，不能满足人民群众的需要，特别是医疗体制不合理，城乡之间分布很不平衡。据卫生部基层卫生和妇幼保健司的资料显示，87%的农民完全是自费医疗。原来农村的合作医疗体系，绝大部分解体了，农村缺医少药的状况十分严重。很多农民好不容易脱贫了，全家只要有一人得了大病，马上就返回贫困，多少年都摆脱不了。

2000年5岁以下儿童死亡前的治疗状况城乡差距很大，农村夭亡的孩子56.6%是死在家里的，而城市91.3%的孩子是死在医院里的。世界卫生组织在2000年的《世界卫生报告》中指出，全世界191个国家的卫生系统排名，中国为第188名。这同我国经济实力在世界排名第6的地位，实在不相称。这次“非典”疫情突袭，幸好首先爆发在城市，加上政府采取了诸如限制民工和大学生返乡等断然措施，才防止了疫情的扩散，如果“非典”在农村传播起来，以目前农村的这种医疗卫生体系是防治不了的，后果就不堪设想。

第三，社会管理相对落后，跟不上经济社会事业发展的要求，各类事故频发，造成人、财、物的莫大损失。一个国家或地区要实现现代化，不仅要有现代化的经济建设，要有现代化的各类基础设施建设，还一定要有现代化的管理。也就是我们通常讲的“硬件”要现代化，“软件”也要现代化。应该说，改革开放这20多年，许多城市建设起来了，高楼大厦、豪华宾馆、宽广平坦的马路、各种名目的广场，铺草坪种大树，绿化美化，硬件都相当现代化了，有一些城市，真可以同发达国家的大城市媲美。但就是社会管理跟不上，交通拥堵，上班路远，公共交通不便，儿童上学、老年人就医困难，环境脏乱差，空气污染，饮用水不干净，噪音扰民，乱哄哄的并不适合现代人居住。

就拿公路交通来说，1949年全国公路通车里程只有8.07万公里，到2000年已经增加到140.3万公里，增长16.4倍，不仅是县县通公路，而且基本上实现了乡乡通公路，有的省市到村的道路也都通了。真可说是成绩巨大。近几年公路等级明显提高，路况也大为改善。1988年才开始有高速公路，到2002年，全国已有高速公路2万多公里，跃居世界第2位。但是交通管理却相当落后，我们现在每年投入公路交通的建设2000多亿元，绝大部分都投到建造新路上，而公路交通如何科学管理、如何培训司机、如何教育群众遵守交通规则等方面，则很少有人力财力的投入。姑且不论城市交通的堵塞不畅，交通资源并没有得到有效的利用。就以交通事故来说，2001年全国共发生交通事故754 919起，死亡105 930人，受伤546 485人。损失折款30.878亿元。[①]有人说现代化事业是“三分建设，七分管理”，这是很有道理的。

第四，经济体制改革了，已经基本建立了社会主义市场体制，但是社会事业的管理体制基本上还没有按社会主义市场经济体制的要求改变过来。我国的各级各类学校、科研院所、文化单位、医疗卫生机构等事业单位，大多数是在20世纪50年代以后逐步建立起来的。那时实行的是计划经济体制，多数实行的是国有制，少数是集体所有制，旧中国遗留下来的各种事业单位，也都按公有制的模式改造过来了。整个事业单位按照计划经济体制的要求运行。行政化的体制，机构庞大，人浮于事，规章制度僵化，投入不少，成果不多，运行成本很高，效率低下，服务质量差，人民群众很不满意。

改革开放以来，党的工作重心向经济建设转移，国家由计划经济体制向社会主义市场经济体制转轨，通过一系列经济体制改革，已经逐步改变为按社会主义市场经济体制的规则运行。教育、科研、医疗、卫生、文化、体育等事业单位，虽然也进行了多次改革，取得了一定的进展，但从总体情况看，整个事业单位的体制改革并没有取得根本性实质性的进展，并没有按社会主义市场经济体制的要求改变过来，同目前经济发展、社会进步要求不相适应的矛盾越来越大。

社会事业管理体制改革的难度比较大。有相当多的国家级科研、教育、文化、医疗单位就像国有大企业一样，长期按行政计划经济体制的规章运作，已经形成路径依赖，问题庞杂，积重难返。加之国家把主要精力放在经济体制的改革上，无暇顾及。这些单位自身也进行了一些小改小革，但是因为缺乏动力和外部压力，单位内部各种群体的利益难以调整，所以，也是改改停停，收效甚微。最近北大提出对青年教师实行分级淘汰的合同制；限

① 参见国家统计局编《中国统计提要（2002）》（内部资料），第197页。

定申报职务，晋升的次数；原则上不留本校毕业的博士当老师。优胜劣汰，优化教师队伍，应该说是一项事业单位人事制度的重要改革，但是遭到不少人的非议，校内外反应强烈。至今莫衷一是，改革方案很难施行。

国家级事业单位的改革迟迟缓行，各地的事业单位也基本上是按兵不动。上行下效，还是在吃大锅饭，低效运行。更有甚者，20世纪90年代以来，企业改革，减员增效，国家行政机构也搞精简，压缩编制，许多人就拥到事业单位，照拿工资，使事业单位的编制继续膨胀，冗员越来越多。有一个地方的科研单位，全体职工不足150人，行政、办公人员过半，仅司机就有7个。作为科研单位，主体劳动者应该是科研人员，但是科研人员反倒是少数，处于弱势地位，怎么能有好的科研成果。其实这种状况在事业单位是比较普遍的。据国家统计局统计，2000年，全国有普通高校1041所，教职工总数是111.3万人，专职教师46.3万人，在校学生556.1万人。专职教师只占职工总数的41.6%，这在国外是罕见的。2000年每个教职工平均只负担5个学生，每个专职教师负担12人。[①]而美国每个大学教师负担17人，日本更多。而且这些国家的大学里专职教师是主体，职工很少，实行社会化服务，教职工负担的学生很多，相比而言，我们高校的效率是很低的。

三、加快促进经济和社会协调发展的建议

毋庸讳言，我国目前的经济发展和社会发展是不平衡的，已经很不协调。我们没有在经济发展为主的阶段，在温饱问题得到解决之后，适时地转入经济发展社会发展并重、经济和社会协调发展的阶段。没有在经济产业结构已经调整的条件下，及时地调整社会结构，调整城乡结构，调整地区结构。在经济体制改革取得了相当成

① 参见国家统计局编《中国统计提要（2002）》（内部资料），第187页。

功之后，没有对一些社会体制、社会政策适时地进行改革和调整，如户籍制度、城市化政策和社会保障制度等，以致出现了上述社会结构同经济结构不协调，社会发展事业滞后，社会管理、社会事业管理体制落后等问题。现在，经济社会发展不协调的问题凸现了，经济发展很快，社会发展缓慢、滞后（至少5—8年）。我们历来是主张“两条腿走路”的，现在是“一条腿长，一条腿短”，这是走不快的。经济社会发展不协调，已经直接影响到经济的健康、稳定、快速发展。如城市化滞后于工业化，农村剩余劳动力不能适时地转化为第二、三产业的职工和城市居民，农民的收入就提不高，购买力上不来，内需就扩大不了，第二、三产业的发展就快不起来。经济和社会发展不协调，广大人民群众对于教育、科技、文化、医疗的需要得不到满足，公共服务不能普遍惠及广大群众，就会滋长不满，引发诸多的社会问题，引发社会的不稳定。现在是到了强调社会发展，强调经济和社会协调发展的时候了。

第一，要进一步明确把经济和社会协调发展作为国家发展的指导方针。党的十一届三中全会决定把工作中心从阶级斗争转移到经济建设的轨道上来，实践证明这是完全正确的。今后要全面建设小康社会，经济建设还是中心，是第一位的。但经济建设不是唯一的，仅有经济发展是不够的，还一定要有社会发展。前面说过，比较而言，社会发展是滞后了，形成了现在经济社会发展不协调的局面。今后，要特别强调社会发展，强调社会结构的调整、社会事业的发展、社会管理水平的提高和社会事业体制的改革。

考虑到要全面建设小康社会和目前的国情，是否可以把党的十一届三中全会确定的坚持以经济建设为中心，适时改为坚持以经济建设和社会发展为中心，不断解放和发展社会生产力，促进社会全面进步。这是因为，首先，从长远讲，社会发展、社会全面进步将越来越成为社会主义现代化建设和国家发展的主要内容。其次，从目前的国情看，社会发展滞后于经济发展，经济和社会发展不协调（可以包括城乡不协调、地区发展不协调、人与自然不协调），是现在我们要解决好的社会整体发展的主要矛盾。当然，这样大的问题要从长计议。这是我的一家之言。

国家发展要强调坚持经济和社会协调发展的方针，各级地方政府建设也要强调坚持经济和社会协调发展的方针。相当长的一个时期以来，不少地方政府把经济建设强调到唯一的程度，把经济建设经济发展作为硬指标硬任务，社会发展作为软指标软任务，甚至到了可有可无的程度。所以今后检查考核地方政府和干部的成绩，不仅要有经济发展的硬指标，也要有社会发展的硬指标。坚持若干年，才能把这个经济和社会协调发展的问题解决好。

第二，要继续深化改革，抓紧出台户籍制度改革、社会保障体制改革等政策，加快城镇化步伐，以调整社会结构、城乡关系。目前还在实行的城乡分割的户籍制度，是20世纪50年代为适应计划经济体制的要求和粮食等工农业产品严重短缺的状况而逐步形成的，是不得已的权宜之计。现在实行社会主义市场经济体制，经济极大地发展了，工农业产品绝大多数已经供大于求，这个户籍制度早已过时，早就应该改革了。主持这项工作的公安部门已经多次拟定过改革方案，但囿于传统的旧观念，囿于要保护少数人和一些部门的利益，还是迟迟出不了台。此事不宜再拖了，应该改革了。改革了户籍制度，对9亿农民是一种解放，农业剩余劳动力才能顺利地转向第二、三产业，顺畅地向城镇转移，农民工问题才能从根本上得到解决，增加农民收入、解决“三农”问题才有希望，城镇化步伐才能加快，社会结构才能得到调整，目前存在的城乡差距、地区差距扩大的趋势才能得到遏制。当然要解决这些大问题，还要有其他经济社会政策相配套，但户籍制度改革是关键，是瓶颈，要抓紧解决。

第三，国家和地方政府都要扩大对社会发展方面的投入，改革目前政府投资过度偏重于经济建设而相对忽视社会事业的格局。一个市场化的国家，厂房、设备、基础设施等经济项目应该主要靠企业靠市场筹资、集资，政府的财力应该主要用于投资教育、科研、文化、医疗卫生、环境等社会发展和公共事业。改革开放前，我国是个实行计划经济体制的国家，重经济轻社会，重工轻农，重城市轻乡村，长期如此，造成了种种不协调。现在已经从计划经济体制转变为社会主义市场经济体制，这种格局应该改变了。但积重难返，已经形成路径依赖了，改起来比较难，所以决策领导部门一定要转变观念，下决心，改变这种硬件投资过硬，软件投资过软的格局。因为实践已经证明，重经济发展轻社会发展的结果，使经济成本很高，经济效益也不好，事倍功半。下决心，逐步改变这种硬件过硬，软件过软的格局以后，不仅教育、科技、文化、医疗卫生等各项社会事业发展了，人民群众的多种需求满足了，经济效益也能提高，这是一举两得、事半功倍的好举措，何乐而不为呢？

第四，要改革社会事业管理体制。改革的目标是要建立一个同社会主义市场经济体制相适应的、城乡一体化的、按社会主义市场经济规律要求运作的、有利于调动各方面积极性的社会事业管理新体制。前面说过，现行的社会事业管理体制是非改不可了。国家要组织一定的人力物力，通过周密地调查研究，制定方案，自上而下、自下而上相结合地进行改革，要像对经济体制进行改革那样，对社会事业管理体制进行全面改革。要像改革经济体制那样，敢于闯，敢于试，例如在事业单位的所有制和经营形式等问题上，有的可以继续实行公有制，有的可以实行公办民营或民有民营，有的可以实行股份合办的社会所有制，动员社会各方面的力量来办社会事业，有些在原来计划经济体制下设立的禁区要逐步向社会开放，改变目前政府独家包办的格局。一般说来，经济项目是挣钱的，社会事业项目是花钱的（当然有部分社会事业可以产业化，是第三产业的一部分，也是可以挣钱的）。这个钱要用得得当，用得合理，用得公平，用得有好的社会效益，使人民能够普遍受到服务。这就必须对现行的社会事业管理体制进行改革，这就必须有制度创新，建立起一个与社会主义市场经济体制相适应的新的社会事业管理体制。

经济发展和社会发展相协调，经济管理体制和社会事业管理体制相匹配，相辅相成，相得益彰，诚能如此，我国的经济就能够更加健康、稳定、快速地发展，社会各项事业都能得到蓬勃的发展，实现社会的全面进步，全面建设小康社会的历史任务就能更加顺利地实现。

（原载于《宏观经济研究》，2003年第9期）

关于社会建设的理论和实践*

党的十六大以来，我们党领导全国人民继续进行中国特色社会主义建设实践，在理论方面，也不断探索创新，提出了科学发展观、构建社会主义和谐社会等重大战略思想，提出了“以人为本”“社会建设”等一系列新概念、新理论，使中国特色社会主义理论体系不断发展和完善。本文就社会建设的理论价值和实践意义，谈几点看法。

一、社会建设理论的提出和形成

2004年，党的十六届四中全会有两个重大的理论贡献。一是提出了构建社会主义和谐社会这个非常重要的战略思想，一经提出就受到了全国上下广大干部和群众的强烈关注和认同，成为与全面小康社会、社会主义现代化社会齐名的战略目标。现在，构建社会主义和谐社会已经贯彻落实到社会主义现代化建设的实践中，起到了精神变物质的巨大作用。二是提出了社会建设这个很重要的新概念，适应了我们国家工业化、城市化新的发展阶段的需要，把正在进行着的各项社会组织、社会结构、社会秩序、社会事业等方面的建设，

---

* 此文是陆学艺先生根据党的十六届四中全会提出“社会建设”概念后，注意到社会建设问题日益受到重视并逐渐转变到实践中去而写就的。文章系统地论述了社会建设理论的提出和形成过程，界定了社会建设的内涵和九个方面的主要内容，指出当前社会的主要矛盾是经济和社会不协调，应将社会建设摆在中国特色社会主义事业建设更加突出的地位，像抓经济建设一样抓好社会建设。

做了一个明晰的概括，明确叫作社会建设，从而使上述诸方面工作的地位得到了提高，理论上有了依据，建设的目标更加明确，未来建设的前景也更加清楚。所以，社会建设这个新概念的提出，使中国社会主义建设的总体布局，由原来的经济建设、政治建设、文化建设的三位一体，变为包括了社会建设在内的四位一体的新格局。党的十七大报告则明确把社会建设单辟一节，与经济、政治、文化建设并列为四位一体。十七大还把四位一体的布局写进了新修改的党章总纲里。大会秘书处负责人就《中国共产党章程（修正案）》答记者问时，指出："党的十六大以来，党中央提出了深入贯彻落实科学发展观，构建社会主义和谐社会等重大战略任务，从而使中国特色社会主义事业总体布局由经济建设、政治建设、文化建设三位一体扩展为经济建设、政治建设、文化建设、社会建设四位一体。这体现了我们党对共产党执政规律、社会主义建设规律、人类社会发展规律认识的深化。"由此可见，提出"社会建设"这个新概念的重要意义。

十六届四中全会提出的构建社会主义和谐社会与社会建设，就两者关系来说，实质上前者是战略目标，后者是重要手段——社会主义和谐社会要通过经济建设、社会建设、政治建设、文化建设等方面的建设来实现。

在这里，和谐社会中的社会与社会建设中的社会，虽然是同一个词，但含义不同。"社会"是一个多义词，有三种含义：第一种是大社会概念，这里的社会，就等于是国家整体。如毛泽东在《新民主主义论》中说："一切这些的目的，在于建设一个中华民族的新社会和新国家。在这个新社会和新国家中，不但有新政治、新经济，而且有新文化。"[①]第二种是两分法意义上的，例如我们制定的五年计划叫作"国民经济和社会发展五年计划纲要"，把经济发展之外的领域都归为社会发展。通常讲的经济和社会要协调发展，这

① 《毛泽东选集》，第2卷，人民出版社1991年版，第663页。

个社会就是两分法意义上的，是中社会概念。第三种是指专属意义上的社会，是小社会概念，是与经济、政治、文化、科技等并论的社会，如四位一体中的社会建设。社会主义和谐社会中的“社会”是大社会，是第一种意义上的社会；社会建设中的“社会”是小社会，是第三种含义的社会。对此，我们在理解、使用“社会”这个概念时，要做出区别。

社会主义建设的总体布局由经济建设、政治建设、文化建设三位一体扩展为包括社会建设在内的四位一体，这个事实本身既反映了当今中国社会已经发生了深刻变化的客观实际，也反映了我们对于这种经济社会结构的深刻变化有了新的概括，有了突破性的新的认识。最早把中国的建设分为政治、经济、文化三个方面的是毛泽东同志，他在1941年撰写的《新民主主义论》一书中提出来的。他说：“新民主主义的政治、新民主主义的经济和新民主主义的文化相结合，这就是新民主主义共和国，这就是名副其实的中华民国，这就是我们要造成的新中国。”[①]那时的中国，还是半殖民地半封建的农业社会，小农经济是汪洋大海，农民占90%以上。在这样的背景下，对未来做构想，勾勒出政治、经济、文化三大领域，是符合中国国情的。新中国成立以后，我们在谋划社会主义建设总体布局时，还常以经济建设、政治建设、文化建设为架构。1982年，制定第六个五年计划时，增加了社会发展的内容，从此以后的五年计划，都被称为“国民经济与社会发展第N个五年计划纲要”。又过了20年，到十六大，在政治报告中，还是经济体制改革与建设、政治体制改革与建设、文化体制改革与建设三位一体的布局，但在讲到2020年实现全面小康社会的目标时，指出要达到“使经济更加发展、民主更加健全、科教更加进步、文化更加繁荣、社会更加和谐、人民生活更加殷实”，加进了“社会更加和谐”一项。这反映了改革开放20多年后，中国的经济社会已经发生了深刻的转变，国家总体上已经从

① 《毛泽东选集》，第2卷，人民出版社1991年版，第709页。

农业社会转变为工业社会，已经从乡村社会转变为城市社会，这种转型对于经济社会建设提出了新的要求。生产力极大提高，经济结构深刻变化，要求社会结构变化与之相协调；经济高速发展，要求社会事业发展与之相配合；人民物质生活的极大提高，要求社会安定有序。所以，十六大提出的“社会更加和谐”，反映了生产力发展的要求，反映了我们党对社会主义现代化建设规律的新认识。这之后不久，十六届四中全会提出构建社会主义和谐社会与社会建设的新概念，十六届六中全会专门就构建社会主义和谐社会若干重大问题做出决定，十七大则进一步指出要加快推进以改善民生为重点的社会建设。几年来，关于构建社会主义和谐社会、关于社会建设的理论正在逐步形成，成为中国特色社会主义理论体系中的一个重要组成部分，这是一项新的理论成就。

十六大以来所提出的社会和谐、和谐社会、构建社会主义和谐社会、建设和谐社会、社会建设等一系列新名词、新概念、新理论，反映了我国社会主义现代化建设事业发展的新阶段的要求和特点。就我个人的理解，在这一连串新名词、新概念、新理论中，“社会建设”应是最关键、最重要的。因为，社会和谐要通过“社会建设”来达到，构建社会主义和谐社会要通过长期的“社会建设”等方面的建设来实现。

社会建设这个新概念，实际上在20世纪初和20世纪30年代的中国政界和学界都曾经被提出过。1919年孙中山先生将他1917年撰写的《民权初步（社会建设）》收入《建国方略》中，构成了他关于国家建设基本构想内容的重要组成部分。在《民权初步（社会建设）》中，孙中山表达了他的“社会建设”思想，即“教国民行民权”[①]。1934年，著名社会学家孙本文先生在自己的《社会学原理》一书的最后一章中专门写了一节“社会建设与社会指导”，一开篇就给“社会建设”下了个定义：“依社会环境的需要与人民的愿望而从事的各

① 孙中山：《建国方略》，华夏出版社2002年版，第300—301页。

种建设，谓之社会建设。社会建设的范围甚广，举凡关于人类共同生活及其安宁幸福等各种事业，皆属之。有时此等事业，属于改革性质，就固有之文物制度而加以革新。有属于创造性质，系就外界传入或社会发明之文物制度，而为之创造。无论创造或改革，要之，皆为社会建设的事业。”[①]孙本文先生还创办过一本杂志，刊名就叫《社会建设》。孙中山先生和孙本文先生提出的社会建设虽然含义各有侧重，不尽相同，但都饱含着他们对国家与中华民族的美好愿望与理想。只是，在多灾多难的旧中国，这个好的思想与概念，没有得到应有的传播和应用。

1949年中华人民共和国成立，但不久中国社会学因故被取消，社会建设这个重要的概念也就没有得到应有的传承和诠释。在十六届四中全会提出社会建设概念以后，很多人感到陌生。我查了《汉语大词典》《辞海》《辞源》，也查了《中国大百科全书》（社会学卷），查了20世纪80年代以来出版的各种社会学教科书……都没有“社会建设”这个词条。我请教过几位资深的经济学家，他们告诉我，在西方经济学的词汇里面，没有经济建设这个概念，只有经济发展、经济增长等意义相近的概念，“经济建设”这个词是从苏联计划经济体制来的。首先有经济计划，也就是国家制定了经济发展蓝图，然后组织力量，实施这个计划，把蓝图变为现实，这就是经济建设。关于社会建设，我们也可以做类似的理解。

社会建设是指社会主体根据社会需要，有目的、有计划、有组织地进行的改善民生和推进社会进步的社会行为与过程。社会建设的内涵很广，主要有两大方面：一是实体建设，诸如社区建设、社会组织建设、社会事业建设、社会环境建设等；二是制度建设，诸如社会结构的调整与构建、社会流动机制建设、社会利益关系协调机制建设、社会保障体制建设、社会安全体制建设、社会管理体制建设等。社会实体建设提供公共产品和公共服务，社会制度建设则

① 孙本文：《社会学原理》，下册，台湾商务印书馆1974年版，第244页。

使社会更加有序与和谐。

从社会建设如此丰富的内涵看，十六届四中全会不仅是提出了社会建设这个新概念，而且是提出了社会建设新理论。对此，几年来，学界政界已经做了多方面的阐述，社会建设新理论正在形成之中。随着实践的深入，社会建设理论将逐步完善，也会像经济建设理论、政治建设理论、文化建设理论一样，成为中国特色社会主义理论体系中的一个重要组成部分。

二、社会建设的含义和主要内容

社会建设的实践一直在进行着。新中国成立后，我们在大规模进行经济建设的同时，也展开了大规模的社会建设，只是过去我们没有用社会建设这个概念去指称它，而把它分别归到经济建设、政治建设、文化建设的名下。改革开放以后，我们把社会领域的建设，都称之为社会发展。其实，社会建设和社会发展是两个概念，有相同的方面，也有不同的方面。这两者的异同，有这样几点。

其一，社会发展是指社会由简单到复杂、由初级到高级、由旧质到新质的有规律的变化过程，是不以人的意志为转移的客观过程。而社会建设则是在历史的某一阶段，根据社会的需要，由社会主体有目的、有计划、有组织地进行的社会领域的各项建设，是一个有意识有目标的主观能动过程。

其二，社会发展是由诸多主客观因素交互作用以后形成的客观结果和趋势，其中每一个个体的作用相互抵消，正如马克思说的，是一个自然历史过程，这个过程可以说几乎是无主体的。而社会建设是有确定主体进行的社会行动。这个主体主要是政府，也可以是社会组织，也可以是民众个人。

其三，社会发展是人们自身不能按照自己的意愿控制的客观进程，虽然有宏观前景的趋向，但目标并不具体。而社会建设则是人们有目的、有计划、有组织地进行的一项一项具体的建设，目的性很强，目标很明确，而且是可以量度，可以控制的。

当然，社会发展与社会建设是内在统一的，社会建设要有利于社会发展，必须遵循社会发展的规律，而社会发展则在很大程度上是通过人们主观能动进行的各项建设来推进的。

社会建设的含义应是：从社会所处的发展阶段的实际出发，顺应社会发展的趋势，遵循社会发展的规律，有组织、有目的、有计划地动员各种社会力量，在社会领域从事的各项建设。其中，社会建设的主体，主要是政府、社会组织与民众等；社会建设的原则，是公平与公正；社会建设的目标，是实现社会和谐与社会进步；社会建设的保证，是社会安全运行，包括社会安全阀的构建；社会建设的动员机制，是建立协调各阶层利益的机制，充分动员民众参与社会建设；社会建设的重要手段，是社会管理，主要是在社会运行方面进行科学管理，保证社会良性运行。因此，社会建设是一项庞大的系统工程。有人以为，社会建设就是科学、教育、文化、体育、卫生等社会事业的建设，这显然是把社会建设的含义理解窄了，作为中国特色社会主义建设总体布局四位一体中的社会建设，其含义和内容要宽广、深刻得多。下面，就社会建设中的几个主要方面分别加以说明。

（一）社会结构的调整与构建

一个国家，最重要最基本的是经济结构和社会结构。这两个结构要协调，相辅相成，互为表里。没有经济的发展与经济结构的调整，社会建设与现代社会结构的形成不可能实现，反过来，社会的建设与现代社会结构的形成又有力支撑起经济的进一步发展。但是经济发展不等于社会建设与现代社会结构调整会自发实现，这有赖于社会主体有目的、有计划、有组织地进行各方面的建设的推动。

现在，我们国家的经济结构已经从前工业化时期的经济结构（也就是在传统的农业经济时代下农业占的比重很大，工业、商业、服务业占的比重都很小）转变为工业化中期的经济结构。2006年的经济结构是第一产业占11.7%，第二产业占48.9%，第三产业占39.4%，但是我国的社会结构还是工业化初期的结构。2006年我国的城乡结构是56.1∶43.9；就业结构中农业劳动力占42.6%，非农就业的劳动力占57.4%，其中第二产业劳动力占25.2%，第三产业劳动力占32.2%。社会结构中的核心结构是社会阶层结构，社会阶层结构中的标志性指标是社会中间阶层（或称中产阶层）的比重。据我们课题组的调查分析，2006年中国的社会中间阶层约占22%，离工业化国家应有的两头小、中间大的橄榄型的社会阶层结构形态差距还很大。总体分析，当今中国的经济结构已经是工业化中期阶段的结构，而社会结构还处于工业化初期阶段，存在着经济结构与社会结构的矛盾，这是当今中国产生诸多经济社会矛盾和问题的结构性根源。解决这些社会矛盾和问题，构建社会主义和谐社会，一个很重要的任务就是要继续深化改革，创新社会政策，构建与经济结构相适应、相协调的社会结构。

（二）社会流动机制建设

社会流动是指社会成员从一种社会地位转移到另一种社会地位的社会现象。通常有垂直流动（社会地位上升或下降）和水平流动（社会地位基本相同）。在农业社会，个人的社会地位主要由先赋性因素决定，而且世代相替，如“士之子常为士，农之子常为农，工之子常为工，商之子常为商”，这种社会称之为封闭型社会。在工业社会，随着社会化大生产不断拓展，产业结构不断向高层次演变，社会分工发达，职业结构渐趋高级化，不断创造出了新的社会岗位，需要社会流动加快。只有通过社会流动，新的社会岗位才会有人去充实，才能实现人力资源的合理配置。个人通过学习和努力奋斗，可以实现上升流动，实现向更高层次的社会岗位流动的愿望。个人的社会地位主要由后致性因素决定，这种社会称之为开放型社会。

改革开放30年来，随着经济发展，工业化、城市化的推进，中国已经从一个基本封闭的社会转变为基本开放的社会，社会流动渠道多元化，社会流动频率加快，亿万群众通过努力奋斗，实现向上流动的愿望，涌现了诸如私营企业主、个体工商户、经理人员、自由职业者、农民工等一些新的社会阶层和社会群体，产业工人、专业技术人员、国家与社会管理者等社会阶层的队伍极大地扩大了，农业劳动者阶层的规模缩小了。整个国家正在形成合理、开放的现代化社会阶层结构，以后致性规则为主的现代社会流动机制也正在形成。但是计划经济时期形成的户籍、就业、人事等体制还没有得到根本性的改革，还在限制着社会流动的顺畅进行，致使该扩大的阶层（如社会中间阶层）大不起来，该缩小的阶层（如农业劳动者阶层）小不下去，阻止社会结构的正向演化。所以，要通过改革和创新，构建社会流动新机制，这是一项重要的任务。

（三）社会组织建设

工业化、城市化的现代社会是一个高度组织化的社会，社会成员都分属于这样那样的社会组织，许多人同时是多个社会组织的成员。中国原来是个农业社会，小农经济自给自足，社会组织很不发达，有人形容是“一盘散沙”。1949年新中国成立之后，实行计划经济体制，在城市的企事业和机关实行单位制，在农村实行政社合一的人民公社体制，从而把全国人民组织起来了。改革开放后，单位制式微了，单位人成了社会人；农村人民公社解散了，改为乡镇政府和村民自治组织，绝大多数农民回到一家一户的生产生活状况，很多村几年也开不了一个群众会。当今中国，客观上需要在新的条件下，用新的形式，把群众组织起来。党的十六届六中全会的文件指出：“健全社会组织，增强服务社会功能。坚持培育发展和管理监督并重，完善培育扶持和依法管理社会组织的政策，发挥各类社会组织提供服务、反映诉求、规范行为的作用。发展和规范律师、公证、会计、资产评估等机构，鼓励社会力量在教育、科技、文化、卫生、体育、社会福利等领域兴办非企业单位。发挥行业协会、学会、商会等社会团体的社会功能，为经济社会发展服务。”[①]这里讲的社会组织，指的是社会民间组织、社团组织。这类社会组织在工业化国家是很多的，发挥着社会公益服务和社会福利服务的功能，弥补了政府和市场的不足，在有些方面还起到了政府和市场不能起的作用。

因为各种原因，我国现在的民间组织、社会团体还很少。据统计，到2006年9月底，全国共有社会团体174 841个，民办非企业单位151 430个，基金会1057个，共计327 328个。每万人不到2.5个（美国为52个，法国为110个，阿根廷为25个），远远不能适应经济社会发展的需要，不能满足广大人民群众的要求，这对促进经济社会协调发展，加强社会管理，推进社会主义和谐社会建设是很不利的。需要我们按照十六届六中全会的精神，培育和支持各类民间组织、社会团体的发展。

（四）社会阶层利益关系协调机制建设

当前，我国的社会结构已经发生了深刻的变迁，社会利益关系也随之发生了深刻的变化。社会利益主体多元化，利益要求多样化，利益关系复杂化。在目前经济发展水平的背景下，不同社会阶层的利益要求，很难都能得到充分实现，难免会产生这样或那样的社会矛盾和社会冲突。建设协调社会利益关系的机制，统筹协调各社会阶层的利益关系，使各社会阶层能够共建、共享、共赢，形成各得其所和谐相处的局面，这是一项重大的任务。

统筹协调社会阶层利益关系的机制，应包含以下三个方面。

一是要建立科学合理的阶层、群体、个人的利益诉求表达机制，拓宽民意民求的表达渠道，使社情民意能够畅通上达。要改革创新领导干部和上级机关向下做调研的方式和惯例，使领导干部和上级机关能及时、正确了解真实的下情和民间疾苦。

---

① 本书编写组编：《〈中共中央关于构建社会主义和谐社会若干重大问题的决定〉辅导读本》，人民出版社2007年版，第27页。

二是要建立新形势下的劳资之间、干群之间、阶层之间、群体之间的平等对话协商机制。在工业社会，最重要、最普遍的社会关系是劳资关系，20多年来，因为多种原因，我国现在的劳资关系还不和谐，工人处于弱势地位，已占产业工人阶层多数的农民工处于非常弱势的地位，基本权益长期得不到应有的保护，引发了很多社会矛盾。这次出台的劳动合同法，是有利于农民工维权的，但遭到资方的抵制，连华为、沃尔玛等大企业都公然带头玩花样规避，势孤力单的农民工个人如何抵御？历史的经验是要建立政府、资方、劳方三方代表平等对话协商的机制，要有谈判对话的平台，工人、农民工要有组织，要有代表，否则即使有了像劳动合同法这样的好法，也难以维护弱者的权益。

三是要建立社会矛盾和社会问题的排查调处的工作制度。大中城市应该有专门的机构和人员，密切关注本地各主要阶层、群体最关心、最直接、最现实的利益关系的变化状况，做出分析和判断，及时采取政策和措施，统筹协调好各方面的利益关系，从根本上减少和缓解社会矛盾和冲突。

（五）社会事业建设

新中国成立后，我们一般把教育、卫生、科研、文化、艺术、体育机构称为社会事业单位，与经济领域的企业单位并称为企事业单位。社会事业同广大人民群众的生产生活密切相关，关系到每个家庭和个人的福祉和前途。因为教育、医疗、文化等事业面对的是全体民众，所以在国外也称公共服务或公共产品。改革开放以来，我国的科、教、文、卫、体各项事业都有了很大发展，使城乡居民在衣食住行等各个方面的水平都有了很大的提高。毋庸讳言的是，20世纪90年代中期以来，在一些地区和有些部门把以经济建设为中心曲解到唯一的地步，致使科技、教育、卫生等社会事业发展相对滞后了，出现了诸如就业难、上学难、看病难、住房难的问题。党的十七大专门做出了“加快推进以改善民生为重点的社会建设”的决策，非常正确，顺应了广大人民群众改善生活的要求，也有利于调整社会结构，有利于经济和社会协调发展，促进社会和谐。现在的问题是，因为社会事业建设方面（如教育、科研、医疗卫生）欠账太多，同客观需求差距太大，要真正做到“学有所教、劳有所得、病有所医、老有所养、住有所居”，还有很多工作要做。所以必须按照十六届六中全会决定和十七大报告精神，把社会建设工作放到突出重要的位置上来。

推进社会事业建设要像推进经济建设一样，必须进行社会事业体制的改革。现行的社会事业体制，基本上是计划经济时期形成的，是与计划经济体制相适应的。改革开放以来，虽然也进行过一些改革，但多数是各个领域自身的改革，有些取得了一定的成效，有些改革并不成功（如20世纪90年代的医疗卫生产业化改革）。总体来说，社会事业体制，还没有按照社会主义市场经济体制的要求，改革调整过来，与社会主义市场经济还不相适应。我国的科技、教育、文化、体育、医疗卫生等社会事业领域至今还是主要由国家包揽和承担一切的管理体制，客观上既不能满足社会日益多元化的需要，国家事实上也没有这个能力，而且效率不高，所以必须像实行经济体制改革一样，进行社会事业体制的改革。

（六）社会保障制度建设

社会保障制度是现代国家经济社会基本制度的重要组成部分，是工业社会的稳定器、安全网。同传统的农业社会不同，现代化的工业社会除了仍会遇到旱涝、风暴、地震等自然灾害的侵袭外，还会遇到经济危机、战争、核泄漏、瘟疫、社会动乱等社会风险。公民个人也会遇到失业、伤残、疾病、年老、贫困等个人和家庭难以抗拒的困难。所以必须建立与本国国情相适应的社会保障体制，保证国家的长治久安，使个人在遇到困难时能获得救助和服务。

中国的社会保障制度是在仿照苏联的社会保障制度的基础上逐步建立起来的。20世纪80年代中期以后，开始进行改革。90年代，随着社会主义市场经济的发展，适应城镇国有和集体所有制企业改革的需要，逐步建立了“社会统筹和个人账户相结合”的社会保障体制。十六大以后，在农村逐步建立新型农村合作医疗和农村最低生活保障制度。应该说，现行的社会保障制度还很不健全，社会保障的覆盖面小，保障基金严重不足，社会统筹层次低，城乡差距很大，地区间差距也很大，这与经济发展和广大居民的迫切需要很不适应。十七大提出了要“加快建立覆盖城乡居民的社会保障体系，保障人民基本生活”的目标，这个任务是很重很艰巨的。如何建设一个符合中国国情，适应经济发展需要，标准合理，运行健全，管理有效，适应人民群众的要求，维护社会公平，化解社会矛盾，保证国家社会稳定的社会保障制度，是亟须解决的问题。

（七）社区建设

这里讲的社区，主要是指基层政权、基层组织治理形式。人民公社解体以后，公社改为乡镇，大队变为行政村，生产队变为村民小组，三级治理的组织架构未变。20世纪80年代以后，农村实行村民自治，民主选择、民主决策、民主管理、民主监督，不少地区搞得有声有色，虽然各地参差不齐，有些地区的基层组织几近瘫痪，但9亿农民是有组织的。现在基层组织治理问题，主要是在城区。80年代中期以后，城镇化发展很快，1978年我国只有220个城市，11 994万城镇人口；2006年各类城市数量达到662个，城镇人口增加到57 706万人，其中有城市户籍的共36 548万人，无本市户籍的常住人口21 158万人。28年间，城市人口增加45 712万人，有城市户籍的人口增加24 554万人。几亿人住进城镇来了，但是多数是无组织的，只有公安系统有个统计数据。

目前像北京、上海、天津等大中城市，市以下设区、县，区、县以下设街道、乡镇，街道以下设居民委员会，也称社区居民委员会（以下简称居委会）（上海把街道称为社区，把居委会称为小区）。在北京，20世纪90年代以前的居委会是没有脱产干部的，也没有党组织。近几年由街道办事处向居委会派出脱产干部（准事业单位编制），建立党组织，管辖数千居民，正在逐步把居民组织起来。有很多大中城市，因为各种原因，在城区中有很多城中村，街道办事处以下，既有居委会，也有村民委员会。像深圳、东莞等城市，实有居民已超过1000万人了，但相应的基层组织还未建立起来。深圳有个布吉镇（2004年改为布吉街道办事处），有110万居民，实际已是个大城市的规模，但仍是街道办事处的架构，只有80个干部编制，下面有居委会（社区）也有村民委员会。在这样的条件下，要进行社会建设和有效的社会管理，实在是为难。

全国两千多个县（市）的县（市）政府所在地，在20世纪80年代一般只有几千人，多的也只有上万人、几万人，多数是通过城关镇，同管理农村一样管理的。随着经济的发展，现在有很多县（市）城区，已形成几万人、十几万人乃至二三十万人的规模了，街道、大马路、高楼大厦、楼堂馆所等设施也建起来了，但是基层的组织建设、社区建设都没有相应地建起来，很多还是通过城关镇在兼管着，还是农村式的管理。这可以说是社会矛盾多发、社会治安状况不佳的主要原因，这种状况亟须改变，要通过社区建设，把城市基层组织建设完善起来。

（八）社会安全体制建设

国家要长治久安，人民要安居乐业，必须要搞好社会安全体制建设。任何社会都不可能没有社会矛盾，现代工业社会是开放的多元社会，相对于农业社会，社会矛盾更多、更复杂。维护国家安全、保护人民权益、化解社会矛盾、预防惩治犯罪、维护公平正义、促进社会全面进步，是社会安全体制的主要任务。我们已经建立了一个社会安全体系，创造了诸如群防群治、专群结合、综合治理等做法，是比较有效的。但是，在实现社会转型、经济体制转轨的现阶段，单靠增加警力、多安装摄像头等办法是不能从根本上解决问题的。在社会利益矛盾凸现、社会冲突多发的背景下，如何做好维护国家稳定，保护人民权益的工作，特别是要在完成这个新任务的同时，积极探索适应社会主义市场经济体制的要求，建立起一个中国特色的社会安全体制，是我们面临的新任务。

（九）社会管理机制建设

社会管理是政府和社会组织通过行政、法律等各种形式对社会生活的各个领域、各个环节履行组织、指导、规划、服务、协调控制、监督的职能，以保证社会正常有序、安全地运行，实现社会和谐、全面进步的目标。改革开放以来，经济社会各领域都发生了很大变化，原来城乡社会治理的格局已经不能适应，要求我们深入研究社会管理规律，更新社会管理观念，创新社会管理的体制机制，修正和制定社会政策和法规，整合社会管理资源，加强社会管理。

十六届四中全会提出了要建立“党委领导、政府负责、社会协同、公众参与的社会管理格局”，这个指导方针是符合客观实际需要的，各地正在贯彻落实。从近几年社会管理的实践看，在创新社会管理体制机制方面，有一个问题值得重视，就是如何使政府的调控作用顺应社会发展规律逻辑运行的方向（像经济调控要顺应价值规律一样），如何使政府调控机制同社会协调机制相结合，如何使政府行政功能与社会自治功能相结合，如何使政府调节的力量同社会民间组织的调节力量相结合，逐步形成与社会主义市场经济体制相协调的社会管理机制体制的新体系。

三、像抓经济建设一样，抓好社会建设

党的十六届六中全会提出要把构建社会主义和谐社会摆在更加突出的地位，党的十七大又进一步提出加快推进以改善民生为重点的社会建设，这是党中央根据经济社会发展的全局，审时度势，做出的重大战略决策。当前我国面临的发展机遇是前所未有的，面对的挑战也是前所未有的。就国内来说，经济建设这么快就取得这么

巨大的成就，是许多人没有预料到的；而在经济大好的形势下，出现了这么多的社会矛盾和社会问题，也是许多人没有想到的。党的十六大提出了社会和谐的目标，十六届三中全会由五个不协调提出五个统筹兼顾，十六届四中全会提出加强党的执政能力建设，其中包括加强构建社会主义和谐社会建设的能力，十六届六中全会进一步做出了构建社会主义和谐社会的决定。这些都得到了广大干部和群众的广泛认同与拥护。

从社会学的视角来看，进行社会主义现代化建设一定要遵循经济社会协调发展的规律。首先，经济发展是社会发展的基础，经济要优先发展；其次，经济要持续发展，一定要有科学技术、文化教育的进步，要有社会建设作为支撑，要有和谐、稳定的社会环境作为保证，否则经济发展不可持续；再次，经济发展的目的是满足人们的物质文化需要，实现人的全面发展，因此，经济发展的最终目标是服务与服从于人的发展。可以说经济发展是手段，社会发展才是最终目的。

前一阶段，有些地区把经济发展作为唯一的目标，搞“GDP挂帅”，牺牲了其他方面的发展，社会发展、社会建设及社会体制改革明显滞后。当前社会主要矛盾是经济社会不协调——经济结构已经达到工业化中期阶段的水平，社会结构还是工业化初期阶段的水平，这种结构性的矛盾是产生今天诸多矛盾的主要原因。中央提出构建社会主义和谐社会，更加注重社会建设，就是要解决好这个主要矛盾。

构建社会主义和谐社会是贯穿中国特色社会主义事业全过程的长期历史任务，为此，要把和谐社会建设摆在更加突出的地位，要改变目前社会发展、社会建设滞后于经济发展与经济建设的状况，使经济和社会协调发展。如何抓好社会主义和谐社会建设呢？现成的经验，就是要像抓经济建设那样，抓好社会建设。要把社会建设作为社会主义建设总体布局中的重要内容去对待，去抓好抓实。

第一，要更加注重社会建设。在一定意义上也可以说是补课，过去疏漏落下了，现在要抓紧补上这一课。要深入贯彻落实科学发展观，继续解放思想，实事求是，提高对于构建社会主义和谐社会的重要性、紧迫性的认识，真正把和谐社会建设放到议事日程上，摆到突出的位置上，改变经济建设孤军独进的状态，真正从思想上树立起经济和社会要协调发展的全局意识。

第二，要抓发展。这是执政兴国的第一要务，也是和谐社会建设的内在要求。改革发展中出现的问题都是发展中的问题，需要通过发展来加以解决，特别是当前诸如教育、医疗、住房、社会保障等民生问题都是源于社会建设滞后的根本原因，因此唯有发展才是解决问题之道。但是，发展必须是包含社会发展在内的全面发展，不能仅仅是经济发展，是经济与社会的协调发展，是全面、协调、可持续的发展。

第三，要继续坚持改革开放。十七大明确指出："必须在经济发展的基础上，更加注重社会建设，着力保障和改善民生，推进社会体制改革，扩大公共服务，完善社会管理，促进社会公平正义，……"我国的社会体制，包括社会事业体制，虽然也进行过一些改革，有些取得了一定的成效，有些并不成功，有些则还没有破题，整个社会体制还带有很浓的计划经济时期的色彩，还没有按社会主义市场经济体制的要求根本改变过来。在经济社会运行中，两种体制并行的矛盾很大，社会成本很高。诸如城乡二元结构的体制、户籍制度、就业人事制度、社会保障制度以及教育、医疗卫生制度等都需要改革。社会体制不改革，社会建设就不能顺利进行，因此，必须"推进体制改革"，为社会建设顺利进行开道。当然，在现阶段进行社会体制改革，难度很大，阻力也很大，会牵涉不少社会阶层、社会群体的切身利益，这实际上是又一场革命，必须精心策划，周密安排，采取自上而下、自下而上相结合的方式进行，好在我们已经有了进行经济体制改革并取得了伟大成功的经验做基础，社会体制改革也一定会成功的。

总结新中国成立50多年来社会主义建设的实践，在计划经济体制下，我们的政府管得太多了，经济事务、社会事务，实践证明政府“包打天下”是不行的，要尽可能少管。通过经济体制改革，放手让老百姓去干，我们管得少了，经济大跨步地前进了。社会事务更复杂，我们也要像经济改革一样，进行社会体制的改革，放手让老百姓去干，放手让社会团体、民间组织去干，社会建设也一定会成功的。

第四，社会建设要有组织领导，从组织上落实。我们搞经济建设，曾经建立了计委、经委、基建委和若干个经济部门，还有中央财经领导小组，统筹、规划、组织、协调、控制、监督，领导指挥经济建设有序有效地进行，虽然也产生过这样或那样的问题，但总体上是成功的。新中国成立近60年来国家建设的一条基本经验，是提出的任何一项战略任务，必须在组织上落实，要有组织、有人去贯彻执行，才能实现。如果只停留在文件上、会议上，那只能是一纸空文，正反两方面的经验都可以说明这点。社会建设要取得成功，也必须有组织保证。

2007年，北京在市委系统建立了社会工作委员会，在政府系统建立了社会建设办公室，两块牌子，一套人马，合署办公。下设：规划、项目、社会组织、社区建设、党建、社工人才队伍建设6个处，55个编制，把民政局、计生委等有关部局部分处室的职能、编制、人员成建制地划过来，领导、组织、协调全市的社会建设工作。2008年，北京市还将在各区、县建立相应的机构。这个做法很值得借鉴。

第五，社会建设要有相当的投入。首先要有领导和人员的投入。十六届六中全会指出：“各级党委要把和谐社会建设放在全局工作的突出位置，把握方向，制定政策，整合力量，营造环境，切实担负起领导责任。”“坚持正确的用人导向，选好配强领导班子，注重培养选拔熟悉社会建设和管理的优秀干部。”“建设宏大的社会工作人才队伍，造就一支结构合理、素质优良的社会工作人才队伍，是构建和谐社会的迫切需要。”在经济建设过程中，我们培养选拔造就了一支很大的经济工作者队伍。要把中国的社会建设搞好，同样需要造就一支很大的社会工作者队伍。但是，现在这支队伍还很小，而且分散在各个领域，还没有形成合力，没有形成组织优势。我们应该按照十六届六中全会决定的精神，通过建立相应的机构，把社会工作方面的人员、人才队伍组织起来，并在实践中逐步将其扩大，培养造就有相当规模的社会工作者队伍，把社会建设的事情办好。

其次是要有财力和物力的投入。曾经有一种观点，认为经济建设投资是挣钱的，社会建设投资是花钱的。在一个相当长的时期里，有些地区和部门，把财力的主要部分乃至绝大部分投到经济建设上，有的甚至削减社会事业必要的开支，牺牲社会事业的发展，造成了经济和社会发展不平衡、不协调的状况，实践证明，这种观点是不对的。十六大以来，国家加大了对社会事业、社会建设的投入，情况正在好转，但因为欠账太多，加上国民收入分配格局还未调整过来，路径依赖，有钱还是习惯于往经济建设方面投，这在市场经济国家是不应该的，经济建设投入应该主要通过市场去解决。联合国开发计划署《2004年人类发展报告》的数据显示，在2001年前后，瑞典、丹麦、法国、德国和古巴等国家用于教育、卫生保健的公共支出相当于GDP的13%—15%，加拿大、美国、英国、澳大利亚、日本等，为10%—12%，而中国只有4.5%，还不如巴西、泰国和印度。[①]近几年，国家增加了对教育、医疗卫生的投入，但差距还很大。我们应该按照十六届六中全会的决定："完善公共财政制度，逐步实现基本公共服务均等化。健全公共财政体制，调整财政收支结构，把更多财政资金投向公共领域，加大财政在教育、卫生、文化、就业、就业服务、社会保障、生态环境、公共基础设施、社会治安方面的投入。"真正加大对社会建设的投入，把社会

① 参见秦谱德、谭克俭编《科学发展共享和谐》，社会科学文献出版社2007年版，第16页。

事业、公共服务搞得更好，减少社会矛盾，降低社会成本，对经济发展反而是有利的。

第六，两点具体建议。

其一，建议把中国特色社会主义事业总体布局四位一体排序中的社会建设由第四位摆到第二位，调整为经济建设、社会建设、政治建设、文化建设。现在，在社会主义现代化建设四位一体的总体布局中，是按经济建设、政治建设、文化建设、社会建设的顺序排列的。这是因为经济建设、政治建设、文化建设三位一体的总体布局沿用多年，习以为常了，社会建设是十六届四中全会提出后才加进去的，把社会建设排在最后了。但是按社会主义现代化建设的逻辑顺序，经济建设达到一定水平之后，应该是重点进行社会建设，然后是政治建设、文化建设。从社会主义现代化建设的实践看，改革开放以来，我们把工作重点放到以经济建设为中心上，十六届六中全会根据全局发展的要求，提出把构建社会主义和谐社会放到更加突出的位置上，要更加注重社会建设。2000年前后，学术界有个议论，认为改革开放后的第一个20年是中国经济学繁荣做贡献的时期，改革开放后的第二个20年应该是中国社会学发展的黄金时期，第三个20年则是政治学做贡献的时期。这个说法有一定道理。因此，让中国特色社会主义事业总体布局中四位一体排序中的社会建设由第四位进到第二位，调整为经济建设、社会建设、政治建设、文化建设，是有必要的。

其二，建议中共中央、国务院在每年召开经济工作会议前后召开一次社会建设工作会议，或者把社会建设工作的内容纳入经济工作会议中，把会议名称改为全国经济和社会工作会议。自1993年召开第一次全国经济工作会议以后，已经持续开了15次。每到年终，由中共中央、国务院主要负责同志主持召开一次高级别干部参加的经济工作会议，分析形势，总结工作，确定第二年经济工作的指导方针、主要任务、总体要求和工作重点，这对于统一各地各级干部认识，明确任务，集中力量搞建设是很有必要的。实践证明，这是一种很好、很有意义的会议形式和工作方法。现在构建社会主义和谐社会、进行社会建设的任务突出了，要改变经济和社会发展不平衡不协调的矛盾，而且，社会建设的任务提出来还不久，有些干部还不像熟悉经济建设那样熟悉它。所以，每年召开一次社会建设工作会议很有必要，对于加快社会建设，推动科学发展，促进社会和谐，很有意义。

（原载于《国家行政学院学报》，2008年第2期）

新阶段社会建设的核心任务：社会结构调整*

一、中国进入以社会建设为重点的新阶段

现代化实践表明，一个国家或地区在发展的不同阶段，其发展任务、发展模式呈现出阶段性特征。在发展初期阶段，生产力水平低，劳动产品少，解决温饱问题和满足人们基本物质生活的需求成为社会发展的主要任务。因此，这一阶段以经济发展为主导，经济发展优先于社会发展，经济和社会发展不协调作为这一发展阶段的特征有其一定的合理性。在进入发展中期阶段，生产力落后状况得到显著改善，温饱问题和基本物质生活需求得到初步解决和满足，人们对物质生活以外的精神文化和人的全面发展的需求越来越迫切。如果不调整阶段性的战略目标来满足人们的阶段性需求，经济和社会发展不协调的矛盾就会变得更加突出。

（一）突出的经济发展成就与尖锐的社会矛盾问题并存

1.经济发展成就突出

改革开放30年来，中国国内生产总值以世界经济发展史上罕见的年均9.8%增长率快速增长，综合国力迈上了新台阶，成为世界第

---

* 此文是陆学艺先生在对社会建设理论进行系统思考和研究的基础上，引入社会结构这一个社会学核心概念，分析和解释社会建设问题而写就的。文章通过当前突出的经济发展成就与尖锐的社会矛盾正反两个方面的对比，提出社会结构滞后于经济结构15年，为此中国应进入以社会建设为重点的新阶段，而这个新阶段的核心内容归结起来就是调整社会结构，构建一个与经济结构相适应的现代社会结构。

三大经济体。按1978年可比价格计算，全国城乡居民人均可支配收入和农村居民人均纯收入从1978年到2008年分别增加了7.16和6.93倍，人民生活总体达到了小康水平。[①]中国自2006年跃居世界第一大外汇储备国以来，外汇储备以月均两位数的速率增长，到2009年6月底国家外汇储备余额已达约21 316亿美元，占全球外汇储备总额的1/4强。这是30年前还处于短缺经济状况下的中国和世界都没有想到的，也大大超出了改革开放之初设计者们的蓝图。中国发生的变化用“翻天覆地”来形容一点也不为过。

2.社会矛盾和问题尖锐而突出

在经济建设成就之大超乎预想的同时，社会问题和矛盾之多也出乎意料。1978年改革开放发轫时，社会普遍的认识是：当时中国面临诸多矛盾与困难的主要原因是贫穷与经济发展落后，搞好了经济建设，这些问题就会迎刃而解。但如今，在经济建设取得巨大成就的同时，社会领域中的矛盾和问题不是少了，是反而多了。如住房、教育、医疗、养老等民生问题日益突出，贫富差距、城乡差距、区域差距持续扩大，劳资关系等社会利益群体矛盾日益显化，土地征用、房屋拆迁、企业改制、涉法涉诉等容易引发不稳定事件的问题凸显；一些地方杀人、绑架等严重暴力犯罪增多，抢劫、抢夺、盗窃等侵财犯罪率上升，社会治安出现不少新情况。特别是群体性事件，从1993年到2005年，群体性事件增加了近10倍。[②]2008年以来，以贵州瓮安事件、吉林通化事件等为代表的群体性事件呈现出蔓延趋势，社会稳定问题日益突出。

经济建设成就之大超乎预想，社会矛盾问题之多出乎意料，这“两个想不到”是在中国进入发展的关键时期，即工业化中期阶段之后开始集中显现出来的，这便是当前中国经济社会发展的新的阶段

① 参见《中国统计年鉴》相关年份。本文后面引用数据若无特别注明，均引自《中国统计年鉴》。

② 参见于建嵘《转型期中国的社会冲突》,《凤凰周刊》，2006年第176期。

性特征。

（二）中国进入以社会建设为重点的新阶段

1.国外社会建设经验的启示

当前中国发展所处的阶段性特征，在世界各现代化国家的发展历程中也曾出现过。19世纪末20世纪初是美国具有关键意义的转折时期，在经济迅速发展的同时，也出现了贫富差距悬殊、秩序紊乱等社会危机，但美国在这个阶段及时进行了社会体制改革，加强社会建设，较好地化解了社会危机，使社会发展适应了工业化进程。第二次世界大战后日本经济快速增长，特别是1960年之后经济增长更为迅速，超过了预期，但同时也出现了突出的社会问题，经济结构与社会结构失衡导致民众生活处于不正常状态。70年代末期就有学者评论："以当时日本的经济发展与社会发展的均衡情形来说，生产为第一流，国民所得与消费为第二流，住宅等生活环境则属第三流。"[①] 为了解决失衡的问题，日本进行了相当规模的社会建设，但由于种种原因，社会建设并没有得到有效落实，日本为经济大国的成功付出了相当大的代价，例如生活环境等方面的问题至今仍未得到完全解决。"拉美发展道路"同样显示了社会建设的重要性。20世纪90年代后期，拉美地区经济状况严重恶化，失业率持续攀升，贫富悬殊，两极分化，社会动荡，各种社会矛盾凸现和激化，形成被人们认为是难以跳出的"拉美陷阱"，而其根源则是拉美国家对社会建设认识不足，对社会体制改革力度不够，没有形成与经济结构相适应的社会结构。

不论是美国成功的经验，日本"成功的代价"，还是拉美国家的前车之鉴，都呈现了社会建设在发展进程中不可忽视和不可替代的作用。

2.从社会建设的高度来认识当今中国社会发展阶段

党的十六大以来，中国对社会建设的重要性有了更高的认识，

---

① ［日］福武直：《日本社会的结构》，东大图书股份有限公司1985年版，第107页。

并将社会建设任务写入执政党的党章等重要文献。2004年，党的十六届四中全会第一次提出“构建社会主义和谐社会”和“社会建设”的战略任务。2005年，建设中国特色社会主义事业的总体格局由社会主义经济建设、政治建设、文化建设三位一体，发展为经济建设、政治建设、文化建设、社会建设四位一体。社会建设成为总体发展的重要一环。进入21世纪，政府在坚持以经济建设为中心的同时，反复强调要将社会建设摆在更加突出的位置，始终注重社会建设的实践，这标志着进入21世纪以来中国正在经历第二次转型，迈入了以社会建设为重点的新阶段。

（三）社会建设的核心任务是调整社会结构

党的十七大报告指出：“社会建设与人民幸福安康息息相关，必须在经济发展的基础上，更加注重社会建设，着力保障与改善民生，推进社会体制改革，扩大公共服务，完善社会管理，促进社会公平，努力使人民学有所教、劳有所得、病有所医、老有所养、住有所居，推动建设和谐社会。”从社会学的角度分析，社会建设的这些内容，可以归结为调整社会结构。抓住了社会结构的调整，就抓住了社会建设的核心。在当前，通过各项工作，构建一个与经济结构相适应的现代社会结构，推进经济社会协调发展，是我们面临并需要着力完成好的关键性任务。

所谓社会结构，概括地说，是指一个国家或地区占有一定资源、机会的社会成员的组成方式及其关系格局。[①]

总体上说，社会结构具有复杂性、整体性、层次性、相对稳定性等重要特点，一个理想的现代社会结构，应具有公正性、合理性、

① 关于社会结构，不少社会学教科书定义为：是一个国家或地区内部诸要素间的构成方式与状况。我们认为这一概括没有充分反映出构成社会结构的要素与机制，而这正是认识社会结构何以可能而不可缺少的分析维度。所以，我们认为社会结构是社会资源在社会成员中的配置，以及社会成员获得社会资源的机会（即公平性）的结果，这对于社会结构状况以及调整更具有重要的理论与实践意义。

开放性的重要特征。具体而言，社会结构包含着各种重要的子结构，除了作为基础要素的人口结构外，还有体现社会整合方式的家庭结构、社会组织结构，体现空间分布形式的城乡结构、区域结构，体现生存活动方式的就业结构、收入分配结构、消费结构，体现社会地位格局的社会阶层结构等。在这些子结构中，社会阶层结构是核心，直接或间接体现社会子结构各方面的状况，各子结构间的变化存在互动关系，某一子结构的变化会影响其他子结构的变化。而调整社会结构也就意味着调整它的多项子结构，尤其是阶层结构，使它们与经济社会发展的进程相契合。

二、当代中国社会结构的深刻变动

改革开放以来，中国社会结构已经发生了深刻的变动，可以说是“几千年来未有之变局”。经济体制和社会体制改革大大加快了由农业社会向工业社会、农村社会向城市社会、传统社会向现代社会的转型，中国社会结构发生了深刻的变动，主要表现在五大方面。

（一）基础结构：人口结构发生巨大变化

人口结构是社会结构的基础结构。1978—2007年，中国人口出生率从18.25‰下降到12.10‰，人口死亡率保持在6.5‰这一较低水平上下，人口自然增长率则相应的从1978年的12.00‰下降到2007年的5.17‰。在此基础上，中国人口的年龄结构、素质结构和空间分布结构发生了很大变动，突出表现在：人口平均预期寿命延长，人口年龄结构进入老龄化阶段，人口文化素质显著提高，人口空间分布由农村向城市、由落后地区向沿海经济发达地区大量迁移、集聚。人口结构的基础性变动影响着家庭结构、就业结构、阶层结构等社会结构的深刻变化。

（二）社会整合结构：家庭结构、组织结构不断变动

家庭是社会的细胞。随着人口结构的变化，中国家庭结构、结构模式及其社会整合功能也发生了重大变化。一是家庭规模小型化。户均人口规模下降趋势明显，由1982年的4.41人下降到2008年的3.16人。二是家庭类型多样化。随着婚恋价值观念日益多元化和城乡人口流动，家庭类型呈现出多样化的趋势，在城市出现了丁克家庭、空巢家庭和单身家庭，在农村隔代家庭比例上升，漂泊家庭和分离的核心家庭增加。三是家庭结构模式变化。在城镇突出表现为"四、二、一"模式；在农村基本形成以"四、二、二"模式为主体的格局。四是家庭关系平等化。主要表现在夫妻之间和家庭成员之间关系趋向平等化。

组织结构及其整合功能发生变化。改革开放以来，随着计划体制的解体和市场体制的建立，组织结构的最大变化是，伴随着组织结构的分离和成长，资源与机会的配置发生重大变化，组织功能也不断再造。首先，政府组织对于经济社会的管控方式和职能在转变，正由"全能型"回归到公共服务职能。其次，伴随着企业组织的成长并成为市场的主体，国有企业的生产功能被强化，非生产功能被剥离，非公有制企业组织和个体工商户大规模成长。再次，社会组织开始发育，并发挥着国家与市场之外的社会整合功能，如2008年全国登记注册的社会组织约41.4万个，其中社会团体约22.8万个，民办非企业单位约18.2万个，基金会1597个，吸纳社会各类人员就业475.8万余人，它们已经成为构建社会主义和谐社会的重要整合力量。

（三）生存活动结构：就业、收入分配与消费三大结构市场化变动

人们的生存活动结构主要包括就业结构、收入分配结构与消费结构，体现资源、机会的分配与配置过程。

就业结构表现为劳动力在产业、行业、岗位等方面的配置。当

代中国劳动力配置已经从新中国成立前的自然经济、改革开放前的计划经济状态转变到当前的市场经济方式，从农业就业人口占绝大多数转变为非农产业就业人口超过农业就业人口，同时第三产业就业人口超过了第二产业就业人口。直到1978年，全国4亿的就业人口在三次产业分布结构仍然为70.5∶17.3∶12.2。1978年以后，就业结构发生显著改变，到2008年，全部就业人口的三次产业分布格局演变为39.6∶27.2∶33.2，非农就业人口占60.4%。1978—2008年，第二、三产业从业人员平均每年增加1166.4万人。

收入分配问题不仅事关民生，而且关系到社会公平公正，更关系到国家长治久安。改革开放以来，中国收入分配制度改革不断深化，收入分配体制和再分配框架发生根本变化，收入分配结构的巨大变动打破了平均主义、“大锅饭”局面，形成了按劳分配为主体、多种分配方式并存的分配制度，极大地激发了社会成员以及众多行业部门的活力，调动了积极性，有力地促进了经济社会发展。当前，中国收入分配方面的问题，主要是城乡、区域、阶层之间收入差距过大，贫富发生分化，已对社会和谐稳定产生了不利的影响。

消费不仅从一个方向推动社会分化，同时也是重要的社会整合机制。改革开放30年来，中国居民消费结构已从生存型、温饱型走向小康型、富裕型。城镇居民家庭的恩格尔系数已由1978年的57.5%下降到2008年的37.9%，达到了富裕水平；农村居民家庭的恩格尔系数由67.7%下降到43.7%，进入小康。这虽然与发达国家30%以下的水平仍有距离，但意义重大，消费结构中科教文卫等消费支出比例正在不断提高，越来越呈现出现代社会消费结构的趋高级化重要特征。另外，推动中国居民消费结构变迁的主导力量发生了重要变化，消费功能更加多样化，尤其重要的是消费的社会标识正在逐渐增强。

（四）空间结构：城乡、区域间的资源与机会配置不断调整

城乡结构和区域结构是社会资源和机会在空间配置而形成的结

构状态。

中国城乡结构变动首先表现为城市化，即伴随着工业化的进程，大量农村人口转变为城市人口，传统农村社会逐步向城市社会转变。1952年中国的城市化率只有12.8%，1978年城市化率也只有17.9%，26年间仅提高5.1个百分点。1978年以后，城市化进程开始加快，按城镇常住人口计算，2008年城市化率达到45.7%，正在接近一般公认的城市人口占总人口50%的城市化水平。其次，表现为城乡二元体制转型，即市场经济的发展打破了城乡资源和机会配置的行政垄断，使计划经济时期形成的城乡二元社会结构松动。1978年开始的农村改革首先冲破了城乡二元产权制度的约束，农村在资源配置上获得了相对的自主权利，诱发了城乡体制的一系列变动。21世纪以来，国家先后提出统筹城乡发展战略，相继出台了一系列惠农举措，使农村、农民得到相当多的实惠。但是，中国的城乡差距仍然很大。

改革开放以来，中国区域发展明显分化：区域之间互动机制从单一走向多元，东部、中部、西部等区域经济社会发展格局逐步形成，不同类型区域的经济社会发展模式和速度差异明显，社会成员之间的生活水平和发展机会落差逐步拉大。总体上看，在发展水平上是东部最高、中部次之、西部最低，三大地区之间的发展差距明显。2008年，东部地区①以占全国9.5%的土地面积和占全国40%的人口，创造了占全国58.4%的地方生产总值，中西部内陆地区则以占全国90.5%的土地面积和占全国60%的人口，创造了仅占全国41.6%的地方生产总值。区域结构不平衡是当前中国的基本国情，协调区域发展是当前调整社会结构的重要方面。

（五）地位结构：现代社会阶层结构初步形成

随着历史进程的延革，制度、结构等社会因素的变迁，资源配

① 包括北京、上海、天津、辽宁、河北、山东、江苏、浙江、福建、广东、海南等11省市。

置和机会获取方式的变化，使阶层结构产生了深刻变动，成为当代中国社会结构核心变动的表征。

1949—1978年，中国社会的阶级阶层结构变迁是一个简化的过程，通过社会主义公有制和计划经济体制的建立，最终形成了由工人、农民和知识分子组成的“两个阶级，一个阶层”的社会阶级阶层结构。1978年以来，随着经济体制的深刻变革，资源和机会的配置方式发生了重大变化，原来单一的中央集权配置方式转变为国家、市场、社会共同配置的方式，推动了社会结构的深刻变动，催生了诸如私营企业主、农民工等一些新的社会阶层和群体，使社会分化为“十大阶层”的社会阶层结构。①在机会获取方面，总体而言，1978年以来，特别是在改革开放初期，国家制度政策的安排，对人们社会地位的获得和沉浮，发挥着重要乃至决定性的作用，“先赋因素”作用明显。但越到后来，整个社会变得越是开放，“后致努力”逐步成为获得向上流动机会的主要规则。

新中国成立60年来，特别是改革开放30年来，中国社会结构发生了深刻的变动，推动着一个现代社会阶层结构的初步形成。资源和机会在社会阶层的分配构成了阶层位置的客观基础，阶层成员获取资源和机会的能力成为改变其阶层位置的重要因素。改革开放之前的“两个阶级，一个阶层”结构逐渐解体，新的社会阶层逐渐形成，社会阶层结构由简单化到多元化，由封闭转向开放，现代社会阶层结构已基本形成。此外，在这种新的社会阶层结构中，中产阶层的规模比例不断扩大，是当代中国社会阶层结构的突出表现。据我们测算，2007年中国的中产阶层占总就业人口的22%，比1999年的15%增加7个百分点，现在中产阶层的比例每年约增加1个百分点，约有800万人进入中产阶层。当然，必须看到，中国社会阶层结构的现代化转型远未完成，社会中下阶层比重仍然很大，中层比重偏小，整个结构总体上呈现出金字塔形状。

---

① 参见陆学艺《当代中国社会流动》，社会科学文献出版社2004年版，第9—23页。

三、社会结构变动对中国经济发展的贡献

中国社会结构的变动对于中国经济发展有着重大的贡献。在现代社会中，除了国家干预与市场调节之外，社会结构转型是影响资源配置与经济发展的另一只“看不见的手”，它既是经济增长的结果，也是社会变革的推动力量。[①]

（一）家庭经济功能的恢复推动着经济发展

1949年以后，随着社会主义改造的完成，农村土地收归集体所有，农村家庭的生产功能严重受损。1978年以后，随着家庭联产承包责任制的实施，以家庭为单位，农民获得了土地生产经营使用权，农民家庭的生产功能得到恢复，极大地释放了农民的生产积极性，中国农业发展进入快速增长的新阶段。

在城镇，家庭的经济功能在1956年以后基本被改造掉。一方面，随着个体经济被改造，以家庭为单位的个体经济失去了存在空间；另一方面，随着国家供给制的建立，以及经济建设中“高积累、低消费”的政策安排，城镇家庭的消费功能被抑制在国家严格的制度安排之中，失去自主消费空间。改革开放政策重点由农村转向城市以后，个体经济的发展首先得到政策的允许，城镇家庭重新获得了对生产资料的拥有与支配权，个体经营户雨后春笋般出现，揭开了城市改革的序幕；同时，随着商品经济的发展、市场的繁荣，家庭的消费功能自主回归，极大促进了商品经济的发展。

（二）就业结构调整使劳动力配置合理化

在改革开放之前，中国用工制度由国家高度统一配置，就业结

---

① 参见李培林《另一只看不见的手：社会结构转型》，《中国社会科学》，1992年第5期。

构相当刚性，劳动力流动受阻。改革开放之后，随着经济体制改革，大量的农业劳动者从第一产业向第二、三产业快速转移，农民获得了非农就业的权利与机会，不仅解决了第二、三产业急需大量廉价劳动力的问题，使农业劳动者的收入更加多元化，而且使中国成为"世界工厂"，在全球化的趋势下产品更具竞争优势。从另外一个意义上讲，大量的农村劳动力进入城市，不仅仅加快了城市化步伐，改变了城乡结构，而且实现了人力资源的城乡优化配置，这对于促进经济的整体发展具有重要意义。

（三）社会组织功能的自主性回归，促进了经济体制改革

改革开放以前，国家对整个社会进行总体性控制，形成一种总体性的组织结构。[①]1978年以后，在中国组织结构的变化中，国家、经济与社会三大组织的功能开始朝着自主性方向回归。一是国家的总体性控制不断收缩，并且朝着规范化、法律化的方向演进，从而逐步改变了以往国家包揽一切的状况。二是企业组织的生产功能得到强化，企业的社会性功能被逐步分离出去，这对于市场经济的发展意义重大。三是社会生活领域的自主性不断增强，相对独立的社会组织开始发育成长。社会组织是在国家不断从社会领域退出、作为市场主体的经济组织不断剥离其社会职能同时又未能承担应当承担的社会责任的过程中发展起来的，因而它们具有以组织化的形式填补国家和企业组织退出以后在社会生活领域留下的空白的职能。从这些变化来看，各类不同组织功能的自主性回归，强化了专业分化下资源配置机制的多样化。换言之，资源和机会的配置由国家完全掌控，转变为由国家、市场、社会共同配置，从而大大提高了配置的效率，对经济增长和社会发展做出了重要的贡献。

---

① 参见孙立平《转型与断裂——改革以来中国社会结构的变迁》，清华大学出版社2004版。

（四）城乡结构调整使得资源、机会的空间聚集效应得以展现

城市是降低资源配置成本的地区性结构安排，城市规模越大，资源配置成本越低。改革开放以来的城乡结构变化，实质是资源、机会在城乡间的重新配置。虽然今天城市化滞后于工业化，城乡结构依然不合理，但是，改革开放30年间，中国城市化加快，使得城乡间的资源与机会配置的效率提高，有力促进着经济的发展。一是促进了职业生产的聚集效应；二是促进了产业结构的调整；三是促进了消费主体的成长，消费的扩大又推进了经济的增长。

（五）新社会阶层的兴起和发展使得社会主义市场经济的活力倍增

在改革开放以来不断发展的新的社会阶层结构中，掌握和运作经济资源的阶层不断兴起和壮大，他们主要包括私营企业主阶层、经理人员阶层、个体工商户阶层。改革开放以来中国经济的持续快速增长，与这些掌握和运作经济资源的阶层的壮大是密切相关的。可以说，没有市场经济中这些新的社会阶层的发展壮大，中国经济的增长不可能取得今天这么大的成就。2007年，全国的私营企业已经占国内企业总数的62.25%，注册资金93 873亿元，上缴税金4771.5亿元，已经成为推动中国市场经济发展的重要力量。此外，新社会阶层结构中的农民工群体的出现，为国家创造了巨大财富，农民工群体的伟大功绩，在中国工业化、现代化、城市化建设的历史上应当占有很重要的地位。

四、当前诸多社会矛盾和问题的症结在于社会结构变动滞后

在经济增长过程中，资源与机会配置的效率优先，并非总能导

致公平的实现。也就是说，经济结构的变化并不总会推动社会结构的合理变动。一旦社会结构滞后于经济结构变动，而且各种社会结构本身存在不协调性，社会矛盾和问题就会层出不穷。

改革开放以来，中国社会结构虽然发生了深刻的变化，并产生了积极的经济意义，但在相当长的时期里，过于追求经济增长速度，社会建设受到某种程度的忽视，资源配置明显不足，社会结构调整因之而明显滞后。与此同时，计划经济体制时期形成的一些已经不合时宜的体制（如户籍制度）没有从根本上得到改变，而且改革开放以来制定的一些政策（如分配调节政策）也没有随着形势发展而及时得到调整，这些问题不同程度地造成或加剧了中国社会资源和机会获得不公平。这样，在社会系统中，一方面是资源配置机制不合理导致社会结构变动与经济结构演变脱节，社会成员的发展差距扩大；另一方面是相当部分社会成员获得发展的资源和机会的难度加大，导致社会结构调整滞后，而且这种滞后已经超出了合理的限度。

中国社会结构变动滞后于经济结构发展大约15年。现实发展中的若干重要指标已表明，当前中国的经济结构已进入工业化中期阶段，甚至有些指标表明已经进入了工业化后期阶段。从产业结构的变化情况看，产业结构已经从工业化初期阶段的“一、二、三”模式转变为工业化中期阶段的“二、三、一”模式；从人均收入水平看，人均GDP或GNP美元表明工业化水平总体上处于工业化中期阶段。但是，社会结构指标还没有随着经济结构的转变而实现整体性转型，多数社会结构指标仍然还处在工业化初期阶段。比如，城乡结构变化的城市化率在工业化中期阶段应该达到60%以上，但到2007年，中国城市化率仍为44.9%；再如，在工业化中后期阶段，一个国家或地区的中产阶层规模经验值一般在22.5%—65%，但根据本课题组研究，2007年中国的中产阶层规模约为22%，表明中产阶层规模仍然处于工业化初期阶段状态。

经济结构与社会结构两者不但出现了结构性的偏差，而且结构性偏差比较大。比如，中国就业结构中，第一产业从业人员以改革开放30年来年均下降1%的速度来计算，目前的就业结构转化并达到工业化中期阶段的相应指标，大约需要25年；又如，就城市化率而言，如果以改革开放30年来城市化率年均增长1%的速度来计算，城市化率要达到工业化中期阶段60%以上的指标，大约需要15年的时间；再如，就消费结构中的恩格尔系数而言，根据改革开放30年来，城镇和农村居民恩格尔系数每年分别下降0.82%和0.71%计算，该系数下降到工业化中期阶段的指标即30%以下，分别至少需要9年和16年左右；最后，就中产阶层规模而言，与发达国家中产阶层规模比较，如以近期中产阶层每年增加1个百分点计算，要达到中产阶层占40%的水平，则需要约18年时间。

综合这几个指标并考虑到中国近年经济发展态势等多种因素，中国社会结构滞后于经济结构大约15年。如果在近期不进行相应的社会体制改革，不加大对社会建设的力度，那么，按目前的格局发展，中国社会结构的演变要到2025年左右才能进入工业化中期阶段。

与此同时，社会结构内部即各类社会结构之间也存在偏差。根据现代化过程的一般国际经验，城乡结构现代化的转变要按次序经历三个转换点：首先是产值结构的转换点，即非农业产值占国内生产总值的比重上升到85%以上；其次是城乡结构的转换点，即城市人口占总人口的比重上升到50%以上；第三是就业结构的转换点，即非农业从业人员上升到全部从业人员的70%以上。[①]到2008年，中国的农业总产值在GDP中只占11.3%；但城镇常住人口占总人口的比重仅为45.7%，与50%以上的指标相差5个百分点；从事非农业的劳动力仅占总就业人口的60.4%，与70%以上的指标相差近10个百分点。三者之间出现结构性偏差，这是造成当前中国“三农”问题久解不决、农民在解决温饱问题以后难以普遍富裕起来的一个结构

---

① 参见汝信、陆学艺、单天伦编《2001年中国社会形势分析与预测》，社会科学文献出版社2001年版，第6页。

性原因。又如，根据工业化国家的发展经验，平均每百人就有一个社会组织。现代社会组织是工业化、城市化社会中一支重要的整合力量，在社会管理中发挥着非常重要的作用。根据有关部门的统计，截至2008年年底，中国相当于每3115人有一个社会组织，工业化国家是我们的30多倍。

总的来说，中国社会结构变动滞后于经济结构发展，以及社会结构内部存在种种偏差和不协调，正是导致社会出现结构性紧张，诸多社会矛盾和问题不断涌现的主要根源所在。

五、社会结构调整的政策取向

社会结构的实质是资源与机会在社会成员中的配置。当资源、机会配置得当时，社会结构也就合理，反之社会结构便会出现不协调问题。因此，社会结构调整的基本原则就是如何最大化地实现资源、机会的公正合理配置。加快社会结构的调整，改变社会结构滞后于经济结构的局面，协调经济和社会的发展，这是当前中国社会结构调整的目标。

（一）社会结构调整的重点

第一，加快城市化步伐，调整城乡结构。当前，中国城市化率不仅低于世界平均水平，甚至低于不少发展中国家的水平，而且这种低水平的城市化还包括统计在城镇常住人口中的1亿多农民工，这部分人严格说来还不是完全的城市人。所以，大力推进城市化，改变当前这种不合理的城市化模式是迫切的任务。当然，这涉及一系列政策的调整，如城市化政策中的户籍、就业、教育、社会保障等制度方面的调整。但是，赋予进城农民工以城市居民身份，使现代产业工人的经济身份与社会身份相一致，这是历史潮流。

第二，完善收入分配制度，调整收入分配结构。在收入分配结构方面，完善收入分配制度，逐步解决好初次分配和再分配中的不公平问题。首先，要调整宏观上的收入分配格局，增加劳动收入在初次分配中的比重。其次，要加快改革和完善社会保障体制。当前社会保障体制在不少方面存在着不合理的地方，如发达地区、优势部门、优势阶层和群体的福利与社会保障要大大高于一般社会群体，特别是弱势部门和阶层。社会保障等二次分配制度不应该成为优势阶层的“福利网”，而要真正成为社会弱势群体的“安全网”。

第三，规范劳动力市场，治理劳资关系，调整就业结构。一般来看，在一个国家或地区发展的不同阶段，发展的主要任务与模式会呈现出差异，就业结构、劳资关系也会有所不同。在发展的初期，许多发展中国家或地区为了吸引投资者，通常利用本国或本地区劳动力廉价的优势，相应地会在劳工保护方面降低对投资者的要求，“资强劳弱”成为这一阶段劳资关系的普遍特征。但是，随着工业化的发展，劳动法规必然需要进行相应的调整。一方面，“资强劳弱”的劳资关系格局所造成的利益失衡与冲突，不仅有失公平，而且也影响效率；另一方面，随着工业化发展，劳动力密集型企业逐渐被技术密集型企业取代成为趋势，产业结构进一步调整和升级成为必然选择，这就要求劳动者要具备更高的素质，以适应工业化发展的新需要。因此，这一时期的劳动关系立法的基本立场，由抑制人工成本转向鼓励发展高度熟练、掌握较高技能和拥有较高生产率的劳动者，能否及时实现这种转向是一个国家或地区能否成功转变发展模式的关键之一。

第四，促进中产阶层的发育，推进现代社会阶层结构的形成。就目前中国社会阶层结构状况而言，社会政策调控的重点应围绕壮大中产阶层，缩小社会中下阶层，协调整合阶层利益关系展开。首先，要壮大中产阶层。国家已经出台了扩大中等收入者比重、提高居民财产性收入、高等教育规模扩张等多个方面具有积极意义的政策，并在实践中取得了比较好的效果。当然，目前对于中小企业的扶持，以及对于中产阶层的住房、医疗、社保等相关的政策还需要进一步完善和落实。其次，要缩小社会中下阶层。主要是农业劳动者阶层和无业、失业、半失业者阶层的规模要缩小，同时提高这些阶层成员的经济社会地位及待遇。为此，需要积极增加就业，促进农村劳动力转移，为无业、失业、半失业人员创造就业机会，尽可能使他们业有所就，劳有所得；还需要继续关注农民工的权益保障，使他们能以各种形式融入城市；同时，要注意社会上层与底层之间利益关系的整体协调，减少和缓和二者之间的利益冲突。

（二）社会结构调整的具体政策建议

第一，加快推进社会建设，调整公共资源配置格局，提高公共产品供给的普惠水平。在社会建设的新阶段，应该下决心调整公共资源配置格局，从以往较多地倾斜于经济建设相关领域转向倾斜于社会建设相关领域，增加对教育、医疗、科技、文化等社会事业的投入，加快社会事业的发展，实现资源的合理配置。这样才能改变经济发展与社会发展不平衡、不协调的困境。

第二，推进社会管理体制的改革。以往重视经济管理体制的改革，重视经济结构的调整，是时代的必然要求。但现在则需要更加重视社会管理体制改革，促进社会的自我发展和成长。当前的重点是要加快户口、就业、社会保障、社区建设等方面的体制改革，这是解决诸多经济社会矛盾、构建社会主义和谐社会的重要环节。

第三，不断加大利益整合机制建设，确保社会安定有序。中国社会结构转型是在政策体制变动、经济体制转轨、利益格局调整的背景下展开的，不同利益群体的分化随之而出现。从总体上看，当前的利益整合机制调整滞后于经济社会发展的需要，各种利益关系状况走向突出表现在城乡之间、区域之间、社会阶层之间的利益矛盾冲突不断出现。与此同时，结构化、系统化甚至是固定化的趋势也已开始出现。这些都让加大社会利益整合机制建设、确保社会安定有序显得更加重要和迫切。

第四，积极推进政府职能转变。长期以来，中国政府一直是“经济建设型政府”。在计划经济体制下，政府直接是经济建设的主力。改革开放以来，即使在社会主义市场经济体制已经确立起来以后，由于计划经济时期思维惯性的影响，政府过多干预微观经济的问题仍然没有得到彻底解决，公共服务被忽视和边缘化在所难免。而这些问题不是单纯靠发展经济、靠政府直接从事经济活动就能解决的。因此，党的十七大报告明确提出了建设“服务型政府”的目标，这就要进一步理顺政府与市场的关系，政府要真正转向“以社会建设为重点”，将发展经济、提高效率等事务更多地交给市场。

第五，进一步发展壮大社会组织。首先，要尽快改革社会组织登记注册管理制度、双重管理制度、分级管理制度，逐步摒弃非竞争性原则，消解社会组织发展的“注册困境”。一切不违反国家宪法和相关法律的社会组织，一切旨在促进社会公益和合法成员共同利益的社会组织，应该直接准予注册登记。要解决好现行挂靠制度造成的被挂靠机构不愿承担管理责任的困境，让社会组织成为独立社团法人，独立承担必要的法律和政治责任。其次，要深化社会管理体制改革，切实实行政社分开，同时改革与社会组织发展息息相关的公共资源和社会资源的分配制度，消解社会组织发展的“融资困境”。通过政社分开的改革，从体制上解决好国家与社会组织之间的行政化“脐带”关系，使大多数行政化社会组织尽快实现社会化转型，大规模减少国家导向的社会组织数量，增加社会导向的社会组织数量。

（原载于《中国社会科学院要报》[领导参阅]，2010年第3期）

中国已经迈入以社会建设为重点的新阶段*

一、关于中国目前形势和所处发展阶段的判断

2011年，中央在中央党校举办省部级主要领导干部社会管理及其创新专题研讨班，胡锦涛同志做了“扎扎实实提高社会管理科学化水平，建设中国特色社会主义社会管理体系”的重要讲话，认真学习和领会讲话的精神，就能比较深刻地认识当前我们国家面临的形势和所处的发展阶段。

当前的形势可以概括为以下四个方面：经济形势很好，政治基本稳定，文化繁而未荣，社会矛盾凸显。中国在经济上取得了如此巨大的成就，为什么社会矛盾、社会冲突、社会问题反而大量地增加了？我们的党和政府做了这么多大事、好事，为什么老百姓还有这么多意见？这要从经济、社会发展规律的视角来认识。

中国的革命是分阶段进行的，社会主义建设也是分阶段进行的。不同的发展阶段，不同的形势，不同的任务，就要采取不同的战略、策略。

---

* 陆学艺先生研究认为，中国目前的形势主要表现为经济形势很好、政治基本稳定、文化繁而未荣、社会矛盾凸显，而形成这一形势格局的主要症结是经济与社会发展不平衡、不协调，由此判断我国应从以经济建设为主的阶段转入以社会建设为重点的新阶段。同时，文章就社会建设的“民生论”“社会管理论”“社会结构论”“社会主体论”四种主张进行了论述，重点纠正“社会管理论”的错误认识，强调社会管理是社会建设的重要组成部分，社会管理并不等于社会建设。在此基础上，提出新阶段加强社会建设的“三阶段论”，核心是构建一个合理、开放、包容、稳定的社会结构，目标是形成与现代型经济结构相适应的现代型社会结构。

改革开放初期，我国的生产力水平低，劳动产品少，是短缺经济，解决人们的温饱问题是发展要解决的主要任务。在这一阶段，以经济建设为中心，集中一切力量抓经济，满足人们的基本的物质生活需求，成为必然的理性选择。进入90年代，邓小平同志南方谈话之后，明确了我们要建立社会主义市场经济体制。随着经济体制改革，市场化、工业化迅猛发展，经济高速增长，城市化也发展起来。到20世纪末，我国的国民生产总值比1978年翻了接近两番，综合国力显著增强，人民群众温饱问题普遍得到解决，物质生活有了一定的改善，但生产力还不发达，物质产品还没有极大地丰富，特别是精神文化产品、公共服务产品还不充足，不能满足人民群众对物质文化日益增长的需求，也不能满足经济发展本身对科技、教育、文化、社会、环境提出的更高要求。这就表示着一个新的历史发展阶段到来了。新阶段的特征是一方面经济发展很好，捷报频传，另一方面社会问题、社会矛盾、社会冲突大量增加，种种现象集中表现为经济与社会发展不平衡、不协调的矛盾。

研究表明，当今中国的经济结构已经处于工业化社会的中期阶段，但社会结构还处于工业化初期阶段。社会结构大约滞后于经济结构15年。中国目前所处的新阶段的特征，就是经济快速发展和社会矛盾多发，这种情况世界各现代化国家都曾经经历过。这是因为一个国家要实现现代化，必须实现由农业社会向工业社会、由乡村社会向城市社会转变，整个国家人民的生产方式、生活方式乃至社会关系、交往方式都会改变，产生了社会大流动、社会重组、社会结构调整，导致城乡之间、区域之间、社会成员之间贫富差距扩大，两极分化，家庭分化，离婚率上升，社会犯罪增加。这些社会现象，在现代化国家的工业化初期都曾出现过，被称为“社会转型病”。这种“社会转型病”是经济社会发展到一定阶段的表现。

面对这种社会矛盾、社会冲突多发的社会转型时期，所在国、所在地区的政府应对得好，采取了正确的政治政策、经济政策、社会政策和文化政策，处置得好，解决了这些社会问题，化解了社会矛盾和冲突，使经济和社会平衡、协调、可持续发展，这个国家、这个地区就进入了现代化国家行列。欧美诸发达国家是这样，日本和“亚洲四小龙”等国家和地区也是这样。

面对这个经济社会发展的关键时期，所在国、所在地区的政府不能采取恰当的政治、经济、社会、文化政策，处置不当，不能解决这些社会问题、社会矛盾和社会冲突，这些社会矛盾和社会冲突就将越演越烈，以致阻碍经济社会的发展，国家也由此陷入了动荡不安，经济社会发展停滞，乃至出现倒退的状态，被拒于现代化国家的行列之外。所谓“拉美陷阱”，指的就是这种状态。20世纪后期，苏联、东欧之所以发生剧变，本质上也是因为没有过好这个关键时期。苏联的经济是搞上去了，曾经是世界第二，但社会体制未改，社会结构没有调整好，社会建设没有做好，经济社会长期不平衡、不协调，遇上大风大浪就翻船了。

可见，要搞现代化建设，仅仅搞好经济建设是不够的，还必须搞好社会建设、政治建设、文化建设等。十七大通过的《中国共产党章程（修正案）》，将中国特色社会主义经济建设、政治建设、文化建设三位一体的社会主义事业总体布局，发展为经济建设、政治建设、文化建设、社会建设四位一体的社会主义事业总体布局，这是我们党对中国特色社会主义事业建设的新认识、新概括，也标志着中国进入了以社会建设为重点的新阶段。

进入21世纪以来，我们常说新世纪、新阶段、新任务。从发展阶段来说，所谓新阶段，是指从以经济建设为主的阶段转入以社会建设为重点的新阶段。所以新任务，就是要在坚持以经济建设为中心的条件下，把构建社会主义和谐社会的建设摆在更加突出的地位。重点加强社会建设，进行社会体制改革，加快保障和改善民生的社会事业建设，创新社会管理，促进社会公平正义，实现经济和社会协调发展。

二、社会建设的主要内涵和四种观点

什么是社会建设？怎样在现阶段中国特有的国情条件下进行社会建设？这是我们首先要弄清的大问题。认清社会建设的含义，这是进行社会建设的重要前提。

目前国内对社会建设的理解，主要有四种不同的主张和观点。

第一种观点，认为社会建设应当以保障和改善民生为重点，大力推进就业、社会保障和科技、教育、文化、卫生等各项社会事业的建设，加大收入分配调节力度，推进基本公共服务均等化，促进社会公平正义，使发展成果惠及全体人民，走共同富裕的道路。

第二种观点，认为社会建设当前要加强和创新社会管理，应以维系社会秩序为核心，通过政府主导，多方参与，规范社会行为、协调社会关系、促进社会认同、解决社会问题、化解社会矛盾、维护社会治安、应对社会风险，为人类社会生存和发展创造既有秩序又有活力的基础性条件和社会环境，促进社会和谐。

第三种观点，认为社会建设是适应我国由农业社会向工业社会转型，由计划经济体制向社会主义市场经济体制转变，适应人们的生产方式、生活方式和人际关系的变化，面对由此产生的种种社会矛盾和问题，有组织、有计划、有目的地进行各种有利于保障和改善民生、建立新的社会秩序、促进社会进步的社会行动。同时进行社会体制改革，创新社会政策，调整和优化社会结构，建立与社会主义市场经济体制相适应、与经济结构相协调的社会结构。认为社会建设的核心是要构建一个合理的社会结构。

第四种观点，认为我国目前社会建设的根本目标是要建设一个制约权力、驾驭资本、遏制社会失序的社会主体。所以要进行社会重建，建立一个与政府、市场并列的社会。认为在工业社会条件下不仅要有市场、有政府，还要有发育良好的社会环境，整个社会才能健康有序地可持续发展。认为健全的社会是市场经济的基础。

三、社会建设与社会管理的关系

省部级主要领导干部社会管理及其创新专题研讨班结束之后，各地各部门的社会建设和社会管理工作将蓬勃展开。因此，厘清社会建设、社会管理这两个概念的具体含义和两者的关系，就很有必要。

就进行社会建设和社会管理的目标来说，两者都是为实现构建社会主义和谐社会，实现全面建设小康社会，建设中国特色社会主义现代化，实现中华民族伟大复兴事业服务的。

就社会建设和社会管理的关系来说，社会管理是社会建设的一个重要组成部分。十七大通过的《中国共产党章程（修正案）》中，将社会主义经济建设、政治建设、文化建设三位一体的社会事业总体布局，发展为社会主义经济建设、政治建设、文化建设、社会建设四位一体的社会主义建设的总体布局。作为四位一体中的社会建设，当然是一个重大的系统工程，社会管理是这个大系统的一个子系统，是社会建设中一个重要的组成部分，应当是无疑的。

有种观点认为，社会管理可以与社会建设并列。这是不妥当的。经过这几年的实践和理论探讨，特别是十七大把社会建设定为四大建设之一之后，这种“并列论”“同等重要”等说法就不妥了。当然，至今还经常有“社会建设和社会管理”“社会建设和管理”的说法见诸文件、讲话和报刊，这主要是因为社会管理很重要，尤其是当下要强调社会管理的重要，但并不能因此就改变社会建设和社会管理是主系统和子系统的关系，也不能改变社会管理是社会建设的一个重要组成部分的关系，这在理论上是应该明确的。

有同志认为要做大社会管理，设想通过强化管理权力，把经济社会方面乃至社会生活方面的问题统统管起来，消除诸多矛盾，维护社会秩序。这种设想是不合理，也是不妥当的。因为我们国家已经实现了社会主义市场经济体制，经济、社会生活日益多元化、复杂化。这种体制的好处就在这里（例如社会充满活力、朝气蓬勃，经济社会不断发展），问题也在这里（社会问题、社会矛盾大量增加），这是新阶段、新特点的表现。设想用强化管理权力，抓好、管好、调控好，用权力来包打天下，是不现实的，以往的实践和改革开放以来的实践都不支持这种设想。

四、社会建设未来发展的三个阶段

社会建设作为社会主义建设总体布局四位一体的一大建设，未来的发展将经历三个阶段。

第一阶段，先从目前人民群众最关心、最直接、最现实、最迫切要求解决的保障和改善民生事业、社会事业建设做起；从加强和创新社会管理入手，化解社会矛盾，解决社会问题。并加强源头治理，标本兼治，最大限度地防止和减少社会矛盾和社会问题的产生，最大限度地增加社会和谐因素，促进社会公平正义。近几年，这些工作有序推进，很有成效，很得民心，也是顺民意的。持续做下去，做得好，社会建设的第一阶段目标可以在“十二五”规划时期内得到实现。

第二阶段，着力推进社会体制改革，创新社会政策，完善社会管理，推进新型的城镇化，破解城乡二元结构，实现城乡一体化，拓宽社会流动渠道，培育壮大中产阶层，构建一个合理、开放、包容、稳定的社会结构。中国目前的经济结构已经处于工业化社会中期阶段，但社会结构还处于工业化社会初期阶段，这两个作为国家最基本结构的不平衡、不协调是引起当前诸多经济和社会矛盾的结构性原因。所以，加快调整社会结构，使之与经济和结构相协调，应该是我们进行社会建设和社会管理在“十三五”，也就是到2020年要实现的最重要的任务。

第三阶段，随着社会主义市场经济体制的臻于完善，经济建设健康、持续、平稳、较快地发展，到21世纪中叶，经济达到中等发展国家水平，形成现代型的经济结构。与此同时，社会建设不断前进，社会体制逐步完善，社会组织广为发展，社会管理井然有序，社会结构不断优化，形成一个与社会主义市场经济体制相适应，与现代化经济结构相协调的现代型的社会结构，为全面、协调、可持续科学发展创造一个良好的社会环境，实现政府、市场、社会三足鼎立的局面，从而实现“民主法治、公平正义、诚信友爱、充满活力、安定有序、人与自然和谐相处的社会主义和谐社会”的发展目标。

当然，这三个阶段的发展，并没有一个截然分开的界限，将会是互有交叉地进行。现在全国各地正在进行各种形式的社会建设和社会管理的实践与探索，创造了很多新的经验和新的模式，经过一段实践之后，经过各种经验、各种模式的交流和比较，一定会涌现出适合中国特色，适应经济社会发展的需要，符合历史规律的社会建设的理论和实践模式。

五、关于推进社会建设与管理的几个问题

社会建设是一个宏大、艰巨的任务，要有长期奋斗的思想准备。经过近10年的酝酿探索、比较选择，针对我国进入经济社会发展新阶段的国情，提出在坚持经济建设为中心的条件下，重点推进社会建设，进行社会体制改革，创新社会政策，完善社会管理，优化社会结构，使经济社会协调发展，促进社会和谐。这是切合形势要求的。

进行社会建设与管理，当前应该开展以下工作：

第一，要开展关于构建社会主义和谐社会、重点推进社会建设与社会管理的研讨，弄清楚什么是社会建设与社会管理，为什么要进行社会建设与社会管理，怎样进行社会建设与社会管理等重大理论和实践问题，在全党、全国取得共识。我们要乘着宣传贯彻落实“十二五”规划建议和省部级专题研讨班关于社会管理创新会议精神

传达的时机，开展关于社会建设和社会管理的理论和实践问题的研讨，展开各种观点、各种做法的交流和争论，继承发扬舆论先行的传统，把关于社会建设和社会管理讨论的文章做足，做到家喻户晓。

第二，推进社会建设与管理一定要从组织上落实。现在北京、上海、大庆、南京等地已经组建了社会工作委员会、社会建设办公室，已经开展了很多工作，做出了不少成绩。但主要局限在开展社区服务、城镇管理和引导社会组织发展等方面的工作，只是做了一个职能部门的业务。要推进社会建设这样一项事关战略大局的工作，应当像当年进行经济建设时组建计划委员会那样，组建一个社会建设委员会，对整个社会建设进行宏观统筹、规划、组织、调控、监督，整合社会各方面的资源和力量，通过协调使之形成合力。

第三，搞好社会建设与管理，必须进行社会体制改革。我国现行的这套社会体制，是在20世纪50年代以后，在全国实行计划经济体制的背景下形成的，是计划经济的一个重要组成部分，是同计划经济体制相适应的，是为计划经济体制服务的。这些年来，我们对于社会体制包括社会事业体制，也进行了改革，有些取得了成功，有些并不成功，有些则还没有破题，整个社会体制还没有按社会主义市场经济体制的要求根本改变过来。实践证明，现行的社会体制不改革，社会建设就不能顺利进行。当然，进行社会体制改革，难度很大，会触及某些人、某些群体和某些既得利益阶层，阻力会很大。这实际又是一场革命。

第四，推进社会建设与管理要有相当的投入。进行社会建设要有相当的财力、物力投入。我们应该按照十六届六中全会的决定：“完善公共财政制度，逐步实现基本公共服务的均等化，健全公共财政体制，调整财政收入结构，把更多财政资金投向公共领域，加大财政在教育、卫生、文化、就业、就业服务、社会保障、生态环境、公共基础设施、社会治安方面的投入。”真正加大对社会建设的投入，使民生事业、社会事业、公共服务方面的工作做得越来越好，惠及大多数、绝大多数的民众，使他们共享改革发展的成果，社会矛盾、社会问题就会大幅减少，社会成本就会大幅降低，这对经济发展反而是有利的，这也是转变经济发展方式的一个重要方面。

第五，要进行对建立社会建设与社会管理考核指标体系的研究。以往对地方政府的考核偏重经济指标，主要抓GDP，在某种程度上导致经济和社会发展不平衡、不协调。当前，在上述深刻认识的基础上，经过研讨要建立社会建设与社会管理的指标。一方面，可以作为进行社会建设和社会管理工作的目标，同时也是考核成绩的指标。这样不仅使地方政府工作效绩考核指标更具全面性、科学性，更重要的是可以扭转地方政府片面追求GDP等经济指标的倾向，实现经济和社会协调发展的战略目标。

第六，几点具体建议。一是召开一次全国性的社会工作会议。二是将社会建设从总体布局的第四位，改为第二位。三是在每年的经济建设工作会议前后，也开一次社会建设工作会议，或两个会合并召开，更名为经济和社会工作会议。

总体来看，经过了改革开放30余年，今天中国经济社会发展面临的新形势表明，中国已经迈入以社会建设为重点的新阶段。

（原载于《理论参考》，2011年第3期）

社会建设就是建设社会现代化*

党的十六届四中全会有两个理论贡献：一是提出了“构建社会主义和谐社会”，二是提出了“社会建设”。前者提出了适合中国国情民意的战略奋斗目标，像当年提出“小康社会”一样，一经提出，就受到全国群众的普遍欢迎，反映了群众对和谐社会的渴求。后者则是为实现社会主义和谐社会服务的，和谐社会要通过社会建设等一系列建设才能实现。

在党中央领导下，全国开展了关于构建社会主义和谐社会与社会建设的实践探索和理论研讨。2007年，党的十七大通过的《中国共产党章程（修正案）》，把社会建设列入中国特色社会主义建设事业总体布局，从原来的三位一体扩展为经济建设、政治建设、文化建设、社会建设四位一体的总体布局。体现了我们党对社会发展规律、社会主义现代化事业建设规律认识的深化，是深入分析我国基本国情和发展的阶段性特征的重要结论。标志着我国进入了以社会建设为重点的新阶段。

党的十七届五中全会通过的“十二五”规划建议中，特别强调

---

* 此文是陆学艺先生经过对社会建设的长期思考而写就的。提出了社会建设就是建设社会现代化这一终极目标，更加明确地提出社会建设“三阶段论”，即从改善民生事业、社会事业，并加强创新社会管理做起为第一阶段；着力推进社会体制改革，破解城乡二元结构，实现城乡一体化，理顺社会关系，形成一个与社会主义市场经济相适应，与现代经济结构相协调的合理、开放、包容的现代社会结构为第二阶段；实现民主法治、公平正义、诚信友爱、充满活力、安定有序、人与人和谐相处的社会主义和谐社会为第三阶段。这为中国社会建设或社会现代化建设指出了不同发展阶段社会建设的主要任务，和实现社会建设主要任务的路径、目标。

把“加强社会建设”作为加快实现经济发展方式转变的根本出发点和落脚点。2011年年初，党中央举办了省部级主要领导干部关于创新社会管理的专题研讨班，再次重申了加强社会建设和创新社会管理的重要性和紧迫性。目前，加强社会建设、创新社会管理的行动正在全国蓬勃展开。

在这样一个新阶段开局的时候，对于什么是社会建设、社会建设的主要内涵和主要任务是什么，怎样进行社会建设等问题，很有厘清的必要。

一、社会建设就是建设社会现代化

新中国成立以来，尤其是改革开放以来，我们坚持以经济建设为中心奋斗了30年，干成了一件大事，基本实现了经济现代化。2010年我国的GDP达到了39.8万亿元，总量达到世界第二，制造业总量已经达到世界第一，外贸进出口总量世界第一，国家外汇储备世界第一。2010年的经济结构中，第一产业占10.2%，第二产业占46.8%，第三产业占43%。我们国家的经济发展已处于工业社会中期阶段，北京、上海等地已经进入工业社会的后期阶段。

与此同时，我国的社会建设也取得了很大的成就，社会结构发生了深刻的变化。相比较而言，由于多方面的原因，我们的社会建设还相对滞后，社会结构还相对落后。例如社会结构中的就业结构，1978年的总就业人口中，一产占70.5%，二产占17.3%，三产占12.2%，2009年变化为一产占38.1%，二产占27.8%，三产占34.1%。1978年我国第二、三产业职工人数只有11 835万人，2009年发展为48 287万人，31年共增加36 452万人，平均每年增加1 176万人。第二、三产业职工占总就业人口的61.9%，已经是工业社会的就业结构，但农业劳动力仍占38.1%。

社会结构中的城乡结构，1978年我国的城镇人口只有17 245万人，城市化率为17.9%。2009年，城镇人口达到62 186万人，31年共增加44 941万人，平均每年增加1 450万人，城市化率达到46.6%（其中有很多是在城镇居住半年以上的农业人口，如按2000年前的统计标准，城市化率只有34%左右）。

社会结构的核心结构是社会阶层结构。1978年是“两个阶级，一个阶层”（工人阶级、农民阶级和知识分子阶层）的结构，现在已转变为国家与社会管理者，经理人员，私营企业主，专业技术人员，办事人员，个体工商户，商业服务业员工，产业工人，农业劳动者和城乡无业、失业、半失业者10个社会阶层，其中中产阶层约占25%左右，离工业化中期阶段应有的水平还比较远。

随着我国经济的高速发展，在经济结构变化的推动下，我国的社会结构也发生了深刻的变动，已经是一个工业社会的社会结构。但是，如果按照国际学术界关于工业社会中期阶段的指标衡量，我国现在的就业结构、城乡结构和社会阶层结构还只是工业社会初期阶段的社会结构。同前述我国已经是工业社会中期阶段的经济结构很不平衡、很不协调。

经济结构和社会结构是一个国家（或地区）最基本、最重要的两个基本结构，两者互为基础、相互支撑。一般说来，经济结构变动在先，带动影响社会结构的变化；而社会结构调整了，也会促进经济结构的完善和持续变化，所以社会结构与经济结构必须协调，相辅相成。经济结构不能孤军独进，社会结构可以稍后于经济结构，但这种滞后有一个合理的限度，超过了这个限度就会阻碍经济结构的持续有序的变化，阻碍经济和社会的协调发展。

我国现阶段的经济结构已经是工业社会的中期阶段水平，但社会结构还是工业社会的初期阶段水平，两者存在严重的结构性矛盾。从理论上分析，社会结构严重滞后于经济结构，这两个结构不平衡、不协调、不整合，是中国目前很多经济和社会矛盾的主要根源。好比一幢大楼，地基很好，已经是钢筋水泥的，四梁八柱也是钢筋水泥的，但房顶和上层建筑还是木板和塑料的，一有刮风下雨，就会进风漏雨，如遇狂风暴雨就不堪设想了。

很多现代化国家的实践表明，现代化社会是一个完整的系统，不仅要实现经济现代化，而且还必须实现社会现代化、政治现代化和文化现代化。在这四大建设中，经济建设是最重要的，是基础性的，是决定性的，是第一位的。新中国成立62年来，特别是改革开放30多年来，在共产党的领导下，全国各族人民团结奋斗，几经曲折，千辛万苦，终于基本实现了经济现代化，才有了今天的繁荣昌盛，欣欣向荣。这是空前未有的伟大成就，是实现中华民族复兴的希望所在，是建设富强、民主、文明、和谐的社会主义现代化国家的基础，这个成就怎么估计都不过分。但是要实现四位一体的社会主义现代化事业，仅仅建设经济现代化还远远不够。

经济建设取得一定成绩之后，就应该适时地重点加强社会建设，使经济和社会协调发展。因为各种原因，我们在进行社会建设方面是晚了一些，形成了经济这条腿长、社会这条腿短的尴尬局面，引发了诸多社会矛盾和社会问题。在当前，我们应该抓紧补课，加快社会建设的步伐，推进经济和社会协调发展。

重点加强社会建设，这既是“适应国内外形势新变化，顺应各族人民过上更好生活新期待”的需要，也是加快转变经济发展方式，促进经济长期平稳较快发展的需要，是一举托两头的大事。

从长远发展和国际国内的实践观察，社会建设就是要建设社会现代化。社会建设同建设经济现代化一样，将是一个复杂、艰难的长期历史任务，显然不是5年、10年能够完成的。建设社会现代化，就必须实现民生事业现代化、社会事业现代化（例如教育现代化、科技现代化、医疗卫生现代化等）、社会体制现代化、社会管理现代化、社会组织现代化、社会生活现代化、社会结构现代化等等。可见，建设社会现代化，是一个宏大复杂的系统工程。在我们这样一个自然条件、社会历史条件都很不平衡的国家，要建设社会现代化，既要统筹协调好同系统外的经济建设、政治建设、文化建设的各种关系，也要统筹协调好系统内各子系统的关系，使之能够全面、平衡、协调、可持续地发展。这是一项非常复杂、艰巨的任务，对此，我们要有足够的认识。

二、社会建设的主要内涵和主要任务

2004年，党中央提出构建社会主义和谐社会与社会建设这两个新概念、新思想以后，特别是十七大把社会建设列入四位一体的社会主义事业总体布局之后，全国各地开展了社会建设、社会管理的实践和探索，各种新的做法、新的试点、新的经验大量涌现。学术、理论界也深入实际，调查研究，总结新经验，发现新问题，展开了各种研讨，报刊、媒体也发表了各种文章和信息，议论很多。怎样在现阶段中国国情的条件下进行社会建设，创新社会管理，成为大家关心的热点、重点问题。自2010年春节以后，中国社会学会在京的一部分理事和学者，以座谈会的形式，就现阶段中国的社会建设的内涵和主要任务等问题进行了多次研讨。[①]汇集各方面的意见，关于社会建设的内涵和主要任务归纳起来，有以下四种主张和观点。

第一种观点，认为社会建设应以保障改善民生为重点，大力推进就业、住房、保障和科技、教育、文化、卫生等各项民生事业和社会事业。建立健全公共服务体系，推进基本公共服务均等化。加快收入分配制度的改革，增加城乡居民收入，调整收入分配关系。完善再分配调节机制，加快扭转城乡、区域、行业和社会成员之间收入差距扩大的趋势并逐步缩小到合理的水平。统筹、兼顾、协调城乡各社会阶层的利益关系，使改革和发展的成果惠及全体人民，走共同富裕的道路。

第二种观点，认为社会建设当前要加强和创新社会管理。应以解决影响社会和谐稳定的突出问题为突破口，提高社会管理科学水

---

① 如2010年9月，清华大学人文社会学院与北京社会科学联合会在清华大学联合召开了“社会建设圆桌讨论会”。2010年12月，北京工业大学人文学院在北京工业大学主办了“中国社会建设与社会管理学术研讨会”。

平。完善党委领导、政府负责、社会协同、公众参与的社会管理格局，逐步建立健全中国特色社会主义管理体系。通过政府主导、多方参与，规范社会行为、协调社会关系、促进社会认同、秉持社会公正、解决社会问题、化解社会矛盾、维护社会治安、应对社会风险，为经济和社会发展创造既有活力又有秩序的基础条件和社会环境，促进社会和谐。

第三种观点，认为之所以要进行社会建设，是因为随着改革开放和经济的发展，我国已经实现了由农业社会向工业社会转型，由计划经济体制向社会主义市场经济体制转轨，人们的生产方式、生活方式、人际关系发生了很大的变化，人们的思想意识、道德观念、价值取向也发生了很大的变化，并由此产生了许多社会矛盾和社会问题，需要加快社会建设，建立新的社会秩序，促进社会进步。同时要进行社会体制改革，创新社会政策，调整和优化社会结构，建立与社会主义市场经济相适应、与经济结构相协调的社会结构。认为社会建设的核心任务就是要构建一个合理的社会结构。

第四种观点，认为社会建设的根本目标是要建立一个能够驾驭市场、制约权力、遏制社会失序的社会主体。在工业社会条件下，不仅要有市场、有政府，还要有发育良好的社会（社会组织）。健全的社会是市场经济的基础。从工业化社会几百年历史看，市场并不是万能的，市场本身有失灵的时候，例如周期性地爆发经济危机，所以，必须有政府适时地加以调控。工业化社会的历史也表明，政府也并不是万能的，也总有失误的时候，所以要有发育良好的、多种形式的、健全的社会组织，也就是要有组织起来的社会，形成市场、政府、社会三足鼎立的格局。在工业化、信息化、社会化大生产的条件下，必须要有发育良好的社会环境，整个经济和社会才能健康有序地可持续发展。

上述四种主要观点，代表了现阶段实际工作部门和学术界的主要看法，当然，还有很多不同的主张和看法。例如有人认为社会建设当前应该重视培育社会组织，调动广大群众的积极性，协助政府做好公共服务和社会服务等。随着社会建设、社会管理在全国各地蓬勃开展，一定会创造出许多适合国情和各地地情的社会建设、社会管理的经验和模式来，走出一条有中国特色的社会建设之路。实践出真知，关于社会建设的主要内涵和主要任务的认识，随着实践的深入，也一定会更加具体、更加丰富，创造出中国特色社会主义社会建设理论的篇章。

三、社会建设的三个阶段

从社会发展规律的视角看，社会建设作为社会主义事业总体布局四位一体中的一大建设，要实现的历史任务，宏大而又艰巨，既要进行保障改善民生的各项社会事业建设，又要进行包括社会事业体制在内的社会体制改革的创新；既要加强社会管理、社会安全体制的建设，又要进行社会理念、社会规范的建设；既要加快收入分配关系的调整，有效调节过高收入，扭转四种差距扩大的趋势，促进社会公平正义，又要积极培育中产阶层的发展壮大，加快优化社会结构的步伐，使之形成与经济结构相平衡、协调的社会结构。所以，社会建设将是一个长期的历史过程。

在党中央的领导下，现在全国各地的社会建设、社会管理工作正在积极推进，未来的发展将会是怎样的状况？前面讲到的四种关于社会建设主要内涵和主要任务的不同观点——有主张搞社会事业建设的，有主张抓社会管理的，有主张搞社会结构构建的，有主张抓建设社会主体的等，虽然各自意见不同，但都是为了要搞好社会建设，都讲到了要实现社会建设的某一个方面，都有可取之处。把这些意见横向罗列起来看是四种不同的主张，如果把四种意见纵向立起来看，可以看作是今后中国社会建设的三个阶段，这四种不同的主张分别是这三个阶段要实现的不同的重点任务。

从国内外进行现代化建设的经验和教训看，结合中国目前的基本国情，中国的社会建设未来的发展将经历以下三个阶段。

第一阶段，也就是我们目前正在做的，即先从人民群众最关心、最现实、最紧迫要求解决的保障和改善民生事业、社会事业建设做起，着力解决好就业难、上学难、看病难、社保难、住房难、养老难等基本民生问题；并从加强和创新社会管理入手，解决影响社会和谐稳定的突出问题，化解社会矛盾，解决社会问题，加强源头治理，标本兼治，最大限度地防止和减少社会矛盾的产生，最大限度地增加社会和谐因素，促进社会公平正义。这两个方面的工作，党的十六届四中全会以来，特别是十七大以来，正在大力推进，例如教育和卫生、社会保障等民生、社会事业，都受到高度重视，加大了人力、物力、财力的投入，情况正在好转。政法系统开展了化解社会矛盾、创新社会管理、公正廉洁执法三项重点工作，做出了很大的成绩。近几年，这些工作有序推进，很有成效，是顺民意、得民心的。这两方面的工作，实际也就是上述第一种、第二种主张要解决的问题。“十二五”期间，我们能把保障改善民生事业、社会事业和创新社会管理这两件大事做好了，我们的社会建设就上了一个台阶，经济和社会协调发展就前进了一大步，就可以转到社会建设的第二阶段。

第二阶段，要着力推进社会体制改革，创新社会政策，完善社会管理。推进新型的城镇化，破解城乡二元结构，逐步实现城乡一体化。拓宽社会流动渠道，培育和壮大中产阶层，构建一个合理、开放、包容的社会结构，使之与经济结构相协调。

构建一个合理开放的工业社会中期阶段的社会结构，这是社会建设最重要、最核心的任务。我们常说现在处于改革发展的关键时期，关键时期要做好的关键工作就是要通过社会建设，特别是社会体制改革构建好一个合理的社会结构。要过好社会建设这一关，也可以说是要迈过一个大坎，一些发展中国家过不了这个坎，就进不了现代化国家的行列。

中国现行的包括社会事业在内的社会体制，还是在计划经济体制时期形成的。要推进社会建设，就要像20世纪80年代以来抓经济建设、先进行经济体制改革一样，一定要进行社会体制改革，包括户籍体制、城乡体制、就业体制、社会保障体制和各项社会事业体制，都要逐步进行改革，形成一个与社会主义市场经济体制相适应、相配套的社会体制。如果不进行或延缓社会体制改革，目前这么多的社会矛盾、社会问题就解决不好，也解决不了。社会结构也调整不了，更优化不了。例如，户籍体制再不改革，城乡二元结构就破解不了，“三农”问题、农民工问题就解决不了。城市中的二元结构问题就会越来越严重，也就谈不上城乡一体化。社会主义市场经济体制能长久建立在城乡二元结构的基础上吗？这种在计划经济时期形成的、为计划经济体制服务的户籍体制，如果不改革，不仅社会结构调整优化不了，社会主义市场经济体制也完善不好。

从改革发展的历史过程来观察，中国社会建设的第二阶段也可以看作是社会体制改革的攻坚阶段、决定性阶段，时间在“十三五”前后。从现在起，“十二五”期间，已经在进行的社会建设的第一阶段，我们就要为这个改革阶段的成功做好准备。

第三阶段，随着社会主义市场经济体制不断完善，经济建设持续健康较快发展，到21世纪中叶，经济达到中等发达国家水平，形成现代型的经济结构。社会建设经过社会体制改革，将加速发展，使社会体制逐步完善，社会管理体系更加健全，社会流动渠道更加畅通，中产阶层更加壮大，社会组织广为发展，社会结构更为优化，形成一个与社会主义市场经济体制相适应、与现代经济结构相协调的现代社会结构，形成一个橄榄型的社会结构，为全面、协调、可持续科学发展提供一个良好的社会环境。社会建设的目标就是实现社会现代化，实现“民主法治、公平正义、诚信友爱、充满活力、安定有序，人与人和谐相处的社会主义和谐社会”。

当然，这三个阶段并没有一个截然分开的界限，将会是互有交叉地进行，只是某一阶段凸显某一方面工作的重点。在不同的阶段，不同的地区，针对实际状况将有不同的做法。从去年十七届五中全会以后，各地都在积极推进社会建设和社会管理的工作，创造了很多新的做法、新的经验和新的实践模式。经过一段实践之后，经过各种经验、多种模式的比较和交流，一定会涌现出一批适合中国国情、有中国特色的社会建设的实践模式和相应的中国社会建设的理论体系来。

可以预见，通过这三个阶段，到2040年前后，我国将会达到中等发达国家水平，进入现代化国家行列。现在看来，经济建设方面的趋势很好，国内国外的预测都比较乐观，虽然还有一些难题，但我们已经走上了社会主义市场经济这条道路，这些难题是可以解决的。关键是能不能搞好社会建设，能不能过好社会建设这一关，这是我们今后5年、10年、20年工作的重中之重。搞好社会建设，建设社会现代化，是一个新领域，也是一项新任务，我们还不熟悉，还没有经验，还需要“摸着石头过河”，需要我们一边学习一边做，一边做一边学习。社会建设这项历史任务一定会在我们民族的勤奋实践中，成为有中国特色的社会现代化的一个重要组成部分。

（原载于《社会学研究》，2011年第7期）